新零售升级

用大零售思维创新商业模式

调皮电商创始人　冯华魁◎编著

電子工業出版社
Publishing House of Electronics Industry
北京 • BEIJING

内 容 简 介

大零售的思路是业态融合、场景创造、分解与渗透，这本书是作者从业 10 多年的经验梳理，对发表的几百万字原创进行的归纳总结。全书通过 12 章对大零售思维创新商业模式进行了全面的解读。

具体内容包括零售创新、思维变革、用户争夺、实体店转型、互联网电商、智能机器人、自助贩卖机、无人便利店、社区便利店、跨界集合店、行业实战和经典案例，理论结合案例，实操性强，让新零售执行真正地落到实处。

本书结构清晰，适用于对新零售感兴趣的读者，特别是新零售行业转型人员、传统门店创始人和店长、高级管理者、零售店长和零售创业者等。

图书在版编目（CIP）数据

新零售升级：用大零售思维创新商业模式/冯华魁编著. —北京：电子工业出版社，2019.11

ISBN 978-7-121-37604-7

Ⅰ. ①新…　Ⅱ. ①冯…　Ⅲ. ①零售业－商业模式　Ⅳ. ①F713.32

中国版本图书馆 CIP 数据核字（2019）第 219778 号

策划编辑：缪晓红
责任编辑：刘小琳
印　　刷：三河市鑫金马印装有限公司
装　　订：三河市鑫金马印装有限公司
出版发行：电子工业出版社
　　　　　北京市海淀区万寿路 173 信箱　　邮编：100036
开　　本：720×1000　1/16　印张：17.25　字数：331.2 千字
版　　次：2019 年 11 月第 1 版
印　　次：2019 年 11 月第 1 次印刷
定　　价：69.00 元

凡所购买电子工业出版社图书有缺损问题，请向购买书店调换。若书店售缺，请与本社发行部联系，联系及邮购电话：（010）88254888，88258888。

质量投诉请发邮件至 zlts@phei.com.cn，盗版侵权举报请发邮件至 dbqq@phei.com.cn。

本书咨询联系方式：（010）88254760，mxh@phei.com.cn。

自序

我从 2008 年关注电商行业，到现在已经 11 年了，既切身经历过一个大的经济周期，也经历过很多小的周期；看过很多公司的沉沉浮浮，见识过商战的“刀光剑影”；引起过一些潮流，也错失过一些风口；采访过几百个业内人士，写过上千篇商业文章。

重新思考自己从事的职业的意义和大零售这个领域的风云变幻，忽然发现，有些错误从一开始似乎就埋下了种子，有些成功很侥幸。而能一直获得成功的人，一定是坚持了什么。

这促使我思考一个终极问题：零售的目的到底是什么？

1

2008 年，电商突然火起来了，那些在淘宝上开了一两年店的店主，忽然就获利良多。但是，后来传统品牌进驻淘宝，使那些淘品货直接受到了重创，甚至很多淘品货直接被市场淘汰。

从中人们可以得到一个经验，那就是品牌才是零售持续发展的动力。如果品牌没有发展起来，即使获得了短期的销量，也很难获得持续健康的发展，不能真正做大、做强。

2

有一段时间，独立 B2C 曾被认为比淘宝这种 C 店更代表未来，因为体验更好、品质更好。大家以为坚持品质才有未来。实际上，没有坚持一年，这些 B2C 的公司几乎都缴械投降了，不是被并购，就是倒闭。

他们的“玩法”是买流量、得销量，在这条路上，只有京东、唯品会、苏宁易购真的熬出来了。

流量思维的危害在于，流量成本越来越高，比房租还高，这不是一个健康的模式。

3

后来，移动互联网发展起来了，以微信为载体的 O2O 时代来了，我曾写过一篇文章《××为什么害怕微信，且看绫致时装如何用微信打通 O2O》，这篇文章是中国电商的分水岭，百度指数显示，这篇文章发表的第二天，关键词“O2O”的指数超过了“电子商务”。

随后两年，O2O 一直很热，但很快就不热了。大家发现，线上给线下导流不划算，线上流量很贵，导流到线下，还不一定促成购买；线下给线上导流，转化率不太高，毕竟到了线下，基本消费者想买的就买了。

用户双线购物的需求并没有那么强烈，虽然线上线下融合仍然是一个大趋势，做不好，肯定会业绩差；但是做好了，也没有改变经营困难的窘状。

4

再后来，内容电商又火了，“小红书”“什么值得买”社区，“一条”公众号，还有直播、短视频等形式都属于内容电商。

内容电商的理论是：随着产品的丰富、消费的升级，用户并不知道自己需要什么产品，通过内容吸引用户，然后产生购买。

我也尝试通过自己的公众号卖一些货，虽然有人买，但养活不了一个团队；京东、苏宁易购也曾在内容电商方面发力，但效果不尽如人意。

内容电商最大的问题是复购和渗透，品类有限，用户黏性不高。

5

随着 O2O 火起来的还有微商，微商圈钱的速度非常快，有一大批人迅速积累了财富。很多人觉得微商不能长久，实际上，微商的规模每年都在增加，即使在 2018 年不断崩盘的情况下，仍然如火如荼。但是，这让其他的零售商来做，是做不了的。也有人尝试过，却很难普及。

后来，有一些真正卖货的微电商发展起来了，如拼多多、爱库存。很多客户自循环模式的社群电商也很火，这是一股神奇的力量。每年都会有人通过社交把零售做起来，很多传统商业模式，加上社群的力量，就会爆发一阵新的趋势，如2018 年的社区团购，在便利店的基础上，就又有了新的活力。

6

2016 年年底，马云提出了新零售，仿佛给了零售行业一个指路明灯。但摸索了一年，出现了盒马鲜生模式，投资非常大，租金高、系统投入大、人力投入更多，其他企业根本模仿不了。盒马鲜生可以把自己的快递队伍打包给饿了么，但其他中小零售商怎么办呢？

乘着新零售的东风，无人零售在2017年也火了一把，不到一年，就失败了。

11 年来，出现了很多风口，又很快沉寂下去，虽然他们的确也带来了一定的增量，但你会发现，如今的中国零售业，却集体陷入了沉闷。

在市场爆发期，有很多红利，所以，只要是风口，追上去，你就能赚到第一桶金，不需要去思考零售的目的是什么。

但是，红利结束了，在资金不充足的情况下，怎么办呢？如果没有思考清楚，跟着风口走，每一次转向都是一次巨大的消耗。

你以为流量是零售的根本，追逐流量，结果流量越来越贵；你以为踏踏实实卖货，老老实实开店，就能做好生意，结果你经常举步维艰；你以为科技投入是零售的根本，打出科技第一的口号，却发现，你没有阿里巴巴的盈利能力，支撑不起那么多科技研发。你以为追求 GMV，就能有行业地位，就会有源源不断的资源进来，但是，你发现 GMV 就像啤酒的泡沫一样，说破灭就会破灭；你以为做好品质就能赢得市场，但你发现，总有人在不断超越你。

这些都是表象，最后你才发现，客户才是你的立命之本，解决各种客户的问题才是你的出路。但这个简单的道理，在各种互联网概念的包装下、在各种名人的口号下，早就被你忘得一干二净或者完全误解了客户需求。

因为，客户虽然是根本，但零售是为了解决客户的问题，不是改变客户的需求。

例如，总觉得所有人都需要品质商品，但你不知道很多人买不起品质商品吗？所以，拼多多能发展起来，其他电商则错失时机。

又如，很多人会觉得严选模式很好，砍掉中间商，但不知道客户的需求是千奇百怪的，需要个性化服务，中间商满足了这种个性化服务才能盈利，并不是说他们随便一转手就能盈利的。

再如，根据业态分类的规则，便利店卖的东西更贵一些，但便利店加上社区团购，就成了新的爆发点，社区团购就是明显的价格战。

所以，当你真正地把解决客户问题当作自己使命的时候，你会发现，业态规律是可以打破的，因此，我们提出的大零售第一条就是业态融合。在这样的理论指导下，就不会有那么多的业态成见了。

对零售商来说，只需要拥有必要的技术即可。如果京东能够把自己的精力更多地用来做用户增长，就不会一次次错失社交电商，不会一直坚持品质路线，完全可以用另一个品牌去满足其他用户的低价需求。

“高大上”也不一定是正确的，唯品会成功之后，一直往上走，希望自己不是一个去库存的平台，而是一个用户时尚生活的平台。结果爱库存发展起来了，通过社群电商模式，让近百万代购给它卖货，每年创造了几倍的增速。

消费一定是分层的，不是所有人都需要同一种服务，所以，大零售提出了分解和渗透的思路，解决所有用户的问题，一定不可能用一种模式、一种手段。谁把自己拆解得好，谁就能永远不落后。

正是因为新零售有那么多的坑，于是提出了大零售的思路：业态融合、场景创造、分解与渗透，用自己在行业内的心血和汗水来为新零售填一点小坑，大家一起往健康的方向发展。

做大零售，一定要先打开思维，不能迷信风口，必须确定自己的目的到底是什么，你才能知道自己应该采用什么模式，如何实践；才能鉴别每一个风口对自己的意义在哪里，要不要跟？如何跟？花多少钱跟？跟到什么程度达到什么结果？

这些年，我写了几百万字的原创内容，其中很多观点都是零碎的，在出版社编辑的帮助下，终于将这 11 年的思考，形成了一个体系，也算是给自己职业生涯的一个交代。

我也很乐于看到中国这 11 年的零售变革，是中国史上最激烈的，也是世界商业史上罕见的。作为记录者、见证者，我提出了自己的思考；你们作为实践者，也一定会有自己的感悟。我相信，大家的思想碰撞，会产生更激烈的火花。

最后，感谢出版社和相关策划、编辑、发行人员，感谢“调皮电商”（原“调戏电商”）内容团队的辛苦创作，本书能够出版，是大家共同努力的结果。

“调皮电商”创始人
冯华魁

目录

第 1 章

零售创新：10 年甚至是更长维度的布局

零售的快速发展，让创新成为生存下去的必然出路。在这种快速发展的大趋势下，如果不懂得通过创新让客户获得更好的体验，那么即使是忠实的顾客，也有可能会慢慢离开。

当然，零售创新是一个长期的过程，可能需要 10 年甚至更长维度的布局。正因为如此，进行零售创新、用正确的方式进行零售创新，对许多零售企业来说，已经是一件刻不容缓的事了。

- 新零售不是为了创新而创新
- 线下的零售创新不简单
- 服务创新是传统零售的救命稻草

1.1　新零售不是为了创新而创新

不是开一个便利店，能移动支付、收集消费数据就称为新零售，也不是开一个超市搭上商品配送或餐饮化就是零售新业态，也就是说，并不是生搬硬套、加上一些技术或功能，就能称之为新零售。当然，新零售也不是为了创新而创新，那些为了创新而创新的新零售，太过急功近利，往往难以获得应有的效果。

1.1.1　新零售：不能生搬硬套以偏概全

“新零售教父”——马云强调“大数据”“云计算”等创新技术：未来，线下与线上零售将深度结合，再加上现代物流，服务商利用大数据、云计算等创新技术，构成未来新零售的概念。

阿里巴巴集团 CEO 张勇的主题思想是利用互联网的思想和技术重构人、货、场。

目前，重视开实体店的小米创始人雷军则强调“效率”。不管是电商，还是线下的连锁店、零售店，本质上都要提高效率。只有提高效率，产品才会越来越好，消费者的购买需求才会极大地释放出来。

他们把创新的视角指向了技术、服务、效率，这些未来的零售业或许都需要应用，但科技创新和把电商服务赋能线下，能否跟上并满足消费者的需求变化？

例如，大数据对于零售效率的提升究竟有多大帮助呢？**大数据对消费者选择进行统计，或许有利于实现“精准化服务”。最直接地就是提高效率，减少浪费**。试想一下，至少库存方面会减少不必要的浪费，但这方面的技术创新应用即使有效，也只是小幅度的效率提升，我们怎么能说这就是新零售呢？

另外一个可能的作用是收集大数据，形成了“个人选择偏好”的数据化。例如，餐饮企业，已经通过电子菜单对消费者进行了“个人选择偏好”的数据收集。又如，体验本身就有好玩的趣味。但好玩、智能、新奇就是消费者需要的吗？

这让笔者第一时间想到了“虚拟试衣间”。试衣服，的确是消费者的痛点：线上没法试穿，线下试穿要排队进试衣间，但虚拟试衣间和 VR 技术在电商领域的应用，真的可以解决这个消费体验上的痛点吗？

笔者认为，VR 技术仍然不能取代线下试穿，重要的服装，消费者可能依然会选择真实的试穿效果来决策消费，而既然来到了实体店，为什么要“虚拟试衣”呢？为了便利？为了便利消费者就不会去实体店购买衣服。

还有 Amazon Go 希望利用科技改变新的线下购物体验，其准确性如何，还需要经过时间的检验，但是通过一系列的组合人工智能技术，亚马逊能带给用户更便利的体验，这种创新是新零售吗？

而在笔者看来，并非如此。亚马逊毕竟是便利性超市，而无须排队，随时选取商品这一体验的打造是必需的、应该的，亚马逊只是想通过技术来打造出这种消费体验的“升级版”而已，也就是本该如此但过去无法达到的“体验”。这与硬生生地打造一个技术创新的“体验”，其逻辑完全不同。

1.1.2　大零售：关注零售创新的本质

而调皮电商（原“调戏电商”）提出的大零售概念，其本质是希望商家更关注零售创新的本质：有什么是我们现有的零售业态和模式所没有满足的需求？什么是我们还没有做到和达到的服务水平？

这里举几个例子，供大家一同思考。

例如，卖手机，如何做到线上给线下赋能，线下不再依靠销售员的“忽悠”？过去，厂商在线下开店，除了卖货本身，其目的是可以跟消费者直接建立联系，了解消费者的需求，同时根据消费数据调整供应链，甚至指导产品升级换代、定价策略、配色决策等。

针对这一情况，电商能否通过大数据和资本运作整合资源，并与各大手机品牌商合作，逐步让线上店与线下门店实现商品服务的“互通”，也就是实现线上线下一体化运营？

能否做到品牌商不用再考虑太多线下开店的事情，通过与线上线下一体化运营的全新零售渠道的合作，就可以凭借产品本身的竞争力和相同规则下的营销运作达到自己的销售目的，并能够为品牌提供完整的用户数据，进一步研判生成用户画像？笔者认为这是有可能的，此时大数据本身才有了“新”的意义。

又如，对于城市人群而言，消费者的时间机会成本更高了，更加追求便利——主要侧重即时消费和体验性消费两大类。我们能否摸索出更符合这一需求趋势的消费场景和服务呢？机会应该有很多种。

纯粹的即时性消费，早就有便利店餐饮，如现榨橙汁、现磨咖啡和手机充电宝租赁等。体验性消费，从便利性考量，拆分出了如自助健身、迷你 KTV 等新的业态。

这些零售创新其实并不是真正意义上的“新零售”，既不涉及大数据，也不涉及云计算，更没有电商体系的物流作为支撑，**只要能够做到成本低、效率高，同时快速布局连接消费者，零售创新模式就可以成立，并生根发芽。**

总之，不是开一个便利店能移动支付、收集消费数据就是新零售，也不是开一个超市搭上商品配送，或者餐饮化就是零售新业态，更不是把大数据、云计算、电商物流打包在一起和线下店结合就能够颠覆零售本身的规律。

一切都要看消费者想要的服务和体验是否达到了，是否能够创新性地满足消费者的需求。

1.1.3 应用：大零售业态的创新案例

对于零售创新，我们过去想得太复杂，应该做最少，得更多，而不是做更多，得更少。2018年春节期间，笔者最大的反思就是对于创新的理解。

例如，猎豹当初就是凭借一次只做一件事的战略，整个团队全都投身在手机系统清理这一件事上，在这看起来并不起眼的领域，创造了一个奇迹，打入了海外市场，并成为整个领域中的品类冠军。

当时猎豹 CEO 傅盛一直强调：初创公司一定要做减法，专注在一个产品上，做产品也一定要做减法，要在一个核心功能上做透。如果说成功有捷径，那么这就是成功的捷径。这一道理相信大部分人都听过，但未必会相信。或者说，人们大多不理解，做减法如何才能创新？

其实，**所有看似向外拓展的创新之所以能做成，关键还是聚焦在了一个根本的核心竞争力上。**

例如，“零售＋餐饮”的大零售创新业态，其业态创新的背后，规则必然不是被设计出来的，而是被发现的。而商业模式的核心竞争力，其实是找到迎合这一需求（趋势）的内在驱动力。

以盒马鲜生为例，表面上盒马鲜生是把“餐厅”体验业态纳入了实体店。这让消费者有了更多逛店理由，也让店内生鲜产品有了更多销售出口。但背后的战略意图是做生鲜外卖，其中的核心竞争力就是中央厨房前置的效率竞争。

餐饮业与零售业一样，到最后拼的还是人效和坪效，再好的传统餐饮业中午接500单必然会瘫痪，但盒马外卖可以轻松接1500单，而且可以做到30分钟送达。只需要一个厨房、35个厨房工作人员及几百个快递员即可。

秘诀就在于：盒马外卖建在 CBD 区域，服务白领，不做到店消费，厨房完全可以按照工厂流水线的方式设计和投产。

从这个视角就可以理解，为何盒马鲜生选择只接受支付宝付款。通过支付宝可以快速增加“粉丝”数量，并掌控线下端消费数据，完成 O2O 闭环。

除线上线下同价的零食产品售卖空间外，“水＋轻食”的饮食休闲区域也是融合跨界的一种尝试，更能契合歇脚地的概念。

例如，三只松鼠的线下投食店，买一杯奶茶可以任意选择价值 3 元的小投食包试吃，同样的价格也许没有多少利润，却通过奶茶这个媒介让消费者坐下来，链接了产品的同时，还链接了品牌。

所以，在章燎原看来，开这家投食店并不是为了增加销售，而是增强消费者与品牌之间的互动和联系。

在选址上，自带流量的三只松鼠并没有选择人气旺铺的区域，其未来的规划是每个城市只开一家店，并且更加偏向网购并不特别发达的三四线城市。也就是说，未来三只松鼠要走 IP 化路线，通过轻餐饮的概念谋求品牌与消费者的互动和更深度的营销。

而永辉“超级物种”这种业态，餐厅能够增加顾客到超市消费的频次和滞留时间。餐饮业的高毛利则可直接提升营业额，甚至改善线下店的盈利结构。永辉拥有完善的供应链体系，能够获得规模优势，无论是在精品超市还是在“超级物种”中，经营餐厅的利润都会相当可观。开餐厅，永辉是为了开发其生鲜供应链的服务能力，获得最大化的利益。

2017 年伊始，居然之家也在北京开了倡导健康饮食的怡食家超市。门店总面积 8000m^2、卖场 4800m^2 左右的怡食家超市，把 25%～30%的面积作为餐饮及休息区，做出了类似意大利 Eataly“食材＋餐厅”的体验超市形态。而居然之家的逆天实体业态，其底气大概是以超市、餐饮、电影院线、儿童培训、体育健身等功能融合形成的“家庭大消费生态”在国内外的持续火爆。

但问题的关键在于：无论是超级物种，还是盒马鲜生、投食店，抑或是怡食家超市，它们如何建立自己的竞争优势呢？

首先，**消费空间的时尚精品化**。门店选址基本都在购物中心，保证到店客流量和目标顾客群的定位，同时定义自己的形象和档次。让用户认知到这是一个提供安全、可靠、时尚、商品精选且能获得超值消费体验的地方。

其次，**从一个消费场景打造跨品类的体验**。从购买生鲜到购买熟食再到直接就餐体验食材等商品服务，组合出一整套关于“吃”的场景消费体验。

最后，最重要的是供应链和配送。餐饮业的效率竞争在供应链，并在配送效率上追求体验升级，好吃不贵有面子正是其考验。

无论这些大零售业态的创新未来成败与否，它们带给笔者的最大感悟是：创新只是一个结果，实事求是地满足用户需求才可能创新对路。不实事求是，为了创新而创新，会阻碍发展。

那些看懂时代的人，会抓住一个满足用户需求的点深挖下去，更加专注聚焦。产品越聚焦，品类越聚焦，认知就越深刻，越容易积累势能，形成规模效应。

1.2 线下的零售创新不简单

笔者一位做实体零售的朋友，现在工作生活在日本，在他看来，日本是很难出现新零售这个概念的。因为他们实体零售的用户体验比电商渠道好得多，店内商品价格与电商渠道又相差无几，所以很多人都愿意在实体零售店买东西。而且消费者心中区分得很清楚，吃快餐买必需品去便利店、社交聚餐去居酒屋、买小商品淘货去百元店……

但中国情况却恰恰相反，与其说我们的电商发展得好，不如说我们的实体零售做得比较差。

这看似给了许多人新的商业机会，但这个商业机会目前给人的感觉有严重的概念先行之嫌，有很多创业者不自觉地要用一些消费趋势变化的线索来证明自己的理论和模式。这是要跳进大坑的节奏，线下的零售创新可能并没有那么简单。

1.2.1 打造线下体验店是个大坑

很多品牌商都希望赶上这波“新零售”概念的红利，在线上流量越来越贵的大趋势下，通过在线下开体验店打开新的局面。但笔者想说的是，无论哪种零售生意，都必须做好 3 点才能持续赚钱：一是提升用户体验；二是提高运营效率；三是降低经营成本。

而品牌在线下开店，这是一个强品牌、拼运营、多维度的商业游戏，入坑需谨慎。当然，也有坚定的试水者，如茵曼创始人方建华就认为，线上线下融合是所有品牌 2017 年的主旋律。他说：“未来五年，无论传统品牌还是线上品牌，不走全渠道这条路，终究会被这个时代所抛弃。”

这一观点很容易把其他商家带到坑里，让人觉得只要是品牌就必须重回开实体专卖店的老路。

其实，品牌商是否选择线下开店，真的是仁者见仁、智者见智的事情，因为线下开专卖店的前提是商家能够预估自己的品牌能够打动消费者，并且在运营效率和用户体验上能够实现本地化的最优成本。

例如，优衣库，常见的状况是其店面在商业繁华地段，装修设计简约大方，单品刚需和时尚兼顾，加上新品更新率较快与价格被人接受，这就更容易打动消费者。又如，其推出的“就近取货，所见即所得”等服务能够让消费者拥有更极致的体验。这样一来，再结合优衣库希望人们自由搭配穿戴风格的品牌理念和城市密集开店等经营策略，优衣库线下开店就是一个比较靠谱的方案。但这并不意味着，所有品牌都要重新选择线下开专卖店。

经营者首先必须要扪心自问，自己开一个实体店，能够把用户体验做到一种“惊喜”的程度吗？在笔者看来，只有**让用户感觉“物超所值”，才能形成真正的体验**，而这是很多品牌店难以做到的。

毕竟，对于服装、零食等品类，电商模式已经可以实现较好的用户体验和效率成本优势。如果实体店用户体验不够好，运营的效率成本跟不上电商，连价格优势也难以保证，那么在这样的对比下，消费者更乐意选择电商渠道购物，开实体店反而可能拖垮企业的资金链。

当然，茵曼的开店思路也是值得认可和学习的。

首先，通过“茵曼＋”的店主来拓展落实线下渠道和品牌推广，进行本地化的信息和商品的对称优化。

其次，店铺不承担库存，随时供货，哪些商品是爆款和畅销产品，一目了然，倒逼供应链快速地返单。

最后，茵曼可能是想通过本地化的顾客、订单、运营及服务，打造自己的消费大数据体系，降低订单信息处理、用户信息管理的成本。

上述这些思路和目标是好的，如何真正实现落地，笔者不敢妄下结论，对于一个本土时尚服装品牌而言，其中的风险远大于机遇。

1.2.2　效率跟不上，体验没成效

说完开体验店，还是要回归到提高效率上来。毕竟，**眼下的市场需要的是一个更开放、更整合的零售模式，需要基于行业的效率最高、成本最低才能实现。**

所以，如果效率提不上来，那么概念、体验、技术等都是空谈。

2017 年 3 月，亚马逊宣布其生鲜取货店（AmazonFresh Pickup）将在西雅图进行内部测试。从本质上看，亚马逊生鲜取货店是一个“开车提货点”。

按照亚马逊的说法是“以较低价格提供上千种商品，包括高品质的肉类、生鲜制品、面包、牛奶和家庭必需品等”，供用户通过手机进行生鲜类商品选择，下单后预定一个取货时间和取货店。最后，用户就可以开车去提货店的停车场，由亚马逊生鲜取货店的员工将商品送到用户车上。

亚马逊这样做是为了炫技吗？如果你觉得 Amazon Go 是一种所谓的新零售的“炫技派”，那么这种取货店的出现则可能是“不炫技”打造用户体验，提升运营效率的典范。

（1）生鲜取货店模式，既意味着亚马逊可以更快地布局生鲜配送，又能够利用供配中心统一集中的方式来配送生鲜商品。

（2）通过此举能更直接地获得一份消费者的完整生鲜清单，如消费者需要怎样的商品、什么是畅销商品、什么是滞销商品等，一目了然。

（3）店铺掌握具体商品销售的数据，了解畅销品和滞销品。店铺在订货时，会选择少订滞销商品，多订畅销商品。这有利于优化供应链采购的成本，并能够通过大规模订货来让厂家让出更多毛利。

亚马逊的生鲜取货店模式与 7-11 便利店的经营逻辑高度相似，唯一的区别是便利店侧重于密集开店，服务于办公商圈和住宅商圈，更注重鲜食商品的提供和生活必要的服务。

而亚马逊希望做到的是围绕“家庭做饭和生活必需”这两大核心超市购物刚需，打造一个用户体验更佳的零售业态。

这个零售业态很新吗？很炫酷吗？并没有，本质还是做零售的关键套路：**打造信息流、资金流、物流及整个产业链的互通，掌控用户和流量的消费方向。**线上线下融合，必须线上支付，必须使用人工智能等新科技，这些重要吗？

这些其实并不重要，亚马逊也在搞黑科技，但它是为了更好地拓展和整合零售渠道资源，提供更好、更多元的消费场景服务，那么亚马逊会员生意的竞争壁垒也就越高、越牢固。

而反过来看，7-11 为什么仍没有做电商去进行线上线下融合呢？因为鲜食商品并不适合通过电商途径购买，如饭团、便当、熟食等。所以人们经常会说便利店是受电商影响最小的一个行业，但是受影响最小的前提是自己的鲜食商品足够强。

而目前国内所有与 7-11 模式相似的便利店笔者并不看好，原因就是鲜食商品不具备 7-11 在商品体验、运营效率和规模成本方面的综合优势，更不用说那些只在支付手段上玩噱头的“便利蜂”们。**做不好体验和供应链之前，别说自己是新零售，否则容易被打脸。**

1.2.3　新零售理念先行和侧重表面

怎样的线下店，未来是有望在体验、效率、成本等方面超过电商的，或者是电商所替代不了的？

首先，肯定不是单纯卖货的。例如，服装和 3C 与饮食相比，更容易被电商取代，线下的优势因品牌和经营能力而异，而且很难真正有新的玩法出现。

天猫的最大品类是服装，京东的最大品类是 3C。虽然很多人热衷谈论新零售，但在 ZARA 开始关店、米家也难说成功的情况下，对不少品牌商来说，玩新零售概念是一件奢侈的事情。对他们来说，最重要的是活下去，找到最佳的渠道和合作伙伴。

其次，饮食的消费即时性更强，更需要线下场景去获得。所以从这个角度出发，未来线下实体店的创新应该会在餐饮、超市、便利店、咖啡店、茶饮店等方面进行需求整合和经营优化。未来，超市和便利店与“吃”相关品类的比例可能将越来越高，前者可以参考盒马鲜生，后者的“吃”相关品类可能会占 80% 以上。

而阿里巴巴的盒马鲜生和永辉的“超级物种”之所以备受媒体和资本的关注，就在于它们既是精选型零售（无论线下还是线上），又是体验式业态（餐饮、鲜食消费），是两者的杂交产物。所以，它们都可以有两种同样强大的消费场景：外带和堂食。

笔者更看好永辉的“超级物种”，虽然它在外卖方面较为薄弱，但由于这类零售创新业态单点成本较大、需要规模化，同时是强品牌、强运营的生意，永辉的供应链优势和实体运营的经验将可能有更大的发展潜力。

而阿里巴巴的新零售概念，则有理念先行和侧重表面的隐忧。

线上线下深度结合，并不是零售创新的必要条件，只是一种可以运用的手段；在现代物流和大数据方面，物流再快，在速度上也比不上货在当地，也无法实现人在本地的即时性需求与服务体验；创新技术更是一种优化运营和提升体验的手段，无法解决一个商业模式得以成立的运营效率和成本问题。

如何做好零售创新？调皮电商认为最好的方法，就是**放弃理论先行，可以大胆假设，但要小心求证，不要预设什么，只一心一意地寻找消费需求和商业经营本质真正存在的趋势变化即可。**

1.3 服务创新是传统零售的救命稻草

大家都在说“传统零售必死”。在笔者看来，仍然停留在单一产品层面的传统零售商是会被淘汰的：无论你的产品多么优秀，如果没有服务体现在零售过程中，消费者都会用脚投票，因此，商家要真正意识到一个概念，那就是服务。要知道，在零售业不断发展的时代环境下，服务创新对于传统零售来说至关重要。

1.3.1 服务的概念

“服务”这一零售商司空见惯的词语，很多时候还只停留在概念上，认为自己知道“服务”。但是你真的意识到服务的重要性了吗？你在零售过程中体现服务了吗？如果体现了，顾客感受到多少？

美国心理学家亚伯拉罕·马斯洛于 1943 年在《人类激励理论》一书中提出了需求层次理论，他指出人类需求像阶梯一样从低到高按层次分为 5 种，即生理需求、安全需求、社交需求、尊重需求和自我实现。

而需求层次理论应用到零售领域有一个公理（不证自明）：**你满足的需求越多，客户越依赖你。**

时至今日，对于需求层次理论在零售领域的应用，我们更需要参照在此基础上的第二个公理：产品所带来的需求满足单一，服务带来的需求满足具有多样化。

1.3.2 分析：洞察服务的 4 个维度

那么，如何通过服务满足客户的多样化需求呢？下面为大家提供 4 个维度的思考。

1. 社会尊重

给客户足够的尊重，让他（她）看出你对他（她）的重视。海底捞应该算得上是服务做得很好的餐饮企业，它要求每个服务员在就餐者迎面走来的时候都要微笑鞠躬，递东西给就餐者都要双手从低到高。

海底捞的服务会让消费者充分感觉到：这岂止是在吃饭，这才是顾客就是上帝啊！海底捞的社会尊重维度的服务已经做到了 90 分，那 10 分在哪儿？期待未来零售商用服务的提升来为大家进行解读。

2. 社交属性

每个人或多或少都会有一定的社交需求，你需要帮助客户维系自身与朋友、家人、同事、情侣等的关系。当你的店铺能够满足客户的社交属性时，你的店铺便具有了附加值。

星巴克看似是卖咖啡的地方，但是去星巴克的人往往是商务会谈；良品铺子五代店，就是一个卖零食的地方，但是大学生们三五成群，趋之若鹜，因为那里有机器人、有同道的各种公仔，还有座位可以让几个室友坐着聊聊辅导员的糗事。

在星巴克聊天，至少会买杯咖啡，不是吗？最便宜的美式咖啡近 30 元，在良品铺子店中坐着应该也会买一些干果。零售，用服务带动产品，就是这么做的。

3. 便利性

现在无人便利店还在风口上，从消费者角度来讲，无人便利店带来的是服务的便利性。不排队、无感支付，产品拿了就走，不需要在排队结账上浪费时间。这里的便利性**不论具不具备成本上的优势，关键是它让人们在服务层面上感受到了新的体验**。

4. 娱乐属性

零售的娱乐属性非常重要，因为大部分客户并不是买某一种商品，他们需要的可能是综合的购物体验。因此，**在零售场所通常需要设置电影院、游戏城等娱乐场所，以满足客户多样化的购物需求**。

万达广场往往都有万达影院，让情侣们、闺蜜们逛完 3 层的服饰店，吃完 5 层的火锅店之后能够在 6 层消磨完从吃完饭到回家之间的两小时时光，或者晚上 10∶30 的剧场，情侣们在看电影时拉拉手，感情得到了升华。这便是购物中心的娱乐功能。

大型购物中心的现代感正好体现在此，但单体店面在娱乐性方面并不是无所作为。例如，麦当劳的门店内都有儿童区，里面有各式儿童玩具，大人可以安心地用餐；现在在很多小门店都可以看到：门店内放几个凳子，上面有共享充电宝一类的东西，就是让累了的客人可以坐一会儿，刷刷朋友圈；而有的门店，专门放置各种供消费者休息拍照的造型区，这些都充分体现了娱乐需求的满足。

1.3.3 应用：4 个维度衡量自己的服务

有了上述 4 个维度后，就可以**试着给自己的服务赋值，量化自己的指标**（需要说明的是，以下都是笔者根据印象给出的得分，不是数据加权平均之后的客观数据，只是提供一个思考的维度，大家可根据自己的感觉另行打分）。

例如，以海底捞的服务为满分 50 分，那么宜家的社会尊重分是 20 分、社交属性分 10 分、便利性 5 分、娱乐属性 10 分，总分 45 分。

通过对各项服务依次赋分，市场上零售商的服务得分都可以放在表格中，以国内部分大零售商的服务得分对比为例，可以绘制如表 1-1 所示的表格。

表 1-1 国内部分大零售商的服务得分对比

品 牌	社会尊重	社交属性	便利性	娱乐属性	总 分
海底捞	30	10	5	5	50
宜家	20	10	5	10	45
万达广场	10	10	5	10	35
7-11 便利店	5	0	20	0	25
天猫	0	0	5	5	10
京东	0	0	15	5	20
淘宝	0	0	5	5	10
优衣库	10	5	5	5	25

从表 1-1 中可以看出一个规律，即电商的服务得分普遍比较低，这也是线下实体零售超越电商的一个重要思路。

又如，两个同类企业的服务对比可以通过给服务赋值，进行更清晰的了解，如表 1-2 和表 1-3 所示分别为三只松鼠和良品铺子、麦当劳和肯德基的服务得分对比。

表 1-2　三只松鼠和良品铺子的服务得分对比

品　牌	社会尊重	社交属性	便利性	娱乐属性	总　分
三只松鼠	10	0	5	10	25
良品铺子	10	10	10	10	40

表 1-3　麦当劳和肯德基的服务得分对比

品　牌	社会尊重	社交属性	便利性	娱乐属性	总　分
麦当劳	10	10	5	5	30
肯德基	10	10	5	5	30

煎饼摊服务的升级可以怎么做呢？

可以给你的产业赋值：社会尊重方面，地铁口的煎饼摊让买煎饼的顾客感受到了尊重，1 分；社交属性 0 分；服务的便利性方面，移动扫码支付，基本不排队，4 分；娱乐属性 0 分。总分为 5 分。

那么，怎样提高自己的分数呢？

在社会尊重维度上，开一个门店可能需要成本，不需要金钱成本的方法也有，如穿着有设计感的干净工作服，见到客人来了，微笑感谢光临甚至鞠躬致意；双手递上支付二维码或现金等。

在社交属性维度上，不开门店很难在这方面得分，但是也不是没有方法。例如，推出情侣套餐，第二份半价（价格方面要有规划）；5 个人一起买，即可有一人免费；给 3 个朋友捎带，自己的煎饼半价，等等。

那么，在便利性维度上，可以尝试以下做法。

（1）在自己的煎饼摊上打上一排字：做一个煎饼 3 分钟，超过 3 分钟免费。可能商家平时做煎饼的时间用不了 3 分钟，客户也知道，但是有了这个承诺，客户就会觉得你会营销，对你自然有好感。

（2）为排队的顾客提供小板凳，矿泉水免费喝（因为是小本生意，客户不一定会喝）。放 3 把凳子，让人知道你提供了服务，即使匆匆上班的白领不坐，也有用。

（3）如果资金充足，买一个无感支付或者体感支付类的设备，在煎饼摊上先用起来，你或许就是下一个网红。

在娱乐属性维度上，许多实体店铺已经有了很多尝试，如打扮成猪八戒卖烧烤的就是在做娱乐化服务。那么卖煎饼，则可以打扮成超人的样子，说明自己的煎饼做得快，你可能就会火。

如此在 4 个维度上着力，煎饼摊也能得分很高，服务跟上了，甚至超前了，还愁煎饼生意不火爆？

第 2 章

思维变革：大零售变革的 4 个思考逻辑

100 年前就有零售了，但是，零售的竞争依然空前激烈。

整个零售业都需要有一个新的进化方向，这个新方向，马云认为是新零售，但大家无论是从概念理解上，还是具体如何做，都比较茫然。

本章以大零售为落地思维与升级工具，进行业态融合、情境创造、业务分解和多方渗透，帮助大家进行新零售的升级。

- 思维解读：大零售让实体走出衰落
- 业态融合：混合不同业态，发挥最大价值
- 情境创造：“场景 + 氛围”提升用户体验
- 分解与渗透：完成业态融合与情境创造

2.1　思维解读：大零售让实体走出衰落

阿里巴巴转型拥抱新零售，京东也在大量布局线下店……越来越多的电商都在融合线下实体店；作为传统实体店，面对大时代的变革，决不能错失良机，必须勇敢面对，积极参与，努力成为大零售时代的主角。

2.1.1　大零售思维的定义

新零售好像很容易让大家走偏，一提及新零售，就是大数据和人工智能等技术概念，或者是线上线下结合这种 O2O 的老调性。如果认为它们就是新零售，那么就很容易让大家误入歧途、走火入魔。新零售主要有 3 种实现路径，即线上线下融合、零售＋体验式消费和零售＋产业生态链。

1. 大零售思维的出现

不仅笔者有这种感觉，据媒体报道，首都经贸大学教授陈立平也认为，目前业内存在一种悖论，那就是实体零售的下滑是因为企业没有拥抱互联网，而在他看来，实际上新零售只是一个技术手段层面的创新。

有些实体零售，一说转型就做电商，一说要做新零售就去买设备。布局跟踪器、布局各种大屏幕，美其名曰展示生动化，或者做一个 O2O 系统，甚至一个本地蛋糕连锁店也要做一个 App；用户给狗洗澡，都需要下载 App，这些全都是在新零售中走火入魔的表现。

大家为什么都会把自己的思考出发点不约而同地放在新技术上呢？可能是因为目前零售行业做得好的，如阿里巴巴、京东、苏宁等都是电商公司，都有技术团队，都是靠大数据来支撑的。

实际上，电商的发展经历了工具红利、平台红利、大数据红利，未来当然也会走向人工智能，这是一条技术进化路径，但并非零售业的根本。所以，电商虽然让实体零售很痛苦，但实体零售的真正救赎却未必在电商，也未必在新零售。

苹果 CEO 库克在回答《财新》记者的提问时，说：“在科技界，人们总有一种倾向，会更热衷于谈论下一个甚至下下一个颠覆性技术，而容易忽略眼下正在发生的事情。但在极少的情况下，人们所谈论的那些技术真能如他们所预想的那样，对行业产生深远的影响吗？”

一个科技界的领袖级人物，对于技术都没有迷信般的推崇，但大多数做零售的企业，却对技术有着某种不可名状的恐惧般的迷信。技术心魔与当年的电商崇拜，何其相似？如今的“技术崇拜”（大数据、人工智能）堪称“技术心魔”，与2010年对电商的崇拜及2013年对移动互联网的崇拜和恐惧是一样的。

这个问题京东也面临过，徐雷在2016年向媒体分享时说过一个原则，当初他还没有接管移动业务，几个部门总是争吵，技术部门想做一个超级App（因为当时移动互联网大火，出现了很多App，大家都争相做出一个高端大气的App），在功能上不断加大开发力度；但运营部门认为，转化率不高不是他们的错，是功能做得不好；技术部则认为，是运营部门选品不好。

徐雷接管后，提出了一个原则：**运营跟着用户走，技术跟着运营走**。这个原则一提出，各种数据增长就很快速，部门间争吵的情况也得到缓和。因此，移动端很重要，但移动端怎么做，不是听技术的，而是听运营的。

在大家对大数据、云计算、人工智能等技术趋之若鹜的情况下，笔者认为，虽然提出了新零售的概念，而且大数据和人工智能也很好，但要辩证地去看待，在谈论技术之前，我们必须明白一个根本道理，**技术是工具，技术是为思想服务的**。

技术的意义，一个是拥有，一个是运用。对很多企业来说，技术是拿来用的，能满足你的运用，就是好技术。而从未来技术开发的难度来看，绝大多数的零售公司，应该需要把技术交给外包来做，自己的数据是不够的。大数据已经火爆了很长一段时间，为什么对自己的帮助始终有限？大数据之所以只能起到锦上添花的作用，还做不到雪中送炭，就是因为私有数据的价值有限。

所以，技术恐慌是毫无必要的，与App一样，如何看待App，就如何看待人工智能。**对需要的企业来说，是必要的；对不需要的企业来说，只是一个辅助**。郑重地说：树立正确的技术观念，才不会被忽悠。

个性化推荐、千人千面等功能，的确有一定的效果，但是离真正的人工智能，还差得太远，这些功能只是机器学习。技术公司和零售公司将各司其职，阿里巴巴所拥有的大数据能力是万达、苏宁很难实现的，对后者来说，拥有应用能力、整合技术能力最重要。

例如，凭借店长经验，会知道天气好坏能对销量产生影响，尤其是便利店或者速食品类，受天气影响很明显，如果是智能的订货系统，就可以直接告诉相关人员订货量，而不必再根据经验判断。

此类功能，不需要每个公司都去开发，由专门的智能系统开发者做好成熟的产品供企业使用即可。但是一定要区别发展零售技术与企业的互联网化，后者让企业与世界更方便地连接，还是非常必要的。

下面将举例说明。如果说技术是泛零售的未来，笔者觉得有些说法不成立，如认为新零售是线上线下与物流的结合，是要用新技术做支撑的，但是沃尔玛的技术和物流就非常强，为什么它在全球大部分地区都处在收缩阶段呢？

有人可能会说，他们是实体零售技术，偏重于供应链和门店管理，不是互联网技术。但是，如果零售要通过阿里巴巴、京东、亚马逊这么复杂的技术才能做好，恐怕失业群体就会非常庞大。何况，凭借沃尔玛的财力、人力和资源，想要开发出互联网零售技术并不难。再者，沃尔玛已经收购了数个电商公司，既然能开发，还能收购，为什么会做不好呢？

还有阿里巴巴已经掌控银泰多年，银泰的技术化改造，可以说是实体零售中技术化非常强的，但是，银泰称得上是新零售的成功代表吗？

无论是线上线下结合还是电商，都已经不是趋势而是现实。电商不是消失了，而是成为中国商业的空气和水了，无处不在。只要有流量，就会想办法做电商，只是所采取的方法不同而已。线上线下结合也是如此。

但这个方法，正是新零售的升级，即大零售，这是面对泛零售行业整体的困境、转型的机遇提出的解决方案。它包含 4 个层面：**打破界限的业态融合、情境创造争夺、分解业务体系、无处不在的渗透**。简而言之，**融合、情境、分解、渗透**八字方针。当然，这一切都建立在高效供应链和企业互联网化的基础上。

2. 全面解读大零售思维

大零售的反面是纯零售，无关线上与线下，无关技术，只要是纯粹卖货的，都是纯零售，真正危险的是纯零售，不是电商。在大零售思维下，电商生机一样欣欣向荣；在纯零售的状态下，就算是新零售，或者是技术很厉害，也照样衰落。

这就是开头提到的问题，为什么沃尔玛在中国会出现困境。沃尔玛技术再好，方向错了，自然会事倍功半。据悉，沃尔玛正发愤图强，通过各种形式进入电商领域，又在硅谷研发新技术，以迎接零售革命。但是，如果不是在大零售思维下做技术创新，依然难以摆脱困境。

大数据洞悉消费需求、人工智能高科技、VR 购物等名词，看起来“高大上”，但是在卖东西上，投入的技术和精力过多。很多平台、店铺、商品、商家都在卖，但我们的技术需要更多地投入到如何把东西生产得更好上来。

在卖商品上投入越多，只会增加销售的成本，让商品的价值更偏离；相反，让商品生产得更好的技术，反而会降低销售的成本，好的商品自带流量（一切“好”，都是相对的），才能做到真正的品质，才是真正的消费升级。

然而现实是，社会的主流与媒体的主要精力大多用在了如何卖东西这个环节上，大量的技术人员、大量的资本、大量的营销创意、大量的媒介资源都在想方设法卖东西，那些要学习的也都是卖东西卖得好的人，而在生产更好的商品方面投入太少，商业精英越来越多，品牌精英越来越少。

如果换个角度去思考，会发现，马云之所以提出新零售概念，是因为新零售概念可以为阿里巴巴的收购铺平道路，以免电商与实体店在对立的语境下，难以展开工作。**大零售思维，就是希望大家能够超越技术崇拜，回归商业的本质，贯彻“融合、情境、分解、渗透”的八字方针**，才能够避免当年电商混战的悲剧，认清当下，不要在追求趋势时，走火入魔。

2.1.2　大零售与新零售的区别

人的认知习惯就是与熟悉的事物做对比，有对比才有定位，因此下面就将大零售与新零售做一个对比，让大家彻底明白新零售如何具体升级，通过大零售落地营销。

1. 关于技术和数据的态度不同

新零售追求互联网技术、大数据、线上线下融合；大零售认为，这些都是次要的，并不能解决当前零售业的根本问题——既不能解决实体零售的“僵化”，也很难解决电商的高成本难题。大零售的主张包括 3 个方面，即**创造新业态、以品类运营为核心的情境创造及零售商要做分解和渗透**。

为什么一定要创造新业态呢？**业态本身就是对需求的反映，满足消费需求的就是好业态**，没有客流的业态就不是好业态，无所谓线上还是线下。

技术与数据在未来的新业态中也很重要，但前提一定是业态调整到位了。而业态调整的风向标是给用户创造情境，如快乐经济、潮流经济、游戏体验经济等。一个个活动、促销或者文化主题，都是在刺激用户的心理情境，没有心理情境的刺激，你的客流就很容易被抢走，因为零售竞争太激烈了。特别需要强调的是，**大零售主张技术和大数据应该用在制造环节，而无须在零售环节泛滥**。

2. 是否有价值判断

现在新零售被广泛滥用，谁都可以往里面装东西，称自己是新零售，所以，他们没有任何价值判断，也就缺少实际意义。

你可以把所有标注新零售的企业扫一遍，看看他们做的事情是不是同一件事。能有相同点的都很少，为什么呢？就是因为没有人给出新零售的真正定义，只是说要线上线下融合、仓储物流、技术大数据，这是典型的盲人摸象，能沾一点边的就算新零售，缺少价值判断，缺少解决问题的逻辑。

大零售有自己的灵魂、有自己的价值判断依据，符合大零售价值判断标准的，会有更好的未来。一个企业是否创造新业态、是否做品类运营的情境创造、是否分解与渗透，一目了然。只不过，这些都是需要动脑筋的，不是引进技术设备，打通会员数据这种简单的“花架子”所能解决的。

例如，一家区域零售龙头企业如果不做业态渗透或者缓慢渗透，重心在线上线下引流，那么多半会贻误战机，把自己的市场拱手让给对手。

此外，新零售的适用空间有限。只适合阿里巴巴这种平台型公司，因为他们有技术储备，有丰富的数据来源，有大规模的资本收购；但大零售适合一切大中小零售企业，包括品牌商也有一定的使用价值，还包括纯粹的线上零售，这种被新零售严重看衰的业态，按大零售的思路走，同样可以发展得很好。

例如，笔者接触的某个企业，主要是给男士提供搭配的服务，每年给会员送一套搭配好的衣服，需要的买了，不需要的退回，虽然会员数才 1 万人，但是已经可以实现盈利。这种给用户提供解决方案的做法，虽然完全基于线上，但是有很大的生存空间。还有“什么值得买”这样的内容电商平台，盈利也很好，虽然是纯线上，但会逐渐变成一个消费知识入口，也有很好的出路。但新零售不同，全部都是大公司、大平台在做，中小型公司很难做新零售。

3. 对于线上线下融合的看法不同

大零售认为，融合不是目的，只是手段，没有必要为了融合而融合；新零售更强调融合的必要性。笔者认为，线上有线上的需求，线下有线下的需求，两者结合有两者结合的需求，没有谁替代谁。更何况，线上线下早就不能做太明显的划分，再谈融合，缺少界限。

那些做线上线下融合的人，可以问问，融合的业务占比是多少？在大零售看来，融合只是手段，是用来服务情境创造的，是用来协调服务能力的，是用来满足细分需求场景的，融合很重要，但不是根本问题。

此外，新零售是一种策略；而**大零售则是一种思维模式，是打破实体零售和电商的固有模式，是站在用户心智层面的思考方法**。

当然，大零售思维和新零售也有共同的地方，如双方都认为技术将对未来零售产生很大的影响，必须要拥抱互联网，要完成零售商品和服务的数字化、标准化。这些都是基本功，谁做零售，都需要在这个层面下功夫，不同的是思考的出发点、解决的问题点和对决胜关键点的判断不同，以及适用性。

当然，人往往是缺什么，就恨不得马上拥有什么。实体零售觉得自己之所以发展慢，是因为没有电商平台，不懂互联网传播，所以就努力做电商、做互联网传播、做线上线下融合，但这是以自己的短处与别人的长处比较，即使最后能成功，也会为此付出很大的代价。

2.1.3　大零售思维的三大优势

关于大零售，笔者收到了不少反馈，看到这些反馈，有时候真是哭笑不得，真应了那句话，一千个观众就有一千个哈姆雷特。虽然调皮电商阐述了大零售的4个维度，但人们的理解千差万别。

尤其是在大零售交流群中，无论是不是做泛零售的，都会有一番高论。在笔者看来，零售从业者之所以要具备大零售思维，主要是因为它有以下三大优势。

1. 去掉了没有竞争力的部分

有人曾经问笔者：关于大零售，笔者为什么不把支付和会员列入其中呢？这些都很重要。其实，对会员的重视，笔者在《传统企业要想做好O2O，必须实行大电商战略》一文中提到过，在电商普遍买流量做爆款的时候，我们提出了大电商战略。但时至今日，会员已经是各家的常态业务了，每个品牌都有几十万“粉丝”，甚至有几百万会员信息。

现在不是靠自家积累的时候，自有流量能够让你沉淀一些会员，但现在需要的是业态融合，流量（“粉丝”）共享。例如，有人说，有些做瓷砖的和卖高端内衣的在一个店里，销量还不错，他们称为杂交零售，就是这个道理。

至于支付，很多人把支付看得太重要了，支付永远决定不了一个泛零售企业的发展。一个店内没有各种手机支付方式，会觉得太低端了，但就算有了十几种手机支付方式，生意也未必很好，因为对手也有，用户永远不会因为方便支付就对你有好感。

会员与支付手段都很重要，但都不是当前的竞争力，而大零售是为企业提高竞争力而提出的，它去掉了那些不再有竞争力的部分。

2. 能够看透各种模式的本相

有人说，实体店如何给用户做精准画像呢？大悦城就做得很好，不断通过各种数据研究用户信息，而二三线的购物中心却不知道如何为用户做精准画像。

给用户做精准画像，听起来“高大上”，有追求，大数据云计算也很好，但这其实是一个妄念。之所以要做精准画像，是因为电商运营者看不到用户，只能知道用户点击了什么浏览了什么，他们想通过这些行为猜测用户是什么样的。

但实体店天天看到用户，穿什么样的衣服，化什么妆，来了多少人，脸色怎么样，都看了什么，走过哪里，这些情况天天呈现在眼前，为什么还要通过计算机来勾勒用户的画像呢？那些导购、商城管理人员及店主，他们并不眼盲。

为什么大零售坚决反对技术派的新零售，放着一个真实的世界不去观察、不去拥抱，而要通过虚拟世界预测用户的喜好呢？在现实中不为用户提供更好的服务，在后续的行为跟踪数据方面做得再多又有什么意义呢？

当然，实体店的数字化很重要，商品数字化、用户行为数字化、空间数字化都需要去尝试，但永远别忘了，用户就在你眼前时，一切数字化都是次要的。

很多事情看起来“高大上”，但很可能就是心魔驱使的。而大零售就像一个照妖镜，能看透各种模式、各种行为的本相。

3. 理念是跟着环境不断变化的

有一些人曾给笔者留言，反对概念众多，其中比较具有代表性的一个观点是：“我个人觉得不要去追寻概念的对错，也不要再加一个概念。没有新旧之分的零售，只有一心为满足消费者需求而不断创新的零售，包括产品的性价比、服务的专业性、用户的体验感和购物的便利性等。”

没有新概念，就没有新认知；没有新认知，就没有新实践。但在一个新实践不断加深的时代，新理论是不可避免的。

的确，很多人会说，外界再怎么变化，零售的本质没有改变。只要有好东西，就要用一切手段卖出去，要创造优质的体验。

没有实践的人，就会陷入虚无主义，他们以为认识到某个事情，自己就已经做到了某个事情，然后以为不过如此。

不断追求本质没有错，但不能忽视了进化的链条，每一个链条都代表一个环境，抓住环境特征的人才能更好地抓住本质。其实，**你需要抓住的不是商业的本质，也不是零售的本质，而是环境的特征和本质。**

这就好像，你意识到水的本质是流动的，但你无法保证在任何环境下都能驾驭水。例如，河水和海水，风和日丽与狂风大作的时候，驾驭水的能力是不一样的。

如果你到 40 岁时仍然说，做生意就是低买高卖，做零售就是要好货、好价格、好服务。这一个道理需要用这么多年去认知吗？

大零售不是在认知商业本质，而是在剖析环境特征并找到规律，因为环境是变化的，所以理念必须跟着变。

当然了，过去一些年，受一些谬论影响，对商业本质的认识在不断扭曲，如今溯本归源也是一件好事，但要谨防进入本质虚无主义。

这个世界需要新概念还有一个原因，**后来者要想颠覆或者超越前面的人，必须要有一套新的打法**，如马云提出新零售，也有一点自我革命的味道。

如果没有理念和舆论支撑，一个企业在资本市场和民众舆论中，都会慢慢被淡化。他们明明做得不错，明明“切”到了细分市场，就应该有他们的话语空间。所以，彻底打乱线上线下的区分逻辑，需要按照全新的大零售逻辑来划分零售世界。

2.1.4　破解大零售的典型刀法：“一米宽，一百米深”

在零售最核心的竞争力构成——选品和价格上，新旧两种零售竞争思路激烈交锋。标榜“一米宽，一百米深”的新零售，为什么要这么切蛋糕呢？

在传统看来，创新往往是一个笑话。例如，星巴克真的要在晚间卖酒和佐酒小食，这听起来比他们卖咖啡豆、咖啡机或咖啡杯要“好笑”得多。传统的营销理论认为，消费者选择星巴克，是因为在大家的认知里，这个品牌是咖啡的品质保证。但卖别的产品，大家就未必买账。**这就是选品的不专业。**

东京有一家“茑屋书店”，在烹饪书旁卖生鲜，在旅游杂志旁卖旅行产品，如相机、自行车、家用电器，甚至宠物服务，没有什么是他们不卖的。对这种“疯子”，传统零售人只需质问一个问题：“你的运营成本是多少，能比大卖场更低吗，消费者为什么要在你这里买？”

这是违背价格竞争的核心原则的。新旧交锋：横切市场还是竖切市场？**乍看上去，是创新者不懂行，在零售最核心的竞争力构成——选品和价格上胡乱运**

营，其实背后是新旧两种零售竞争思路的交锋。

旧的零售竞争思路，是围绕物（产品和供应链）；而新的零售竞争思路，是围绕人（消费者及其消费场景）。旧的竞争焦点在于人群的覆盖。假如我是卖电器的，我就把供应链和规模做到极致，让所有人都到我这里买电器。在消费市场上，我只横切电器这个层面，但我要整个蛋糕，形象地说就是“一百米宽，一米深”。

而新的竞争焦点在于特定人群需求的挖掘和整合。例如，我就盯都市白领，把符合他们阶层和趣味的生活方式及商品整合在一起，满足这个人群的一切消费需求。就是所谓的“一米宽，一百米深”。

如今，越来越多的创业者（当然也包括星巴克、无印良品这种有强大品牌号召力的传统企业）都在用这种“打洞”的思路切市场。最终他们是否能成功钻到一百米深需要再议，但在他们已经钻到的层面，过去横向切市场的传统零售业态，就被瓜分得“千疮百孔”，能明显看到消费者被分流。

1. 一大波生活方式品牌正在靠近

无论是星巴克，还是茑屋书店，都不再把自己定义为某个品类的品牌，而是生活方式品牌。**一个特定生活方式的背后，就是一个特定人群。所以，星巴克其实就是要做小资生活品牌，茑屋书店则是文青生活品牌。**

星巴克能在晚间卖酒和小食，不是因为它比周边鳞次栉比的餐厅、居酒屋提供的酒水种类更丰富、价格更便宜，而是它能为小资人群的晚间“轻社交”（时间较正式会面短，形式也更自由轻松）提供更便捷、更符合他们趣味的产品和服务。

小资人群不是酒鬼，“轻社交”场景更不需要酩酊大醉，如果在晚间需要与友人会面，地点要醒目好约，又想在夜幕下有更令人放松的饮料餐点，何其难寻——约在餐厅，过于隆重；约在居酒屋，气味环境不喜；约在酒吧，容易喝醉失态。

说到底，星巴克能卖酒，源于传统餐饮品牌对新兴生活方式的服务功能。大家还在按照以前的生活方式，沿着商务宴请、家庭聚餐的场景逻辑提供服务，却没有关注新兴的小资人群，需要“轻社交”场景下的餐饮服务。

有的人不明白，听到新零售一直说“场景”，觉得这并不是一件新鲜事，“场景式”营销已经存在很多年了。可是此场景非彼场景。

场景是随着生活方式变化的，一代人一个活法，新兴消费人群的场景和以前人们的消费场景差十万八千里。这就像刻舟求剑，以为守着船上的记号（场景营销理论）就能找到剑，殊不知水流（消费者）的变化才是关键。

如果说作为全球连锁品牌的星巴克，是发现需求后顺势填补空白市场；那么东京茑屋书店的成功则更具挑战性，因为它是通过引领和创造文青人群的生活方式，并从中找到商业机会。

这家书店收藏了几乎全日本最多最全的老电影、音乐及书籍资料，无论你想要什么，只要告诉店员一声，全都可以找到。更有意思的是，这里的店员全都卧虎藏龙，有旅行过大半个地球的旅游达人，有出过书的美食作家，还有玩音乐的“发烧友”……可以说，文青在茑屋书店已经不是在购物，而是在“朝圣”，在发现让他（她）惊喜的生活方式。

这里经营的商品虽杂，但都是围绕文青生活方式的选品，且有无可替代的背书。当你对美食书中介绍某个特定产地食材的料理感兴趣，且转身就看见作家推荐的食材时，你会觉得用超市便宜的同类食材就可以替代吗？你又是否愿意用稍高于市场的价格，体验旅行杂志中的同路线旅游产品？

这就是为什么茑屋书店被评为“全世界最美的书店”，即使是凌晨两点也人流不绝，而且效益超群，每月的销售都破亿日元（约 600 万元人民币）。

2. 三大人群将是“竖切”重灾区

看到这里，我们可以明白一点：所谓“一米宽，一百米深”的竖切零售，其成立的基础就看细分人群，他们的生活方式是否与传统消费认识有显著差异。**差异越大，竖切的成功概率就越大。因为传统零售根本无法满足这个人群的需求，他们对所谓生活方式品牌的忠诚度就越高，能够付出的溢价也越高。**

而目前来看，有 3 个新兴消费人群是较为符合这个标准的。

一是 95 后和 00 后为代表的青年，他们的消费行为已远超传统的“在校学生”定位，高消费、超前消费、共享租借消费等特征都是从未有过的。

二是城市的单身贵族，传统家庭场景下的消费（餐饮、休闲方式乃至用具和电器等）对他们都不再适用，星巴克和茑屋书店的人群定位就和城市单身贵族有很大的重合。

三是高端养老人群，传统认为老年人是缺乏消费力的，但随着中国经济的发展，第一批有钱的老年人已经出现。2016 年亚马逊中国跨境购订单，“单笔花费 5000 元以上”的用户，占比最高的就是 60 岁以上的老人。六七千元一台的进口破壁机，是这个人群的明星单品。

3. 现在，是回到零售原点的时候

单纯从商业效率的角度说，“一米宽，一百米深”的新零售形态，显然比不上“一百米宽，一米深”的规模零售形态。但为什么这种违背常识的零售业态，会异军突起呢？

只有一个原因，就是更匹配需求的选品。这些人之所以能成功，是因为他们重新回到了零售的原点去思考：（我所面对的这部分）消费者需要什么？其实，传统零售何尝不是从这条路走过来的。

选品是零售的第一个问题。消费者是要便捷的一站式购物，还是要在高关注度品类上精挑细选？这决定了零售的形态。其次，才是供应链的竞争力。如今很多传统零售已经走得太远，忘了选品的初心，动辄谈成本运营，在应对消费需求变化上显得僵化无力。

尤其是近几年，新兴消费人群崛起，他们从生活方式到消费行为都发生了巨大的变化。可以想见，**如果这些新兴消费人群继续壮大，成为主流消费人群，针对他们生活方式的新零售业态竞争加剧，必然也会按品类分化，再次进入对需求变化相对不敏感的供应链竞争阶段**。

历史，总是一个又一个轮回。但眼下是需要我们放下对供应链的执着，回到零售原点的时候。因为消费者和需求的变化已经不可逆转。

2.2　业态融合：混合不同业态，发挥最大价值

现在，越来越多的零售从业者希望通过业态融合，探索出更适合的发展方式。在笔者看来，业态融合的重点就在于通过混合不同的业态，让零售发挥出最大的价值。

2.2.1　没有纯种零售了，都在融合

如果零售是一场数据的匹配，那为什么还需要人参与其中呢？历时三四个月的研究观察，我们慎重地推出了大零售理念，无论是电商还是实体零售，抑或是O2O，均适用。我们在模式的争议上停留太久，但模式越来越模糊，模式之争已经毫无意义，我们需要的是触碰商业本质之后的方法论。

调皮电商认为，现在已经没有纯种零售了，大家都在做融合。未来泛零售领域的大趋势，应该是大零售。大零售思维是想让大家站在全局的角度看待这个变革时代，而不是技术崇拜、互联网崇拜。

大零售包含 3 个层面：跨行业跨业态的融合；业态融合的指导思想是创造更多的情境想象力；通过分解和渗透完成业态融合与情境创造。

1. 打败你的不一定是同行

如果我们把眼界放开，就会发现中国的泛零售生态，尤其是线下，异乎寻常地活跃。这种活跃就是打破界限的业态融合。这种融合有两个层面的意思。

其中之一就是多业融合，如制造业、零售业、流通业、媒体业等相互融合。制造业去做零售业，零售业做自有品牌，这些年越来越流行，就连亚马逊都在做自有品牌的服装，还有内容电商的一波波热潮。

多业融合虽然是老趋势，但未来依然很有用。例如，很多餐饮企业开发一些成品半成品，利用自己的渠道去销售，当然，销售结果差异很大。但是未来一定会越来越盛行，只不过需要变换一下手法。

其实，上文中从谈及泛零售的话题到论述餐饮行业，就是超越界限的跨业态融合，不同的行业利用零售这根线串在了一起。

例如，北京一家企业也在做一个尝试，在社区店中加入了餐饮元素，量很小，只有 3 张餐桌，但是，却借此组建了一个社群，这种灵活的经营模式，就增加了很多频次的消费接触。

又如，某电商平台与酒店合作，把自己的艺术作品放到高档酒店内，客人如果看中某一作品，可以直接下单。酒店内还有各种各样的床垫、床上用品等展示销售。另外，各种快闪店铺的流行，在客流集中的某些场地、某些时间段，快闪店铺越来越多，商家与场地之间不再追求天长地久，而是充分协作。

此类跨界合作，还有一个“宝马撞死鱼”的故事：一辆宝马车冲进西湖，撞死一条鱼。这条鱼绝不会想到，它会在水里被车撞死。所以说，**打败你的不一定是同行，还有可能是跨界**。

2. 情境的创造力

所谓情境，就是顾客消费某个产品的需求环境和行为状态。情境有 4 个维度：时间、地点、人物和故事。

在便利店与餐饮店的竞争中，情境争夺的时间地点很明显。例如，台湾便利店的食品品类齐全，便当或中式快餐在口味、健康、价格、卫生上，对不方便做饭的人特别是上班族来说都是比较好的折中选择，远比汉堡、面包等适合，而且便利店离家或公司更近。很多上班族选择在公司楼下的便利店解决一日三餐和消夜。所以，便利店和快餐店间形成了强大的情境争夺关系。

当然，在这个案例中，也可以说是场景争夺，因为实体店通常都会有空间存在，所以习惯用场景这个词来表达。但对于线上和营销来说，情境更能涵盖心理和精神层面的意思。场景很容易让人只思考物理空间，其实真正的争夺枢纽是顾客的心理空间。

再如，KTV 的萎缩，因为手机娱乐更多，电影院也更流行，KTV 的娱乐、社交需求被取代。

类似的还有百货业，不是靠技术能拯救的，也不是靠线上线下结合能够拯救的，它要有创造社交、娱乐、学习等情境的能力，或者能够解决部分人特别的痛点，如男人的穿衣搭配问题。

大家争夺的都是顾客的娱乐情境、社交场景，而不只是 K 歌这件事。此时，再去革新技术，改变店铺环境，也未必能够吸引更多的用户。

不过，吸引人只是第一步，还不是情境争夺的全部，大零售更讲究服务能力，什么是服务能力呢？很多人都知道，产品要与服务结合，用户要的不是化妆品，而是美；用户进店需要的不一定是享受美食和饮料，可能是好友相聚的地方，吃喝只是顺带的。

关于产品要与服务结合，笔者在此为大家讲述一个故事：有一位顾客去苏宁买洗衣机，导购介绍了几款后，顾客说，买一个便宜点的就行，烘干功能在北京用不到，北京太干燥了，南方有梅雨季节才需要。但是导购说了一段话，最终让这位顾客很痛快地买了带烘干功能的洗衣机。他说了什么呢？

其实，北京也需要烘干功能的洗衣机，烘干之后（还可以消毒），可以把衣服直接放到衣柜里，这样就可以把阳台的空间腾出来，阳台有数平方米呢，可以做成书房等，看一下北京的房价，一平方米要七八万元，但是有烘干功能的洗衣机，只贵了三四千元，这样置换是否很划算？

洗衣机跟晾衣架居然是竞争对手，这就是典型的“宝马撞死鱼”。有人说，这是导购话术啊，与服务没有关系。其实，这才是服务，是量身定制的服务，是深度挖掘需求的服务。很多高端家电，在线上卖不动，但是在线下卖得很快，这就是实体门店的服务价值——人工为商品创造更多情境想象力。

这种价值表现之一，就是专业导购带来的教育意义。对于线上的服务能力来说，内容电商、网红直播电商等也都是专业导购方向的趋势，所以，线上企业有非常强的情境争夺能力。

此外，广泛讨论的消费升级也属于情境争夺。一个消费者用 iPhone，难道吃的菜就一定是有机的？水果也要有机的？干果也要有特定文化包装的？未必！

消费者并不是都需要高端或者精神满足的消费升级，在情境争夺中，能满足或者刺激他的购买欲即可。有些顾客可能会为了某一家生鲜店的西瓜，经常去那家生鲜店，结果买了很多东西。

说到此，餐饮业流行的大单品策略，如臭鳜鱼、功夫鱼、潮汕粥等，其实也是在用一个具象的东西让用户记住此类消费的情境，从而起到不时唤起这种情境的作用，吸引回头客。

所以，笔者觉得，在用户层面，消费升级很容易把经营者引入一个误区，要从各个层面拔高。但在经营层面，只要做好情境争夺即可，需求是被刺激出来的，不是被满足的。

很多人觉得阿里巴巴零售之所以做得好，是因为有大数据驱动，马云也提出了技术推动的新零售。但是实体企业其实真正应该学习的是阿里巴巴的运营能力，而不是人工智能大数据。这种运营能力包括类目运营、推广运营、数据运营和理念运营，归根结底，就是品类运营产品化。

其实，这些年，唱衰阿里巴巴流量枯竭的声音很多，但是你总会发现他们在不断调整，不断变换运营手法。如果经常去逛淘宝，可能不会感觉他们的运营手段的变化，但是隔一段时间再去，就会发现他们又推出了新频道，这个频道其实就是一个产品，是为了推荐某一类商品，而不只是某一个类目，可能是多个类目。

但是为了解决某一个场景的问题，往往采用的是最简单的类目，如结婚一条龙服务、装修一条龙推荐、生活研究所，甚至是达人体系的建立与运作，也就是内容电商。这些运营手法的意义在于给用户提供解决方案，而不是粗暴地卖东西。

这些运营手段才是实体店应该学习的，而不是恐慌他们的新技术。如果说，沃尔玛时代是促销决定胜负，后来是品类战争，再后来是选址之争，到了线上是价格战，再后来是物流服务站，那么现在就一定是品类运营战了。

当然，**选品的指导思想，一定是要深挖消费需求，用技术和大数据做辅助，准确性会更高**。不过，大零售本身就是对消费需求的尊重，融合业态就是为了应对需求的变化，情境争夺也是刺激需求的方法。如果对需求不了解，那还有什么可争夺呢？

需要注意的是，C2B 一直被认为是未来的方向，从需求出发，反向指导生产。这听起来效率很高，但个性化绝对比工业化效率更低，其本身就是一件低效率的事情，不可能成为主流。

数据和技术都很重要，但未必适合你。就像拳王阿里说吃蛋白粉对增强体力很有用，能帮助他在比赛中获胜，那你是不是也以为吃蛋白粉会帮助你在比赛中获胜呢？不是，是因为阿里首先是拳王，吃蛋白粉对他赢比赛才有用。

所以，阿里巴巴的大数据、新技术虽然好，但那是他人的“肌肉”，不是你的榜样。当然，技术一定是很好的。但是，想想看，沃尔玛的零售技术是否足够先进？卫星、物流、供应链样样在行，但为什么还是不可行呢？

技术能提高效率，这是共识。沃尔玛的技术带来了很大的效率提升，阿里巴巴看似技术厉害，其实背后的运营能力才是根本。所以，没有人文的技术，效率走不远。人文是什么？就是情境争夺，是去研究人的心理和精神，而不是技术。

没有创造情境的能力，只是在卖产品，是纯零售，而不是大零售。零售行业有很多店铺，各种业态都有，技术很先进，供应链方面也有优势，但是不会让人觉得这是一个有生机的零售企业——业态虽然丰富，却不融合，这就是根本原因。

如果再从业态进化的角度去看，就更明显了，购物中心、百货商场、大卖场、便利店、专卖店、专营店；线上 B2C、C2C、B2B2C、B2B、微店微商和导购站等，再加上 O2O，以及小业态，没有上百种，也有数十种，还要再怎么演化下去呢？

所以，从纯粹零售的角度去看待业态的细分，已经到了尽头，必须从消费需求出发，混搭业态，打破界限，在所有能拦截到顾客的地方，展开情境争夺。

2.2.2　去掉店铺思维，建立端思维

如果你是上海的用户，如果你有钉钉，钉钉中有一个下午茶的板块，这是易果与钉钉（都是阿里系）联合为办公室下午茶情境引入的服务。这件事看起来不大，目前销量也不大，但是，你是否想过，为什么不是直接放一个易果生鲜的链接，而要用下午茶来命名呢？

你可能会说，这也不奇怪，很多工具类 App 都是电商销售链接，如墨迹上有京东的链接。虽然都是链接，但在笔者看来，一个是端思维，一个是入口思维，两者在背后有着很多不一样的地方。前者是为一个场景打造的服务，需要重

新打磨产品；而后者是一个关联销售，不需要改变产品。

大零售之所以要单独把端的概念提炼出来，是因为背后还有台和链两个部分。先说端，端和店不一样，大零售就是要打破店的条条框框，如一个完整的店铺会考虑很多店铺形象、陈列，但都是围绕店内设置的。

端思维是希望大家从某一类人群去定制你接触客户的界面，不再是店铺思维。当然店铺作为一种端，仍然是极其重要的，但是要学会找情境。**所有问题，先想情境，再思考人群，再考虑品类。情境的构思非常简单，就是人在什么时候干什么。**

端，通常会被称为客户端，为什么称为客户端呢？就是因为端先把客户分类了，如运动类 App、美图类 App、天气类 App。这种工具产品首先把客户的需求分类了，同理，如果零售引入端的概念，也需要去场景中寻找客户。

以前店铺的分类思路是旗舰店、商场店、街边店、社区店，这样分已经很细致。但是，现在的竞争更激烈，因此还不够，还需要更多的渗透。要想继续渗透，那就不能靠开店，而是要把自己的商品放到别人的店内，放到有客流的地方。

例如，做艺术品拍卖的可以跟高级酒店合作，把作品放到酒店的房间内，用户若是喜欢，可以直接下单，然后快递到自己家中。这是一个多方共赢的事情：酒店的陈列更丰富了、更有档次了；做艺术品拍卖的商家，有了渠道；用户享受到了意境氛围，还通过低成本获得了商品。

把这一件事做到极端的，是调皮电商报道过的案例——九悦酒店。他们做得更彻底，把所有酒店房间内的用品（沙发、洗漱用品、床上用品、护肤用品和房间摆设等）都采取供应商合作制，甚至连酒店的场地也是与别人合作的，以重运营轻资产来操盘。

当然，这种模式是太深的业态融合，还有一些常见的，如在办公区开设一个零食货架，针对办公人群的零食解决方案，都是小包装。

用端思维去创新，而不是店铺思维去创新，你会发现很多好玩的事情，**端思维就是彻底打乱线上线下的界限，让你彻底放弃 O2O 思维，而此时你思考问题的出发点就不再是线上线下结合了。**

2.2.3 用大零售思维重新定义门店

以下内容来自慢生活王华的分享：

“今天和一位朋友聊跨界、分享。高频不是跨界业务的必需条件，关系和信用才是。第一是难易，由强关系（短连接）高信用（低频次）入手，而非由弱关系（长连接）高频次（低信用）入手，第二是场景自然，第三是高低频率。‘难易’代表 O2O 最重要的信用、房产、旅游和汽车，在消费者心中信用很高。”

“餐饮＋零售是业界主流模式，个人认为，旅游才是‘百搭小鲜肉’。”

“传统餐饮店，堂食的“天花板”是 8 次翻台，外卖的“天花板”是 4 小时下单时间，熟食外卖是非标品，需即时配送，食材零售是准标品，延时配送。一般的餐饮类单体店可依据资源接入食材零售业务。”

“原有的门店经营模式不合适，不是实体店没价值，而是需要重新定义门店的功能。将线下实体的高信任、可深度接触体验、交付灵活和易被发现等优势重新规划门店运营。”

我们提倡的大零售，第一条就是业态融合，其实称得上是重新定义门店，因为还包含重新定义商场、重新定义酒店，是对空间的重新定义。

笔者发现了几个案例。其一，某男装淘宝店与理发店合作，把少量商品放到理发店，顾客理完发，理发师可以让顾客试穿衣服，如果想买，可以在网上下单（没办法直接拿走，因为样品有限）。其二，卖高尔夫球杆的可以赠送高尔夫球场的体验券；在瓷砖专卖店卖高档女士内衣。

这种跨界合作与以前的跨界不同，既不是新零售的技术推动，也不是新物种，这就是业态融合。

但是，我们需要探索的是，**业态融合的规律是什么？能否由一个平台来完成这种业态融合？因为让每一个中小企业去找跨界资源是不可能的，也是低效率的。**

线上是商品，线下是服务，大家对于这种合作是不是刚需？如何建立一个对接需求与供应的平台？如何保障合作双方的安全？如果真的要把这些放在操作层面上，并不是一件简单的事。

2.2.4　“曲美＋京东”打造无界零售门店

本节介绍一个科技门店的范例。2018 年端午节时，曲美和京东合作的门店开业了，笔者曾去围观，当时就有不少感慨，在此笔者把它们写出来，供大家做跨界合作时的参考。

双方是怎么合作的呢？曲美大屯店是一家开了 15 年的家具店，定位属于中高端。2018 年年初，刚上任的京东时尚事业群负责人胡胜利与曲美董事长赵瑞海见面，双方一拍即合，决定开一家无界零售门店。也就是说，京东把自己的商品放到曲美的门店里，曲美根据销售情况跟京东分成。

双方之所以有这个合作，都有其自身的需求：一方面，京东在时尚方面一直是短板，同时也在大胆尝试线下的无界零售模式；另一方面，曲美作为家居品牌，互联网的“玩法”不多，虽然线上也做得不错，但是线下门店业绩增长缓慢。

赵瑞海认为，现在都流行新零售、无界零售，但是，对于品牌方而言，怎么做，其实是不了解的，看京东做得挺不错，就想取取经，结果双方一拍即合，做了融合性门店。

这个门店开业后，客流量翻了几倍，销售额提高了 200%，可以说是比较成功的。

但笔者当时有一个疑惑：这种线上商品进入线下门店的做法，2016 年就已经有人尝试。2017 年调皮电商提出的大零售思维，就是要提倡业态融合，如咖啡店里卖衣服、理发店里卖衣服，包括 Eataly 第一个把超市和餐厅结合、盒马把超市和食堂结合。但这些做法中，有的成功，有的失败。

那么，为什么有的业态融合就可以成功，而有的业态融合却只能失败，或者说效果不显著？京东和曲美是怎么融合的呢？

曲美这家门店有 3 层，做得比较多的是一层和二层。其中，一层以货架为主，京东的自有品牌就占了 3 排货架，还有一个厨卫区，双立人的商品和小熊电器的商品占了几个货架，曲美原来的家居用品也占了不少货架。此外，还引入了一家西装定制的品牌，占了一块区域；在衣帽间，爱慕的内衣和家居服摆在里面；还引入网易严选的数百个 SKU，大部分是家居类商品，还有部分是家居摆件和文艺小清新产品。

比较有特色的是：作为一个家居店，曲美增设了休息区，顾客逛累了可以免费品尝饮品和冰激凌，还可以给手机充电。这要比普通的家居店的体验好得多。

二层是场景区，本来也是曲美的样板间，京东改造了 8 个，有老年人的房间，其中还有鸟笼，甚至样板间内还有除臭剂；有一个收藏爱好者的房间，其中的商品有很多是文艺作品，还有一些适合收藏的设计师作品；还有音乐“发烧友”的房间，里面有一个特别酷的音响，京东时尚事业群负责人胡胜利都说，看了就想买。

三层也有一些融合，有一个价值 22 万元的影音定制，还有一个新派的茶具系列，看起来挺不错。这些商品是怎么选出来的呢？这是靠大数据匹配出来的，曲美 99%的用户都是京东的用户，双方重合度特别高，这是双方可以融合的关键点。

其次，品类关联，如曲美 99%的用户，在京东上购买了很多的双立人和小熊厨具，那就专门在门店开辟出这两个品类。还有其他品类，也都是匹配出来的。

整个门店，增加了 3000 多个 SKU，基本上增加了一倍，虽然门店面积并没有增加，但激发了用户愿意经常来逛，而不是只有买家具时才来。增加品类，却没有增加选品和供应商成本，这也是融合的一大好处。

另外，京东给曲美的门店科技化，如智能试衣镜，甚至还有一拿起产品就自动播放的屏幕，这会吸引一些尝鲜的人群。

不过，在笔者看来，最好的融合则是：把商品的高频与低频，刚需与弱需结合起来，同时给顾客一种全新的眼界。家具是低频，可能 10 年才买一次；但是，摆件一类的产品，每年都需要买；生活日用品每个月都需要买；还有一些零食产品、时尚服装，每周都可以逛一逛。

家具是刚需，但摆件是弱需；厨具是刚需，但服装是弱需。这种组合让客流丰富起来，这是融合成功的关键点。同时，不断更换新的生活方式主题，也在刺激用户不断更新自己的家居用品，产生潜移默化的作用，这要比单纯的家具店更能让用户产生消费的欲望。

所以，融合之后，还要有新刺激产生。例如，上文中提及的音响，看了的人大多想买，但去逛京东的时候，就很难发现这个商品，因为大多数人并不是音响"发烧友"，所以，能在一个店内不断发现有意思、有趣味的商品，这就是一个门店的魅力。

笔者曾看到有些咖啡馆内，放了一些瓷器，没看到有人买；还有卖衣服的，也就是逛了逛，就没有产生消费的欲望。因为这样的融合很生硬，没有让门店和产品相映生辉。

像这样大型的门店，曲美还有 200 家，小型门店还有 600 家，如果都采取这种模式，那么带来的销量还是很可观的。但是，这种融合始终有一个问题，那就是这 3000 多个 SKU，是否要增加导购呢？

没有导购介绍，转化率肯定低，增加导购，就是增加成本。尤其是服装类，没有导购，恐怕购买率会很低。同时，这 3000 个 SKU 到底有多少动销呢？这就需要经营一段时间才能看出来。

这样的融合门店也有一个很高的门槛，只有品类丰富的平台玩家才能这么做，否则，配送成本就居高不下了。不过也别灰心，一个量级有一个量级的玩法，如果你是小商家，那就用小商家的“玩法”去做。下面笔者会继续介绍小型的科技门店，为大家提供参考。

2.3 情境创造：“场景＋氛围”提升用户体验

随着消费观念的转变，越来越多的消费者在购物过程中注重零售商创造的体验情境。而零售商需要做的就是通过消费场景和氛围的营造，尽可能地提升目标用户的体验。

2.3.1 学会辨别场景与情境

场景是热词，在戏剧中，它代表的是剧情的背景情况，而在商业范畴中，它的意思是人的活动场所。但因为每个人对场景的理解不一样，所以也没有具体的定义。

大零售的第二条，本来是场景创造，但后来改成了情境创造。因为场景没有办法让经营者从消费者的情绪出发，更多的是以物理空间去思考。这种错误的引导，只会让经营者更重视自己提供了什么，而不是消费者需要什么。

要辨别场景与情境也很简单，具体如下。

“场景”的“景”是具体、直观和吸引人的，是指具体场合的情形、景象。

“情境”的“境”是指构成和蕴涵在情景中的那些相互交织的因素及其相互之间的关系。

从内涵来看，“情境”的范围要广于“场景”，场景是局面的描述；而情境不仅包括场景，还包括某些隐含的氛围，如热烈、孤寂、友好、无助等。

其实，**情境就是场景＋氛围**。以前，商品陈列都是货架式，后来开始场景式陈列，如家具建材领域的房间陈列，宜家是做得比较早的，且宜家也是典型的有场景没情境，但宜家的画册有情境，能刺激消费者的情绪。

有场景没情境的例子比比皆是，如餐饮，很多购物中心的餐饮都是晚上客流大，其他时间冷冷清清，包括午餐。与此形成对应的是，上班白领最大的痛苦之一就是：中午吃什么？这一问题困扰了很多人。

为什么很多餐馆不提供特别午餐菜单？白领午餐的需求一般是：时间不能太长（30 分钟），分量不能太大，一定要经常改变花样，营养要充分保障，吃饭人数 1～4 人，超过 4 人的不多，就算是五六个人，用固定菜单就可满足了。

“中午吃什么”就是一个典型的情境需求，而不是场景；是一个心理需求，而不是一个吃饭地点的问题。

2.3.2　情境创造的 4 个维度

关于如何理解大零售的情境创造，先从反面来看，大零售的反义词是纯零售、货架零售。例如，在超市看到的陈列与百货公司看到的布局都属于货架零售，在淘宝和京东的商品展现形式属于纯零售，包括很多 B2C 的模式、很多手机店铺的陈列形式、很多服装店的展现形式。

一句话：传统实体与传统电商都是纯零售模式。差别就在于：有的企业只有纯零售模式，而淘宝和京东则不然。在淘宝业态中，除陈列之外，还有一层内容营销的圈子。京东的内容营销虽然欠缺，但凭借物流配送服务形成了很多固定购物习惯。

看惯了电商的起起落落，你会发现，淘宝与京东能够运营至今，完全不是因为它们是电商模式，而是它们所拥有的情境创造能力。但是，对于很多实体企业来说，完成商品和服务的数字化就已经够艰难了，何谈去创造情境。

在此状况下，需要思考的是：除商品和服务的数字化外，你还做了哪些事情？这些事情可能就是情境创造了（除了广告）。之所以说可能，是因为情境创造也是需要讲究方法的。我们曾发表过一个方法论：把标准产品非标化，把非标产品标准化，现在再讨论一种方法。

笔者在《万字长文详述大零售思维》一文中提到，情境创造的 4 个维度：时间、地点、人物、故事，本节就围绕这 4 个方面做一下分享。

1. 时间

在 2.3.1 节中提到的“中午吃什么”就是一个典型时间情境的创造，人在什么时间做什么事情，一般是有规律的，所以要顺着这个规律来。

例如，国美在做一个线上线下融合的尝试，由于国美比较保守，也缺少推广费，不可能像淘宝、京东一样，一周 7 天一天 24 小时做流量，但是他们可以做线上线下结合的流量互导，周一到周四，给线上导流量，即使是去线下门店，也尽量让你在线上成交，培养你的线上习惯；周五到周日，往线下导流量，线下价格更低，因为周末大家有时间逛，而且线下的客单价更高。

当然，如果只是导流量，还不能说是情境创造，大零售是反对流量互导的，介绍这一案例只是为了说明对时间的切割利用是创造新场景的思路，国美离真正的情境创造还有一段距离。

不过他们在把用户引入线下之后，会引导用户扫描自己看中商品的二维码，只要扫描了，就会立刻产生价值。产品被扫描的次数越多，证明越是热销品，即使没有人购买，也代表用户对此类商品感兴趣。数据量积累得多了，就可以做定制，确定好型号后，把价格做到最低，然后全渠道铺货+推广。这对于品类运营，能起到非常关键的作用。

大零售中，品类运营是情境创造的核心。怎样才能找到用户想要的品类，是零售能力的体现。情境创造不只是为了让用户玩，而是让用户的行为产生指导价值。

笔者觉得泛零售行业需要向电视行业划分时间一样，打一场时间战斗，精确到秒，某个时间段某个地区热映什么电视剧，跟商品有关的是什么？那么当地用户打开你的 App 之后，应该立刻出现相关内容。

这与军事领域的精确制导差不多，一定要改变千篇一律的状态，引入时间轴来做零售，才能精确制导。以前是不同商圈匹配不同业态对应不同商品，这种做法已经落后，应该引入时间管理的概念，什么商圈在什么时间卖什么商品。

2. 地点

地点指的是在什么地方、什么环境、什么格调、什么主题的地方。地点这一元素，实体零售比较擅长，但是地点需要包装，即开辟主题空间。如果做购物中心，就应专门开辟出一个空间做某个主题，如生态主题、未来主题、科技主题、小镇主题、图书馆主题、动漫主题等。不能用现代或者古典这种泛泛而谈的主题了，需要更精确，因为不同主题带来的是不同客群、不同店铺和不同商品。

地点还包含环境要素，如声音、味道。有一位做酒店的朋友，他把环境要素做得很细致，从听觉、味觉、视觉、嗅觉和触觉等多个角度打造房间环境，让人耳目一新。

3. 人物

人物是指人的年龄、职业、情绪（失恋、空虚、兴奋）。例如，围绕母婴群体是最常见的业态，各种购物中心都会设置母婴专区。那么便利店、超市是否能为母婴群体设置独特的陈列或者堆头呢？针对职场人群，是否可以设置“提高职业效率的几大利器”的选品？

针对傲娇的 90 后、刚做高管的 80 后、中年危机思考人生的 70 后，以及即将退休的 60 后及“空巢青年”等，**无论是做活动、做广告，还是做选品，都要考虑到人的属性**。

4. 故事

故事就是让用户参与做某一件事，或者某处发生了什么有趣的事儿。《不可消失的门店》一书中提到了让死气沉沉的超市变身热闹社区的做法，值得借鉴。把制作食物的作坊引入超市，食物的味道会诱发消费者生活的气息。

我们必须明白一件事：消费者去超市不一定是为了买东西，更重要的是启发生活的各方面灵感，感受到生活的气息，这是电商永远给不了的。很多时候，一个抑郁的人去了菜市场，看到热热闹闹的景象，可能会忽然领悟人生的意义，让自己想得更开一些。

什么是把标品做成非标品？就是把冷冰冰的商品，设计成让用户参与的事情，有些超市提供现做食品，类似简餐餐馆，其实还可以教用户下厨房。

综合来讲，情境创造就是去思考什么人什么时候在什么地方发生了什么事，相当于写剧本。当然，生编硬造的剧本是不合适的，让孩子们去三里屯或者王府井百货或者新光天地做亲子活动，只怕是不合适的——调性不对，故事没有想象力。

情境创造的方法各种各样，商家可以从商品出发考虑创造体验环节，情境创造的 4 个维度只是告诉大家换一个逻辑去思考，千万不要再围绕陈列、坪效等实体零售的指标去创新，那已经是一条走到尽头的路。

要想迎接新时代，就要换一个思路去思考零售。我们天天声称以用户为中心，以人为本，但是思考事情的出发点都是商品、租金、条码费、陈列费、进店费，那么你永远做不好零售。

另外，通过技术来做情境创造也是一种“玩法”，如 VR。此外，京东通过智能物联网的概念推广智能硬件也是一种“玩法”，不断给用户推荐新奇特商品，启发用户新的生活方式。但这还是围绕情境在创新，没有情境目的的技术思路都是空想。

2.3.3 情境创造力，商业变革的核心驱动力

情境创造就是要让经营者从消费心理出发，创造更多让消费者找你的机会。虽然很多餐厅也开发了午市套餐，如肯德基、麦当劳等。但套餐总价超出了很多人的预算，他们计算的标准不是消费者的心理，而是数道菜一汤一饮品一点心加起来的折扣价，在商家看来，这已经足够优惠，打六折——平时都不会打折。

从这里可以看出，直到现在还是打折思维、促销思维，商家以为降价了，就是让用户占便宜，但用户的需求是：中午吃什么？而不是“午饭我要省多少钱”“午饭我要四菜一汤，还要饮料、点心”。

后者的套餐模式，就是场景思维惹的祸：反正用户来了，你们点餐还费劲，于是就推荐一个套餐，不仅优惠，还省心，后厨准备的时候也省心。套餐模式看起来是要为用户提供场景解决方案，其实还是打折思维、促销思维，还是价格战。

2.3.4 消费情境的不断变化

现代人生活的场景和时间不仅碎片化，更加追求便利性，而且同一消费场景下，也有不同潜在需求等待挖掘。

那些能够火起来的迷你 KTV、迷你健身房，还有共享单车，往往是对传统线下场景的一种拆解，切中了用户的某一个非常硬的需求。这样，线下流量就不是单纯的客流，而是一个个放到具体的消费场景的用户。

生成用户的客流可能会裂变出更多的潜在需求，无论是衍生服务、增值服务，还是广告营销，都有可能丰富一个产品的属性和盈利模式。如今便利店提供的服务就是一个典范，已然包含了日常居家的大多数服务，真正做到了生活保姆的极致。

消费情境的变化导致过去的消费“痛点”能够有机会迎刃而解。我们再来看以超级猩猩为首的迷你健身房。传统健身房的痛点在于：价格贵、体验单一枯燥、无法集合消费者的碎片化时间。同时，他们往往重销售轻服务，对用户一次性抽取预付费是多年来行业旧有的且难以打破的模式。而以下几个不同业态模式的迷你健身房，如超级猩猩、光猪圈等，则打破了传统健身房的固有模式，主要表现在以下几个方面。

（1）消费门槛降低，没有高昂的会员储值。

（2）线上线下相融合，利用 App 拉住顾客，并留存用户数据。

（3）面积小，轻装潢，降低管理成本，减轻人力资源。

（4）运动不受时间限制。

这些恰恰解决了目前健身房经营上的消费痛点，也激发了消费体验的痒点。

2.3.5　用服务能力做情境争夺

随着以友唱为首的线下迷你 KTV 的火爆，这类产品服务也成了 VC 眼中的香饽饽，既显得消费升级，又有大零售的雏形。创投圈中提及消费升级有一段时间了，但是仍然找不到消费升级的真正定义……

在电商零售圈内，一直围绕阿里的新零售、人货场在讨论，然而许多人可能还不清楚什么是新零售的商业思维。在此以迷你 KTV 和健身房为例说一下对大零售和消费升级的点滴理解。

据公开资料显示，传统的量贩式 KTV 整体处于下滑的趋势，部分 KTV 更是经常出现包房空置率达 30%的现象。与之相对的是，迷你 KTV 的异军突起却势不可挡。究其原因主要在于迷你 KTV 满足了人的亲密社交及练歌需求。不过，这类需求只是最“本质”的差异化需求，并不能在市场竞争中打造出完全不同的商业模式。那么，迷你 KTV 为什么会被投资人和创业者看好呢？其中，大家普遍认为有前景的创新在于：以碎片化消费适应碎片化的时间。换言之，这类自助服务是短时间享受的零售商业模式，或许能有效利用碎片化消费收割用户碎片化的时间。

除了购物中心、迷你 KTV 这类产品服务的主要运营场景，还可以在游戏厅、餐厅、学校、电影院及候机大厅等人流量较大的场所，使有碎片时间需要打发的用户可以进行即时体验。例如，等待电影开场、餐饮店门口排号等吃饭、等待别人赴约，用户可以用这些时间空隙去迷你 KTV 消费，即使时间不足半小时。

但这不能称为一个新方向，因为从街上越来越多的娃娃机来看，碎片化的时间已经开始被很多商家利用了。所以，这显然不是自助服务终端创新价值的全部。比起传统占地面积巨大并且需要雇用很多员工的 KTV 等场所，拆解了的自助服务终端不需要值守的人力成本（基本运营成本还是存在），对房租成本的要求也大幅减少。

这是一种坪效更高的运营模式：用户通过基本自助就完成了整个消费过程。产品服务过关了，还能大幅削减日益刚性上涨的租金费用和人力费用，何乐而不为？

另外，技术的更新升级使得实时监控设备情况变得可能，加上智能手机的普及、移动支付手段的兴起，也能让线下服务终端实现更好的支付体验和更低的运营难度，极大地提升了企业运营的效率。而且，这些自助服务终端并不是抓娃娃那样的纯娱乐产品，其产品品类大多是自带盈利光环的，甚至有些产品服务还是高毛利，即使不开拓其他盈利模式，往往这些新型线下终端依靠自身主营业务也能够实现盈利。

2.3.6　把商业综合体做成旅游景点

大零售和消费升级的趋势变化，带给笔者最大的思维冲击就是：未来的产品服务业态将不再是标品，而是最令人头痛的非标品。

随着消费场景和情境的不断变化，将会对企业经营和模式创新带来一系列的挑战。或许，企业需要更多维度的经营体系和数据指标，才能真正决定使用哪种模式。这一轮商业创新也许更需要一种进化能力，而不是单纯的专业能力。

关于商业创新和进化，其中一种思路就是把商业综合体做成旅游景点，从而通过场景和情境的变化，吸引更多人流。例如，泰国一家名为暹罗天地ICONSIAM的新商场，便是把商业综合体做成旅游景点的一个代表。

这个斥资540亿泰铢（约114亿元人民币），历时5年的新商场获得了几个世界之最，如世界奢侈品牌之最、商品多样之最和美食艺术之最。由此不难看出它的商业综合体属性。

而除商业属性之外，该商业综合体还成为泰国的一个重要景点。这主要是因为其所在地附近包含了许多泰国的知名景点。而且该商业综合体创造的几个“之最”，也让它带有了旅游景点的属性。例如，通过国家大师级艺术讲述泰国悠久文化历史之最、艺术文化中心和无价遗产传承之最、东南亚最长的喷水池等。

而这个把商业综合体做成旅游景点的商业模式，也用数据证明了这种商业创新的成功。该新商城开业仅3天客流量便达到了55万人，其中用会员卡进行消费的消费额便达到了1亿泰铢（约2000万元人民币）。

2.4　分解与渗透：完成业态融合与情境创造

零售思维的转变是一个复杂的过程，在此过程中，零售商除业态融合和情境创造之外，还需要重点做好分解与渗透，将大零售的情境和业务进行细分，并增强零售的渗透性，从而更好地满足用户的多样化需求。

2.4.1　线上线下的结合，不是救世主

关于新零售，O2O 这一关键指标得到了大家的认同，只要与 O2O 有关，基本上都会靠上新零售。而关键就在于：**O2O 并不是当前零售的进化方向。**

例如，最典型的是国美和苏宁，O2O 做得很不错，下了很大功夫，付出的成本够多。但 O2O 对于业务增量的贡献，其实并不多。在与对手竞争的过程中，O2O 也是难以发挥威力的。

原因很明显，业态的渗透度不够，能做的融合非常有限。也就是说，如果你的业态渗透不够，那么你的 O2O 就只是在隔靴搔痒。

大零售讲究一切皆零售，到处去渗透。业态渗透得多了，仓储物流才能更好地规划出来，品类运营才能发挥出来，传播推广的威力才能更明显。渗透不够，用户的黏性就不够，国美、苏宁这种大家电调性很强的品牌，用户的购物频次就会很低，会浪费很多广告费。

渗透的目的其实就是慢慢地增加用户的接触和购买频次（不必为了渗透而渗透，如果有别的办法增加用户的接触和购买频次，不做渗透也是可行的）。现在不是谁的广告打得多，用户就去谁那里购物，而是要在用户需要的场景中存在，价格不是关键，关键是需要你的时候，你在身边。所以，对于很多实体零售来说，没有做渗透与业态融合，而是去做自己的 App 和 O2O 的融合，一定是得不偿失的，也是在新零售里走火入魔的典型表现。

新零售的 O2O，追求的是导流，线上给线下导流，线下给线上导流，也就是在做用户的点击。虽说是线上吸引、线下体验，但是有这种需求的人太少了，作为满足部分人群的需求，这是很好的做法。但是，这不能构成企业转型适应当前消费大环境的主力做法。

其实，线上线下结合还是要做的，但不能解决根本问题。解决根本问题的是

大零售，是业态融合、情境创造、分解渗透的一系列做法，线上线下结合只是业态融合中很小的一部分。

又如，阿里巴巴与一些百货业的整合，做出的成绩并不多。一位百货从业者说，这样的整合没有创新之处，就是围绕打通会员数据在整合，其结果是百货业自己的会员数据被弄走，却没有得到阿里巴巴的任何数据。他认为，无论是数据还是技术，在零售中的作用真的非常有限。

笔者能理解他的感受，技术和数据都有作用，但是要先掌控好大方向。如果百货业不做业态融合，那么技术和数据根本没有作用，现在再看过去的数据，价值已经有了很大折损，因为每年的流行都不一样，能从中得到的有价值的信息并不多。

2.4.2 大零售不是大而全，而是分解

为了争夺消费情境，各种业态开始了大规模的跨越界限的融合。但是，融合不是整合，不是并购。阿里巴巴收购了三江购物，并非是大零售行为，只是并购行为。即使打通会员给予被并购企业大数据的指导，依然不是大零售。

要想融合业态，争夺更多的细分情境，不是要把业务拼凑得很大，而是要把业务分解到很小。这看起来的确有点不匹配，大零售居然不是说要往大了做，而是要往小了做。

零售行业都知道的一个事实：便利店社区业态增速非常快，而大卖场却不行了。这就是往小了做的趋势。如何分解到小呢？分解产品、分解渠道、分解价格、分解推广、分解服务、分解时间地点人物故事。

你可能会说，这不就是4P吗？4P是分析品牌制造方的理论体系，怎么也用到泛零售领域了呢？零售讲究的是选址、坪效、陈列。

其实，零售也越来越注重品牌塑造了，他们和制造型品牌越来越面临同样的问题，多业融合会殊途同归。分解产品，让商品迷你化变得越来越流行，明明是消费升级，在产品层面上却是在做减法，这种减法无处不在。

例如，以前大家都是买一棵白菜，但现在，可能是搭配之后的半成品更受欢迎；以前视频长度大多是十几分钟，这样才能是一个完整的故事，但是现在，往往就是一分钟，甚至十几秒。

分解理论对于品牌商和零售商的运作手法不一样，但思路是一样的。对于品牌方来说，分解产品可能是思考产品做大还是做小；但对零售商来说，分解的可能

是需求与空间的匹配，提供的是品类解决方案。

例如，分解出婴童经济、快乐经济、美丽经济、潮品经济等主题性需求，当用户有哪一类需求的时候，就会想到你。这样分解的目的其实是让你的运营更有灵魂。越细分就会发现需求更明确，服务更无止境，可以做的话题越多。分解不仅仅是因为碎片化需求，更多的是情境细分的需要，同时也在降低顾客的体验门槛。

当然，分解也不全是往小了做，分解的是产品的应用场景，有的应用场景可能需要更大的产品。很多做内容电商的之所以失败，就是因为想把全链条搞定，没有分解出自己的优势。

行业不同、产品不同、应用场景不同，分解方法也不一样。如果再配合分解渠道、分解价格、分解推广、分解服务，那么简直是一部“大零售字典”了。

2.4.3　一切皆零售，可以到处去渗透

分解的意义不仅要满足需求，更在于渗透：一切皆零售，到处去渗透，对用户需求的灵敏感应与反馈是终极思路。大零售就是要重视渗透度，未来不是电商将消失，而是电商将无处不在，就跟空气、水一样是基础设施。

只不过，不是纯电商的存在形态，而是大零售的存在形态。现在，只要有流量、有入口、有资源，无不想着变现。变现的途径就是卖东西，即使微信上只有 10 个好友，都会去做微商。一切皆零售，到处去渗透，不只是一句口号，还是人性的需求。

过去的渗透是渠道渗透，把门店开到乡镇村，讲究的是渠道服务能力，如可口可乐的渠道管理影响了中国一代营销人。

现在的渗透仅靠开小店还不行，它追求圈层渗透，快手已经有 4 亿用户，但一线大城市几乎没听说过，这代表了中国城乡两极分化；还有年龄分化、兴趣分化、性别分化、收入分化。中国 14 亿人口能被分化成几亿个部落，这种精神文化层面的圈层，靠开实体店是不可能影响到的，所以必须重视渗透能力了。

调皮电商为什么要分解出大零售、品牌家、消费家、电商诊断等栏目，其实也是在分解自己的内容，形成产品化运作。需要说明的是，**分解考验的是洞察力，渗透考验的是执行力，洞察力解决卖什么，执行力解决在哪里卖。**

第 3 章

用户争夺：争夺用户 24 小时的分配权

对于零售企业来说，用户可谓是发展的关键。只有拥有足够的用户，才能为企业的发展提供源源不断的动力。

于是，用户争夺就成为零售企业日益关注的一个问题。在笔者看来，用户争夺的关键主要就在于从用户每天的 24 小时中争夺分配权，增加与用户的接触度。

- 用户导流：如何让用户能找到你
- 提升转化：如何让用户愿意买单
- 增强黏性：打通电商会员经济

3.1　用户导流：如何让用户能找到你

俗话说得好："巧妇难为无米之炊"，零售从业者要想争夺用户 24 小时的分配权，首先还需获得用户。这就要求零售从业者通过各种引流推广方式，让潜在消费者找到你的店铺，成为店铺产品和服务的用户。

3.1.1　线上向线下的导流

无论是传统零售，还是新零售，流量都是需要重点把握的内容。一个零售店铺只有在保持充足流量的情况下，才有可能提高店铺的整体销量，为店铺的发展提供持续的动力。

相较于线下实体店，线上电商平台不仅可以让消费者躺在家中就能拿到商品，而且它为消费者提供的商品选择空间比较大，价格通常也比线下更优惠。因此，越来越多的消费者开始将线上平台作为主要的购物渠道。

但是，对于许多零售品牌和店铺来说，线下的实体店才是大本营，而且线下实体店能够为消费者提供更优质的服务和体验。对于这一部分零售品牌和店铺来说，线上向线下导流就显得尤为重要。

那么，怎样通过线上向线下导流呢？笔者认为，首先需要保证你的线上平台拥有足够的流量。只有这样，线上向线下的导流才能获得明显的效果。对此，商家可以通过微信小程序的开发，并适当降低产品价格的方式，将店铺周围的潜在消费者都聚集到你的微信小程序中。保证了线上流量的充足后，再将线上的流量引导至线下。在这个环节中，商家一定要站在消费者的角度思考，制定具有吸引力的引导策略。只有这样，消费者才会愿意由线上转向线下。

例如，商家可以在线上平台向消费者发送一些在线下才能使用的优惠券，消费者只有到线下实体店中购物才能享受相关优惠。在这种情况下，消费者会觉得在线下实体店购物比较实惠，从而将线下实体店作为重要的购物渠道，而线上向线下导流的目的便达到了。

3.1.2　线下向线上的导流

对于许多商家来说，多一个销售渠道就多一个销售产品的途径，而店铺的整体销量相对来说就可能更多一些。因此，许多品牌和店铺在线下开设店铺的同时，还会开发官网、App、微信小程序和微店等线上销售平台。

线上平台开设后，如果不能进行必要的营销，让潜在消费者知道你在线上开设的平台，那么线上平台的销量很可能会非常有限。而这样一来，线上平台的开设也就没有了太大的意义。

所以，为了提高线上平台的知名度，将线上平台第一时间告知消费者，都会选择从线下向线上导流的方式，借助已有的线下实体店，为线上销售平台进行必要的宣传和推广。例如，有的品牌在开发微信小程序后，会在线下实体店中张贴微信小程序的相关信息；有的还会直接告知消费者在该微信小程序上购物可以享受的福利；更有甚者会直接在店铺中放置二维码，并告诉消费者用微信扫码可以在微信小程序中领取红包和优惠券。

3.1.3 线上与线下的联合活动

无论是从线上向线下导流，还是从线下向线上导流，都是在原有用户的基础上进行的用户引导行为。这种引导行为，虽然可以让消费者朝着特定的方向转变，但是对于商家来说，用户的总体数量可能并不会有大的增长。

那么，怎样才能让用户的总体数量快速提升呢？具体的方法有很多，其中比较简单有效的是线上与线下的联合活动。

相较于单独在线上或线下进行营销，线上与线下联合活动的优势就在于：营销的渠道增多，活动信息的覆盖面增大，营销更容易在短期内形成规模，营销效果通常也会更好。

例如，品牌和店铺周年庆期间，部分商家采取的策略就是通过线上与线下联合活动的方式。当消费者在线下实体店或线上平台购物达到一定额度时，便可以在线下实体店或线上平台中进行抽奖。因为该活动是线下实体店和线上平台的联合活动，所以参与活动的消费者通常会比较多。

3.1.4 品牌的结合

消费者购买运动鞋，为什么更多的人选择耐克，而不是美克呢？在笔者看来，主要是因为耐克的品牌很响，在消费者看来，该品牌的运动鞋不仅是质量的保障，而且穿着也会更舒服、更让人觉得有面子。这就是品牌的力量。

正是因为品牌的重要性，所以大部分商家对于品牌形象的塑造通常都比较重视。无论是通过电视、网络和杂志打广告，还是通过各种公益项目为社会做贡献，其最终的目的都是在消费者心中塑造品牌形象。

当然，除必要的宣传之外，品牌的产品质量和服务也很关键。一般来说，只要一个品牌的产品质量和服务足够出色，即使不做太多的宣传，也能获得大量忠实的用户。其中比较具有代表性的是海底捞。在笔者看来，海底捞似乎并没有通过广告等方式进行太多宣传，它的味道虽然很好，但是也没有达到比其他火锅好吃很多的地步。

那它为什么会这么有名，许多消费者宁愿排队 1 小时，也要到海底捞去吃火锅呢？笔者认为最重要的一个原因就是它为消费者提供了优质服务。海底捞的服务可以说没有太多可以挑剔的地方，这也让消费者可以享受更加愉悦的进餐体验。

而品牌形象塑造完成后，商家再结合品牌进行营销，则可以获得更好的效果。因为此时品牌在消费者心中已经建立了相对鲜明的形象，所以消费者对于品牌的信任度也会要更高一些。许多人之所以会去海底捞消费，就是因为其为人称道的服务质量。

3.1.5　新兴科技的“玩法”

互联网正在改变全社会的效率，各种新技术也在不断地推动销售效率发生转变。零售企业必须看清环境的变化，运用互联网和各种新技术提高销售效率，这是零售企业发展的必经之路。

新零售从本质上来看是由新技术推动的。未来，数据将成为重要的生产资料，算法将变成重要的流水线，它们将取代钢铁和由电力驱动的生产线。这是新零售时代必然会出现的生产力变化。

未来将是智能化的时代，商业会建立在网络协同（即将传统线性结构重组成的开放网状协同）和数据智能（即通过算法对数据进行处理，通过机器进行决策）的基础上。例如，淘宝千人千面的个性化展现，就属于基于智能的机器推荐。

新零售的每一个环节都应该建立在网络化和智能化的基础上，这一建设过程的时间长度不一，有可能是 3～5 年，也可能需要很长的时间。零售企业面临的是一个行业的大变革，大家竞争的不只是现在，更是未来。与现在的局部胜利相比，未来的胜利更为重要。

3.2 提升转化：如何让用户愿意买单

对于商家来说，获得用户虽然重要，但更重要的还是采取一定的举措提升用户的转化率，让用户变成品牌和店铺的消费者。本节介绍提升用户转化率的一些方法。

3.2.1 凸显价格优势

无论何时，价格都是消费者购物时重点关注的问题之一。相同品质的商品，价格越低，就越容易吸引消费者。毕竟谁都想用最小的代价获得自己需要的东西。而在通过凸显价格优势吸引消费者方面，拼多多无疑是极具代表性的一个品牌。

例如，广东潮州的松发国瓷展厅，参观的记者一遍又一遍地从各个角度向松发市场部总经理卢少鑫询问：你们在拼多多上 19.9 元包邮的“三个装陶瓷保鲜碗”真的不亏钱吗？是怎么做到这么便宜的？你们怎么保证质量？卖得好不好？

要知道，松发是人民大会堂的瓷器供应商，还是奥运会瓷器产品供应商。这么“高大上”的品牌入驻拼多多，价格为 19.9 元包邮，还是 3 个碗，谁都会质疑。

卢少鑫不得不一遍又一遍地回应各种质疑。当初，入驻拼多多时，在公司内提出要主打这一款产品的时候，就连工厂负责人都对着卢少鑫咆哮：你为什么要卖这么便宜，这个产品出口到英国要卖 19 英镑，你居然在拼多多上卖 19.9 元，这个订单我不做！

冲突很激烈，但最终松发还是决定要做。结果很不错，在拼多多上线两个月内，这个单品就卖了 14 万套，截至 2018 年 12 月，共卖了 30 多万套，其店铺复购率已经维持在 20%以上，远高于 5%的行业平均水平。

而且，不但没有花一分钱推广费，拼多多小二还告诉卢少鑫，做拼多多不要像其他平台一样去刷单，刷单是没有用的，加入了“拼工厂”，平台会有流量扶持。

那么，“拼工厂”是什么呢？为什么松发加入“新品牌计划”后，竟然连推广费都不用支付了呢？要知道，做天猫、淘宝的商家，有的推广成本高达百分之二三十。

所谓“新品牌计划”，是拼多多对精选的一批工厂品牌给予扶持。这些工厂偏向于原来做外贸转内销的，有着很好的生产能力，但是转内销做品牌有点晚了，做线下渠道又无法承担 60%的渠道成本；做传统电商，格局已经成型，投入太大。在我国，这样的工厂特别多，尤其是 2018 年外贸遇到困境，这些工厂有着迫切的转型需求。

拼多多与他们一拍即合，一个出流量，一个出产品，价格做到不可思议的低。而且，为了让消费者放心，这些产品确实是工厂生产的优质产品。拼多多还专门开辟了生产车间的直播，消费者可以亲眼见证一个个产品是如何生产出来的，不用再担心质量问题。

松发陶瓷通过拼多多“新品牌可视化平台”直播自动化生产线，这就是拼多多的“新品牌计划”：首期找 20 个工厂做试点，然后做 100 个工厂，最后做 1000 个工厂。在笔者看来，新品牌计划，其实是拼多多的一场新战争。

为什么要这么说呢？众所周知，拼多多上市之前，有一轮舆论危机，山寨品牌、质量参差不齐，拼多多的口碑降到了低点。

但奇怪的是，第三季度的财报和第二季度相比，年度活跃买家新增 4200 万，平均月活用户新增 3700 万——用户留存率还是相当高的。

一方面是舆论危机，一方面是用户留存，之所以出现这种反差，根本原因在于：零售体系中，低价且质量有保障才是用户的刚需。低价策略没有错，错的只是假冒伪劣。只要解决了假冒伪劣问题，仍然走价格屠夫战略是没错的，用户会永远跟你走。

实际上，每一个新平台的崛起都是靠价格屠夫实现的，没有一个平台是通过高价格称王的，因为 95%的用户都会对低价格敏感，这是世界性的经济规律。

中国电商 20 年的历史，其实是一场价格战的历史。淘宝能在国内战胜 eBay，主要原因之一就是免费策略；京东一路崛起，在几个关键点上都是与当当、国美、苏宁打价格战。

所以，价格战恐怕是拼多多永远坚持的高性价比的路线。这就是为什么松发在拼多多上线时，坚持做 19.9 元包邮，只有这个价格才会赢得拼多多的流量。

如果说以前的拼多多只是价格战，在某些品类上忽视了品质；那么现在，则是一场新战争，既要低价，又要品质。

但是，怎么在低价的基础上，维持品质呢？还以松发为例，他们原来一条窑要烧多个品种，高温（1300℃）之下，品种越多，瑕疵品就越多，质量不容易控制。现在订单量大了，一条窑可以只烧一个产品，产能利用率至少提升 30%以上，良品率也大幅提升。而且，工厂在淡季也可以生产，既调节了产能，又提高了工厂效益。可见，用不可思议的低价是可以保证品质的。

又如，深圳企业家卫士，它拥有 150 万台扫地机器人的年产能，长期为霍尼韦尔、惠而浦、必胜、飞利浦、SEVERIN 等品牌代工，拥有自己的核心技术。

家卫士拥有多条生产线，同类别的产品实行同样的标准、同样的工艺、同样的原料及同样的生产线，质量上无本质差别，但其 OBM 产品与 ODM 产品的价格存在巨大落差。以拼多多热销款扫地机器人为例，该款在拼多多上售价仅 288 元，而同样的生产线上，为其他品牌代工的产品，贴牌后的市场终端价格是拼多多价格的数倍。

所以，**商业就是这么神奇，在原来的渠道模式下，不可能实现的低价格，在新模式下却可以实现。**

这也是拼多多创始人黄峥的核心理念，在他早期写过的文章——《将资本主义倒过来》中有一个观点：“需求侧改革推动供给侧改革”。这其实就是 C2M，平台“将资本主义倒过来”。此前，商家是将确定的商品卖给消费者；现在，消费者是将确定的需求卖给商家，降低生产、经营的不确定性，从而大幅提升生产、流通效率，形成让利空间。

例如，拼多多结合需求分析，向某雨伞制造企业提出了“五次折叠”雨伞的建议，该款产品在两天内便销售了 8 万把。

但是，C2M 想做的很多，都想砍掉中间环节，让消费者直接面对工厂，但做成功的不多。拼多多为什么可以走通呢？拼多多高管向媒体解释说，这是因为拼多多形成了又宽又深的护城河。

首先，**一条新电商模式极致的供应链，可以把价格做到普遍最低，其他零售企业几乎不可能做到更低，你进不来，这就是他们的护城河的深度。**

但是，这一深度适合的更多是水果、纸巾一类的高频商品，拼多多靠这个品类起家。对于低频产品，则很难做到低价，因为低频产品需要靠高毛利支撑，如果要让低频产品也卖低价格，就必须在渠道费和推广费方面下功夫。

例如，在瓷器领域，你知道你家的碗和杯子是什么品牌吗？你知道餐馆的盘子是什么品牌吗？大部分人都不知道。因为消费者几年才买一次盘子和碗，而且也很少关注相关品牌，这就是这个品类的特性。

如果想打破这种特性，如瓷砖，大家都知道马可波罗，那是因为他们投入了巨大的营销费用，但是价格也提高了很多。所以，**低频商品，只能高毛利，这是**

商业老规律。除非，你有更低成本的渠道。

然而，现在只有少数平台能靠社交模式带来低成本流量，拼多多是其中之一。有一个顾客买了松发的瓷器，非常喜欢，觉得很便宜，结果推荐了他们小区的 30 多户拼团购买，这些流量来源，拼多多没花钱，松发也没花钱，这就是社交流量的独特护城河。

商品价格低，用户越来越多；用户多了，价格就可以做到更低，从而开始了良性循环。如果你做直通车，就会相反，玩直通车的人越多，商家的成本越高，就会出现逃离现象。

所以，有的人觉得，平台够大才是护城河，其实，极致的性价比也是另一个护城河，而且是又宽又深的护城河。

为什么说又宽又深呢？如果说，拼多多以前的价格战是为了跑马圈地，那么现在的价格战则是要把圈住的地建立极致性价比的护城河。以前，他们在高频消费的水果领域建立了护城河的深度，现在，则是在低频领域拓宽了护城河的宽度，不再有品类的限制，在连接工厂之后，低频产品也可以低价拼团。

这种拓宽护城河的做法，其实也是对传统电商的全面进攻。以前主打生鲜，是抢用户；现在全品类都可以主打，全面发力。这是新战争的第二个含义。那么，这一场新战争，拼多多能否打赢呢？我们拭目以待。

3.2.2　刻画精准画像

许多商家认为，要提升用户转化率，让用户为店铺中的产品和服务买单，其中必须要做的一件事就是做好用户画像，然后根据用户画像进行针对营销，则可以获得不错的营销效果。

在笔者看来，针对用户的需求进行营销是完全正确的。毕竟只有当商家提供的产品和服务能够满足消费者的需求时，才能让消费者觉得有购买的必要。但是，这一点并不是一定要通过用户画像来实现的。

什么是用户画像？百度百科上的解释是：用户画像，又称用户角色，作为一种勾画目标用户、联系用户诉求与设计方向的有效工具，用户画像在各领域得到了广泛的应用。

所谓用户画像，实际上就是对用户形象的勾画，让商家能够更好地判断商品的主要消费群体是哪几类人，主要消费群体有哪些主要特征，主要消费群体的消费偏好如何，等等。

对于线上电商平台来说，商家是因为看不到消费者，不知道到底是什么人买了产品。所以，需要构建精准的消费者画像，通过画像判断消费者的喜好，揣摩消费者的心理。但是，对于线下实体店来说，没有必要做消费者画像。一方面，线下实体店（无人店除外）都会配备导购员、收银员等多名店员，店员对进店消费者的形象可以具体把握。而且大多数实体店中都会设置监控，商家通过监控也可以查看用户的形象。因此，再去做消费者的画像并没有太大意义。

另一方面，从员工管理、消费者的关系维护到货品管理，再到与合作方的关系维护，商家需要处理的日常事务本身就比较多。与其花时间去做消费者画像，还不如将精力放在上面这些事情上。

3.2.3　消费场景创新

美国作家约瑟夫·派恩在《体验经济》一书中讲到："商品是有形的，服务是无形的，而创造出的体验是令人难忘的，这是产品与消费者心理相统一的结果。在体验经济时代，用场景吸引用户是新零售的基石。所以新零售特别注重创造各种各样的商业场景，让用户感受到产品的物超所值。记住：在体验经济下，用户感受有时比产品本身更重要。"

场景化与体验营销的思想源于传播学的奠基人之一——勒温的心理场理论。该理论认为：个人与其活动的空间是一个心理场，在这个心理场中，个人和环境是两个主要的成分。

个人的行为是个人和个人所处环境共同作用的结果。根据心理场理论，新零售模式应该是以人为中心、以用户体验为目标构建的特定商业环境。人和环境是营销场景化中两个主要的要素，人与环境的互动是场景营销的核心。

用户不仅关注产品本身，更关注产品所处的场景。因此，企业能否快速形成一种消费主张，主要看它的场景能否打动消费者。这就要求商家和企业通过消费场景的创新，让你的产品和服务更加打动消费者。

让用户放下防御，就是顺应用户的潜意识。只有在用户放下防御之后，用户才可以在没有阻碍的情况下，接受零售企业和店铺传达的信息。如果用户对你的产品还需要思考、琢磨，就说明用户还有顾虑，你的产品还有进步的空间。

这充分说明了站在用户的立场思考是多么重要，想用户所想，即使用户没想到的或者没期望的，零售企业和零售商也需要提前想到、及时做到，这才是真正超越用户预期的方式。

许多商家和企业之所以能够获得成功，其中最关键的一点就是能够站在用户的立场上进行思考，想用户所想，然后通过消费场景的创新，提供用户需要的、想要的产品和服务。

以共享单车为例，这种模式之所以能够成功，主要就是因为它通过消费场景创新，提供了用户需要的、想要的产品和服务。

在共享单车出现之前，因为汽车业的发展，在上下班高峰期容易造成拥堵，有时乘公交车或驾驶私家车，即使只有 10km 左右，可能都需要 1 小时。这比骑单车还要慢很多。

正是因为如此，共享单车出现后，上下班时间长的问题便得到了很好的解决。再加上骑行一次可能只需花费 1 元左右，这比乘公交车还要便宜，而且骑单车也是一种锻炼身体的方式。因此，即使大多数共享单车在使用前都会要求交押金，消费者也会毫不犹豫地掏钱。

3.2.4　提升购物体验

在诺基亚时代，人们对手机的产品定位是一个通信工具，直到苹果把它重新定义成“数字化的生活方式”后，才完全颠覆了手机市场。如何才具有前瞻性？从“满足需求到创造需求”，尽可能地复制线上的体验，然后带给用户一些线下没有的体验，这将是后电商时代带给新零售商的机会。

从提升用户体验的出发点来看，新零售在业态方面应该丰富一些，能体现出时下的消费新潮流、新热点，能够顺应品质化、个性化的消费趋势；商品也应该新颖、时尚、亲民接地气；布局应当别出心裁，以主题化、景观化呈现，其陈列应当混搭而具有创意，商品编辑响应主题且灵活多变。

卖场或门店充分应用各方面的科技创新，创造优质的购物氛围。例如，流畅的 Wi-Fi，一体化的线上线下营销模式，功能全面的 App，无人机、AR 和 VR 等黑科技的运用，为消费者提供特定的活动场所和休息区域。

线下实体店的主要困境在于门店老化和经营老化，这让店铺的供应与消费的需求发生了错位，而在消费者需求得不到满足的情况下，店铺自然得不到发展。其实，线下实体店只需从商品、品牌和服务等方面做出改变，迎合新的消费需求，问题便会迎刃而解。

在此以良品铺子为例介绍关注用户体验带来的成就。良品铺子的成功原因有很多，下面主要介绍他们如何通过创新来提升用户体验。

良品铺子在用户体验方面做出了一系列的探索努力，具体如下。

一小时零食到家，将零食快速送到消费者手中。之前买零食，无论是线下还是线上，都需要等待比较长的时间。而现在消费者只需打一个电话，零食在一小时内就能送上门。这无疑直接击中了消费者的痛点。

良品铺子还通过全渠道销售策略，在线下实体店、官网、微店和第三方电商平台上，为消费者提供了便利的购买渠道。

这种未来线上与线下商超的融合包括了用户、商品、营销的全面一体化，而不只是卖货。以实体门店、电子商务、移动互联网为核心，通过融合线上线下实现商品、会员、交易、营销等数据的共融互通，向消费者提供跨渠道、无缝化体验。

为了更好地了解用户、提升体验，良品铺子基于全渠道为核心的新零售布局，在消费者服务方面全面导入智能化服务平台系统、全媒体交互服务体系、自动化物流仓配及快递异常主动跟踪、消费者心声全流程追溯，让优质服务理念落地。

3.2.5 借助外力营销

对于部分零售从业者，特别是自身实力比较有限的零售从业者来说，借助外力营销能够很好地增强自身对用户的影响力，让消费者更愿意为你买单。下面介绍一些通过借助外力营销获得成功的例子。

1. 两个便利店主的例子

北京广渠门附近有一家京东便利店，店主是小孙。2016 年，他为了追随做摄影的女朋友来到北京，2017 年开了一家烧烤店，2018 年年初又开了一家京东便利店。这家店才开业半年，现在的月流水是年初时的好几倍。有人说 90 后好逸恶劳，但小孙身为两家店的店主，每天忙得不可开交。

小孙不仅勤奋，而且很有生意头脑，由于门店在广渠门外大街的主街上，背后是居民区，附近还有两座写字楼，这条主街上的上班族成为这家店最主要的顾客。由于很多上班族都要加班到很晚，因此便利店在 23～24 点时还经常客流不断。于是，小孙做出了一个决定：自己的便利店要 24 小时营业，此外，还要帮助周边顾客定制需求，家里有孩子的宝妈或养宠物的顾客，会特地让他进一些奶粉、猫粮、狗粮——这些商品其实已经不是便利店的销售范畴。在传统模式下，进货的成本高，而且到货也会很慢，毕竟单量太少了。

在这方面小孙却并不担忧。只要京东上有的商品，他都可以通过京东掌柜宝以批发价下单，商品第二天就能送达。正是这种灵活的供应链能力，让小孙这家便利店开业后，业绩一直快速增长。

但是，是不是京东便利店这种模式更适合能打拼的年轻人呢？不是的，连退休老干部也能做得不错。

离广渠门不远的磁器口也有一家京东便利店，店主刘阿姨是一位退休老干部。这位老干部开店选址时，可能只考虑地段了。开业后发现，这家店周围几百米内，竟然已经有 4 家知名的便利店。就问她：这周围都有 4 家店了，你怎么还敢在这里开便利店呢？

老干部也挺实在，她说，当初听说京东开放便利店，没想那么多，就觉得“京东”这俩字给人的感觉是可信赖的，而且开店以后，发现也没那么难，我这店开业才两个月，经常排队，店长忙得俩月没有回家。

老干部开便利店能有什么方法？生意居然这么好！

首先，人力配置到位，刘阿姨除了自己全天坐镇，从美国回来的女儿也会在下班后过来帮忙，还雇用了一位有零售经验的小伙子做店长，一位大学生做店员。这配置，堪称便利店豪华团队了，并且分工明确，品类规划和陈列布局主要是她来决定的，进货则主要由女儿负责，商品录入、店内装饰等工作由店长承担。

其次，会选品。因为女儿从国外回来，不仅了解年轻人的喜好，对一些国外的品牌也比较了解，进了很多进口的水和啤酒，还有很多网红产品，特别能吸引年轻人。当然，京东新通路的地勤人员也会在选品上做一些指导。

再次，有额外收入。做预算出身的刘阿姨对盈利很有信心，他们现在又开通了小程序线上店铺，还有增值业务，这都是旁边几家便利店不具备的优势。

京东可以为便利店提供的服务已经有100 多项，开通洗衣业务后，刘阿姨自己策划了针对洗衣业务的用户促销活动，注册送奖品，很快店里的扫码注册用户数就排名全国第一，用户充值排名全国第二，为小店带来了不菲的佣金收入。

看来，退休老干部只要想学习新事物，照样也可以学得很好。网红商品、小程序，新派便利店的新派玩法，刘阿姨都玩得不亦乐乎。她的店铺成绩让同行都惊呆了。

2. 一个招牌就能让业绩翻倍

不过，是不是便利店只要加上“京东”二字，就会业绩快速翻倍呢？据笔者多方了解，大部分便利店还真是如此。

京东便利店跟其他便利店的模式完全不同，既不是加盟，也不是连锁，更不是直营。京东与这些传统的夫妻老婆店之间只是松散的合作关系。其本质在于京东做便利店的初心，就是要将优质的商品和服务通过中小门店带到千家万户。对于合作的便利店，京东新通路只有两个强制性要求：第一，不能卖假货；第二，从京东掌柜宝进货的比例达到50%。

笔者认为，京东便利店很明显的特点就在于对传统门店的赋能与改造。在没有任何加盟费的基础上，京东便利店只收取店主5000～20000元的保证金，以确保店内所售商品无假货，店主等于免费使用京东的品牌。

在获得京东品牌红利的同时，保持店主的自主经营权。同时，京东新通路的线下地勤团队又会对店主做一些选品、陈列、装修、门店设备等方面的指导，在激发店主向心力的同时也给了店主很大自主权。

例如，店主可以有自己独有的品类、可根据附近居民的消费习惯自主选择增值业务，包括店面装修规格和预算都是自主选择的。这样，京东便利店在保证“千店千面”的同时又能做到“形散而神不散”。

京东集团副总裁、京东新通路事业部总裁郑宏彦说，京东能做的就是不断赋能：货源赋能，很多商品从品牌直接进货，品牌厂商的促销资源可以直达便利店，没有经销商截流资源；技术赋能，京东提供智能门店管理系统，行者动销平台、京东便利GO小程序等，这些都保证了效率最大化，同时还能为店主引流增收；管理赋能，不断有地勤人员到门店指导。例如，河北廊坊有一家门店经过指导之后，SKU增加了一倍，效率也翻了数倍。

不过，笔者认为，即便把这些都赋能给小店，依然有小店因选址、经营等问题而退出。特别是那些之前没有开店经验，看到京东便利店的品牌红利就一味加入的新店。当然，这也要因人而异。

有的店主学习意识强，如90后的小孙和退休干部刘阿姨，之前都没有零售经验，学习不分年龄，但其接受新事物的能力要看是否有经营意识与头脑。

例如，京东便利GO小程序，其实就是将自己的便利店从线下搬到线上。但也不像开一个网店那么简单，要送货或是安排第三方送货，要学会与顾客网上沟通，要从沟通中了解顾客的消费潜力，然后才能指导下一步进货；还要学会调查周边的消费情况，如办公楼和社区的消费需求不一样，学校周边、车站和社区又不一样，陈列与选品也不一样。没有这种意识，用任何黄金招牌，都做不好生意。

很多老店，换了京东便利店的招牌后，业绩基本都翻倍了。因为是老店，有客流，店主也懂得零售，现在有了吸引人的黄金招牌，又有各方面的赋能，业绩怎么可能不涨呢！

所以，当模式对了以后，生意的关键在于看人、看执行力，哪怕没有创新能力，跟着跑，生意也差不了。

3.2.6　共享渠道思路

所谓**共享渠道，是指渠道方把自己的店铺**、人脉、空间、社群等流量资源共享出来，让相关联的商品或服务低成本进入，双方共享收益。

例如，一个童装品牌可以和一个女装店合作，女装店腾出一平方米的位置即可。如果有用户下单，则由童装店发货，试销一个月。销量好，备少量库存；销量不好，直接切换其他产品。

1. 一个共享渠道的例子

前文中已经介绍了多个共享渠道的例子，在此再介绍一个比较奇特的案例：把瑜伽开设在办公楼内，但是，这个瑜伽场地却是在卖一些健康、绿色食品。

2. 有一些人已经做过了，但效果不理想

一位做淘宝女装的朋友一听说端思维，就很激动，因为他已经尝试了半年，但是不太成功。他是做个性女装的，文艺小清新，与很多线下店合作过。他之所以走这条路，也是因为线上流量太贵了，要去线下才行，但线下店的合作效果不好。

很多做集合店的老板会说，你来吧，我给你陈列位置，不收费。的确是不收进店费，但是商品需要卖得出去啊！有些集合店店老板自己的商品卖得出去，合作商家的商品纯属给他站台，当了绿叶。

另外，一个品牌去做这件事，谈判成本太高。你要一个一个去谈，可能谈了一个合作，仅合作了一个月，就没有继续合作了。

3. 会员和社群有这种需求

自从调皮电商开通会员和大零售群后，大家互相在探讨这种合作的可能性，但是还都在探讨阶段。笔者觉得现在有共享单车、共享汽车和共享房子，但共享渠道也是一个刚需，这主要有以下 5 个原因。

（1）在传统渠道体系中，品牌方或者零售方发展渠道的成本太高。

（2）对于渠道来说，引入商品的成本也比较高，库存、物流、资本等。

（3）大量的渠道，其实效率不高，受电商冲击也很严重。如果能有更合适的商品在不增加或者少增加成本的情况下，可以创造更多收益，是好事情。

（4）从未来来看，一旦拥有大量的渠道，围绕他们的服务也很多，如选址、选品等。共享渠道可以看作是线下的阿里妈妈，阿里妈妈是阿里集团针对淘宝站外流量的一个聚合平台。

（5）作为社群经营者，我们也觉得有必要为会员做整合资源的工作。如果单纯让他们自由整合，没有竞争力，别的社群也可以做到，但能深入整合的不多。

当然，共享渠道的运营也有一些困难，这主要体现在以下 4 个方面。

（1）对接工作烦琐，需要双方都了解。

（2）这种合作势必需要来回快递货品，如何保障货品安全？

（3）这种合作的效果必然参差不齐，如何匹配？

（4）作为平台方，如何跟踪合作效果？

3.3　增强黏性：打通电商会员经济

说起会员，你会想到什么？美发店、健身馆办的卡，还是各种店的积分卡？是不是已经不知道多久没用过这些卡、没去过那些店了？

不得不承认，市面上很多商家的会员都做得不好。如果真的做得好，很多商家的营收不会是目前这样。毫不夸张地说，在这个商品供应过剩的消费者主义时代，会员经济可能会是能让很多商家赢得市场的重要方法。

3.3.1　会员经济能创造多少能量

美国电商圈曾出现一个大新闻：“亚马逊 Prime 会员数量达到 8000 万，即将超越 Costco（好市多）”。

这个新闻的爆点有两个：一是 2016 年同期 Prime 会员还只有 5800 万，其增长率高达 37.9%，如此高的会员增长率在业内实属罕见，Costco、山姆会员店等被甩开一大截；二是被雷军视为零售业神一般存在的 Costco 向来在商品、服务、价格上以“市场屠夫”的角色横扫四方，会员基础非常牢固。2015 年德意志银行的分析师 Paul Trussell 在写给投资者的公开信中曾信誓旦旦地说："Costco 的经营模式可以让它免受电商的冲击。"

的确，长期以来，分析师们一致认为好市多的会员数量是不可攻破的，亚马逊不可能超越它。而事实证明，亚马逊不仅超过了 Costco，而且正在蚕食 Costco 的会员数量。

不得不承认，亚马逊的 Prime 会员制度已经取得了阶段性的成果，经受住了现实的验证。这不仅是一个制度的胜利，更意味着亚马逊的胜利。零售和云计算业务的增长是亚马逊 Prime 会员制度获得成功的主要原因，另外 Prime 会员的增加也在其中起到了很大的作用。正如贝佐斯所说，现在亚马逊业务的支柱有 3 个：零售、Prime 服务、AWS 云计算。

Costco 也一直靠会员经济赚得盆满钵满。Costco 会员的续费率为 90.6%，升级为执行会员的人达到了 38%，一个会员每年平均会去 Costco 22 次。Costco 的净利润主要来自会员年费。2015 年，Costco 商品销售亏损了 1.6 亿美元，会员费收入却达到了 25 亿美元。

会员费几乎成为其全部利润的来源。从人们熟知的星巴克、领英，到美国的 Netflix、Adobe、Egnyte、Match.com、凯萨娱乐、凯普勒书店等，全球受益于会员经济的公司数不胜数。

3.3.2　欺瞒消费者的会员经济已经滞后

数年以来，一位女同事一直在我国某零食连锁店买零食，每次消费金额都在 50 元以上，每次都积分。结果她在兑换积分时，只兑换了两包黄桃干。

女同事就此下定决心：以后再也不从这家零食连锁店买东西了！和女同事的愤慨不同，在美国最大的连锁会员制仓储量贩店好市多，退货部门工作的人经常需要承受的是"惊吓"。

曾经，有一位顾客退了一条鱼，不过它已经"13 岁"了，一条被遗忘在冰箱 13 年的鱼；有人来退一棵树，问题是这树已经死了；还有人来退用过的床垫。

有一天，一位女士要求退掉一个空酒瓶，因为这酒让她喝了宿醉头痛，她觉得很恼火，"但如果这酒是免费的话，头痛就可以被原谅"。

人家说"店大欺客"，而在好市多，是任何一个客就可以"欺" 好市多。这些看起来过分的行为，却是好市多主动赋予会员的权益。

大多数消费者想起好市多，相关的印象就是：产品价格便宜，会员福利多。

但很多人都不知道，好市多的会员制度中还包含了一项别家提供不了的“福利”：史上最慷慨的退货政策。

好市多允许会员在任何时间、退掉除某些电子产品之外的任何商品。“某些电子产品”的退货期限是 90 天。即使收据找不到了也没关系，好市多客服会通过查看购买记录来确认商品是不是在好市多买的。如果顾客不能亲自去商店退货，也不用担心，顾客可以打好市多客户服务电话，通过 UPS 快递安排退货。

这就是上文讲述的那些看似离谱的退货原因。有人觉得好市多太愚蠢了，这不是自己撕一个漏洞给人钻吗？有人故意找碴儿怎么办？有人为了占便宜，三天两头买了又退怎么办？面对慷慨的政策，总会有人想要“善加利用”。好市多不是自找麻烦吗？

好市多当然也考虑到了这一层。它在退货的流程中添了一个“过滤器”：给退货部门的经理保留了自由裁决的权利。经理有权拒绝那些试图滥用政策的退货要求。

好市多想对会员说的是：只要你不是想滥用政策，你就可以退掉任何你不满意的产品，不管你不满意的原因是什么。所以，进了我的店，想买就买，没什么好担心的，反正不管什么原因你都能拿回来退掉。

还觉得好市多愚蠢吗？人家这才是真正的精明！正是这些看似主动吃亏的做法，赢得了消费者的信赖。有人说进了好市多，不用挑、不用看价钱，只要闭上眼睛买，这几乎成了一种“信仰”。

越来越多的企业把“用户体验”定义为最高价值感的企业获得了巨大的成功，如腾讯、亚马逊、好市多；而那些严重落后于消费者需求和认知、不注重用户体验的企业，迟早会被消费者抛弃。

以前我国一些消费者冲刺般地跑到其他一些国家疯狂购买并不是高科技产品的电饭煲、马桶盖、婴儿奶粉，就是对一些企业的反应迟钝、滞后的反击。

更不要说那些欺瞒消费者的商家了。在团购流行时，消费者抢到了 6 折券，专程进店消费，结果给消费者上的是一桌实际价值打了折的菜。商家暗自高兴卖出去了一桌菜品，难道消费者真的察觉不到吗？当消费者察觉后，就再也不会来了，而且会向亲朋好友吐槽。结果商家是赚了还是赔了？

在做会员这件事情上，我国一些企业的欺瞒、敷衍了事的行径，已经遭到了消费者强烈的反击。就像上面案例中的那位女同事一样，下定决心再也不买那家零食连锁店的东西。在我国，一些消费者已经形成了一听说要办会员就躲开的条件反射。

当商家设计会员权益时，以向消费者提供有诚意、超过消费者预期、真正有吸引力的价值为目标，摆脱“两包黄桃干思维”，学会好市多的“愚蠢”时，会员经济才能真正做起来。

3.3.3 会员经济虽好，却发展不完善的原因

关于会员经济，目前来说，在我国发展得并不非常完善，还有待改进。经过统计，发现其中做得不错的有星巴克、宜家和山姆会员店等。

需要说明的是，**我们统计的标准基于对会员经济的严格定义，而不是简单地生成一个会员号码、办张卡。会员经济要能让个人和组织或企业之间建立一种可持续、可信任的正式关系，企业能为会员提供更好的福利，而会员则有更高的忠诚度，甚至提供建议，协助企业改善产品，进而带来正向循环。**

把统计的口径缩小到电商领域，笔者发现只有特购社（百恩百）、啊屋、纷纷惠家和万集客等为数不多的几家电商“专职”玩过会员制，但发展状况并不太好，京东推出的“京东 PLUS”会员也并没有得到太好的市场反馈。问题出在哪儿呢？零售业内有下面几种说法。

1. 消费能力论

会员制电商特购社 CEO 黄若认为：“按照零售业法则，只有当一个地区的人均 GDP 达到或超过 3000 美元（约 2 万元人民币），消费者才基本具备会员制消费的能力”。

笔者认为不然。先不说北京 2015 年人均 GDP 就达到了 10 万元人民币，按照目前会员制电商的收费标准，会员费一般为 100～300 元人民币，北京、上海、深圳这些一线城市和其他一些城市的消费能力足以承担这些费用。

而且不管是国内还是国外，会员制电商的目标用户定位都是中产阶级，就更加不存在支付不起会员费的可能。即使会员费再提高一些，也未必行不通。

2. 消费观念论

有业内人士认为，自古以来我国消费者有“一手交钱一手交货”的习惯，而会员制要让消费者先付费，他们比较难以接受这种做法。

笔者认为，消费观念是可以改变的。其实这些阻碍已经在慢慢消失了，很明显的一个特点是：我国一向被认为是一个对知识产权非常漠视的社会，但现在大

家已经开始在网易云音乐等 App 上为喜欢的歌曲买单了，“得到”App 的订阅专栏和电子书也卖得很好！

3. 信任缺失论

有人说，旧的会员经济制造了太多乱象，已经耗尽了消费者对会员制度的信任感。美容美发店、健身会所会员收费高昂，动辄上千上万，而如此高的会员费换来的会员权益基本上只有折扣，可笑的是有些商家的这些折扣只是把商家抬高的价格恢复到相对正常的水平而已。

而一些健身会所卷走会员费，一夜之间关门大吉的事件时有发生，也让消费者“谈会员色变”。

虽然视频网站的会员数量增长速度加快，但续费率并不高。消费者成为会员后发现，其实很多视频网站的会员最后能看到的内容其实是非常相似的，不一样的部分是一些质量并不高的内容，如网站自制的网剧等。在这样的情况下，会员的最大作用大概只剩下避开片头广告了。

线下店喜欢玩会员积分。有的店只能积分，却一直不能兑换，或者兑换价值很低，或者兑换很麻烦。基于此，消费者就不再理会积分，会员制度形同虚设。有时候，消费者刚办了一张会员卡，不久后个人信息就被卖给其他商家甚至诈骗组织。

笔者觉得，这个说法的确是有些道理的。这也在提醒国内一些商家，在做新一轮的会员经济时，要特别注意信任重建。但也只是信任重建而已，不代表会员经济不能做。

3.3.4　会员经济怎样才能在国内做起来

对电商来说，运营成本控制在 15%左右已经非常不错了。销售额为 100 亿元时，会员年费按照 100 元计算，商家需要吸引 1500 万会员才能实现营收平衡。要赚钱，要么提高会员年费、要么降低运营成本、要么增加会员数量。这就是电商会员经济增加盈利的 3 个途径。

降低运营成本的方法很多，这里就不再进行具体介绍。提高会员年费对初创企业或者说会员基数还比较小的企业来说，是不太现实的——在会员都无法吸引过来的情况下，提高会员费也没有任何意义。这种做法只适合会员基础已经很稳定的企业，如 Costco，它在 2018 年 3 月初就把会员年费提高了 5～10 美元。所以，下面重点介绍怎么增加会员数量。

说到增加会员数量的方法，很多人首先想到搞低价、折扣，笔者觉得行不通。回顾 2015—2016 年兴起的做会员经济的电商，会发现有一个共同的特点：价格做到全网最低即进货价，商品也是正规渠道的商品，是好货，但除此之外，很难发现它们还有什么能拿来作为竞争条件的特点，吸引会员的能力比较差，最终不了了之。

有人说，自己可以把价格做到比他们更低。在平台上大部分的商品质量不差，并且价格都低于出厂价 10%～30%，自己能挖掘到这么多好的货源吗？即使找到了，能维持多久？电商做会员经济如果只拼低价和折扣，那么只会走向末路。

例如，美国很火的会员制电商 Jet.com 正式推出不到 3 个月就凭借其“会员模式”迅速成为美国网络第四大电子商务，势如破竹。据统计，Jet 和 Amazon 的共同商品中，Jet 的定价比 Amazon 便宜的概率高达 94%。Jet 的愿景是到 2020 年，拥有 1500 万付费会员，仅会员费收入就将达到 7.5 亿美元。

但显然低价吸引来的会员数量远远不能满足它的成长需求。3 个月后 Jet.com 官方称，“为了吸引更多会员加入平台而取消会员年费 50 美元的制度”。但不得不让人思考真正的原因，或许是因为仅打价格牌仍无法撬动整个电商产业链。

不能忽略的是，Jet.com 在运作初期，由于支付、物流、金融衍生品等一系列服务的问题，导致“烧掉”几百万美元仍不能达到理想中的用户水平。而 Jet.com 需要千万会员规模，才有可能弥补低价的利润差。最终 Jet.com 被沃尔玛收购。

转变一下思路，把注意力从商品本身转移到另一个地方：会员权益。会员权益是一个综合的概念，商品在其中只占很小的一部分。调皮电商提出的把标品做成非标品就是一个很好的思路。把会员权益和商品整合为一个新的、有吸引力的非标品，你就赢了。

会员权益设计的重点在于：商家要能为消费者提供有诚意、超过消费者预期，特别、真正有吸引力的价值，才能让消费者产生成为会员的冲动。

先分析一个案例：京东 PLUS。它的会员费是每年 149 元，消费者能得到什么？对消费者来说，真的有吸引力吗？

① 免运费。每个月 6 张 6 元的免运费券，每个月至少买两次瓶装水，用两张免运费券，省 12 元，再加上有时一些小件商品可以免运费。笔者的分析是：

正常京东是不满 99 元收 6 元运费，149 元的会员费已经足够支付 25 次运费了，也就是一个月两次低于 99 元的购物的运费，这样已经能满足大部分人的需求了。那么消费者为什么还要去买会员呢？所以，免运费的吸引力明显不够。

② 每个月可领白条提额包，京豆回馈为购物额的 1%。笔者的分析是：优点是简单直接、看得见的好处；一年 1.5 万元也就是每月 1250 元的交易额，可以与会员费持平，但门槛略高、吸引力中等。

③ 会员专属客服。笔者的分析是：因为京东的物流信息及时同步等已经做得很好了，一般的客服也不错，加上消费者平时在京东上找客服的概率并不是很高，所以，这项的吸引力并不是特别高。

④ 电子书。笔者的分析是：这条其实是京东借鉴亚马逊却过头的表现。亚马逊推电子书的前提是它有 Kindle 读者这一基础，而京东没有。先不说国内有电子书阅读习惯的用户有多少，这些人已经被两个渠道占据了，一个是网上免费下载，而另外一批真正喜欢电子书的人基本都在用 Kindle。所以，这项的吸引力不高。

因为免运费是京东 PLUS 最重要的会员权益，所以按照以上分析的结果，笔者得出的结论是：**京东 PLUS 对消费者吸引力其实是比较低的。**

京东 PLUS 犯了几个很明显的错误：提供的权益不是消费者想要的；提供权益时诚意不够，这也是很多商家在设计会员权益时会犯的错误。提供的权益不是消费者想要的，是分析能力不够，消费者能容忍。但**提供权益时诚意不够，会违背会员经济的初衷，反噬商家在消费者心中的好感度，严重时会导致大量消费者流失**。

那么，怎么提供诚意、超过消费者预期、特别真正有吸引力的价值呢？让消费者感受到商家的诚意，帮助消费者建立起对商家的信赖感。

有人说进了 Costco，不用挑、不用看价钱，只要闭上眼睛买，就能买到同等质量和功能下最便宜的商品，这几乎成了一种“信仰”。更准确地说，这是一种深刻的信赖感，是对商家的态度和能力的双重信任。

Costco 的信赖感也许是需要具备一定能力才能建立的，但大部分信赖感的建立和态度的关系更密切，所有的会员权益兑现一定要很容易，如星巴克的积分卡。只要账能算得明白的会员权益，商家都要学会“吃亏”。对京东来说，将京豆回馈的力度加强，降低交易额门槛，会对提高京东 PLUS 的吸引力更有用。

基于基础需求的优先权。例如，如果正常的物流是次日达，那么会员就可以当日达甚至 2～4 小时送达；会员可以提前半小时进入各个时段的抢购等。优先权的作用之一是能让会员获得实在的好处，作用之二是体现会员特权属性。

真正了解消费者，能提供独一无二的、高度定制化的服务。要基于大数据、经验、消费者个人数据进行设计推演，验证，找到并把握用户最敏感的兴奋点。让消费者到商家那里消费就像回到家一样，让他觉得商家就是最懂我的人，能为我带来重视、尊重、便捷、荣耀的感受。

全球第四大博彩公司凯撒娱乐集团虽然因为投资和收购失误导致现在已经辉煌不如当年，但它在 2012 年推出的高度定制化的会员服务为它在后续几年内维持了高达 20%以上的会员增长率。他们的服务员不用你开口，就能帮你安排好一整套你绝对会喜欢的消费方案。星巴克的会员制度中也有这一特征，但不是特别明显。

能提供特殊资源，满足消费者的特殊需求。亚马逊一直在增加 Prime 会员可享受到的特殊资源。例如，亚马逊投资和自制的电影与电视剧已经多次拿下奥斯卡奖、金球奖、艾美奖等，想第一时间在亚马逊视频网站上看到亚马逊的电影与电视剧，已经成为一些美国消费者购买 Prime 会员的重要原因之一。

又如，2018 年年初亚马逊推出了一款应用，会员上传自己的穿着照片，就能获得专业设计师的服饰搭配建议。山姆会员店早些年进入北京时，国内还没有那么多的特殊高档商品可买，对消费者来说，这就是特殊资源。

但到了现在，因为商品渠道变得更加丰富，再加上国内对高档商品的需求因为一些特殊的原因减少，山姆会员店的特殊资源属性就降低了很多，这也直接影响了它的会员增长。

第 4 章

实体店转型：智慧的零售行业解决方案

实体店的转型关键就在于：找到智慧的零售方法，为零售行业现存的主要问题提供解决方案，从而促进实体店的良性、快速发展。

实体店转型需要注意的问题有很多，如何进行创新？如何规避转型中的“坑”？如何破解“消费阻力”？如何把握好线上线下融合的平衡点？本章将对这些问题分别进行解读。

- 实体店走上大零售的创新道路
- 从人性角度看实体店转型中的“坑”
- 门店和电商的“消费阻力”破解
- 零售实体店未来会变成什么样子
- 实体店转型：把握好融合的平衡点

4.1　实体店走上大零售的创新道路

究竟什么是零售业的未来？一些明显的零售趋势已经来到了人们身边。“电商改变了人们的购物方式”已经是老生常谈了。在价格优势、选购效率和配送体验等多重冲击下，提供同样购物逻辑的传统实体店正在经历关店潮。

但若要谈电商能颠覆实体，那就过于偏激了。2016 年，我们也看到零售店的“反击”，Amazon Go 商店让你随买随走，永辉的“超级物种”和阿里系的“盒马鲜生”都在提供有关“吃”这一消费场景的一揽子解决方案，据说纽约的 Eataly 将会提供消费者在超市里种菜的体验……

可以说，**实体零售店不仅不会消失，它们正在找符合这个时代的商业趋势，那就是走上大零售的创新道路**。Fast Company 和零售专家、分析师、科学家及市场营销者总结了五大零售趋势，这着实令笔者好奇！下面来看一下他们总结的内容是否正确。

4.1.1　消费场景更细分的“小店”

咨询公司 Sgsco 的 CEO Aidan Tracey 认为，美国新一代的年轻人都喜欢居住在市区，同时不像上一代人那样喜欢买车。如果还像上一代人那样周末去郊区大卖场购物，他们得扛着沉重的商品走路去坐公交车，觉得太累。他们更喜欢方便快捷的购物方式，如网购或在城区小店买东西。由此，位处郊区的大卖场的生意也不好做。

于是，郊区大卖场做出了改变。他们在那些离核心城区不远、优步车能方便到达的地方设立了很多小的“卫星”零售店面，而郊区的大卖场更像是它们的仓库。

面对实体大卖场、百货生意下滑的趋势，梅西、Sears 等选择关店，Target 则选择了更加积极主动的策略，开始了新的模式探索——在繁华街区开起了小的概念店铺 City Target，每间店铺只有 8～16 万平方英尺（7400～14800m^2）的面积。

趋势预测机构 WGSN 的零售专栏负责人 Sidney Morgan-Petro 认为这也是不错的选择。“我们一直认为越大越好，如超级店铺、超级中心。现在我们可以看到这个想法正在改变，品牌开始关闭店铺，重新考虑它们的足迹。”

除此之外，郊区的“大盒子”店还将同时用作仓库和免下车的商店。有传闻称，除Amazon Go之外，亚马逊也在考虑尝试“仓库＋店面”的模式，在市区开更多“小店”。

Morgan-Petro 指出：“这种形式在英国已经存在一段时间了，Tesco 在几年前已经这么做了。有时候亚马逊做了点什么，反应都很大。”

4.1.2　给消费者带来极致的体验

没有人喜欢喝温咖啡。顾客要么希望它热气腾腾，要么放上冰块。你会发现商业的世界是以极端为基础的，很多商家失败的原因往往是因为取了中间值。专家们一致认为零售业正在以同样的方式发展：要么方便到不用占用你任何时间，要么能给你极致的体验。关于消费，没有人喜欢不温不火。

麻省理工学院教授Carlo Ratti说：“一方面，会有更多的人习惯网购，买卫生纸、洗衣皂、牛奶之类的生活必需品；另一方面，体验式购物也会越来越吸引我们。我们会永远喜欢去实体店，特别是新鲜食材的商店，充分使用我们的视觉、触觉、嗅觉、味觉。实体商店会越来越专注于为消费者打造独特的体验。”

Ratti 特别喜欢 Eataly，它是一家有着“仙境般”消费环境的意大利美食商店。巨大的屋檐下，挂满大块的腌肉，除购买食材之外，你还可以在 Eataly 的餐厅中用餐，以及看到屠宰、面食制作等操作过程。这是一个感官的“主题乐园”。Ratti 甚至猜测 Eataly 下一步会让客户自己在卖场内种植蔬菜、水果。

例如，在各个行业越来越流行的综合型店铺。你去一家实体店，可以同时做很多事情，如喝咖啡、买衣服、享受 SPA、了解最新的流行资讯。**你在一个地方打发时间的方式越来越多，这正是零售商绞尽脑汁为了让你留下而做的努力。**

“体验正在打败购买”，Morgan-Petro 认为现在**体验正在“反哺”产品设计**，“对服装公司来说，‘我们如何提供一种体验’正在被‘从出生就与体验结合的产品’替代。”例如，专门为音乐节而生的时尚服饰。

4.1.3　附属服务增加实体店价值

大家可以看到，品牌在提供更多的附属服务增加实体店的价值。换句话说，**人们去实体店更多的是为了服务而不是产品。**

市场调研公司 Forrester Research 的前首席零售策略分析师 Sucharita Mulpuru 认为："实体零售业应该学会把服务作为吸引消费者的武器"。例如，体育用品商店如果能提供为网球拍换线的服务，就会对销量提升带来帮助。

另外，虽然有 Grubhub 和优步可以为消费者提供餐饮配送服务，但像星巴克这样的实体快餐店生意还是会很好。

换言之，如我国的饿了么、美团等外卖服务虽然解决了效率的问题，但即使是快餐，实体店也有存在的必要。Forrester Research 前首席零售策略分析师 Sucharita Mulpuru 说：**"辅助设施是零售店里增长最快的一部分"**。例如，出现在麦当劳的自动点餐机。

4.1.4　让每一件商品都有迹可循

你想买一件东西，走进一家商店或购物中心，却发现已经卖完了或找不到东西在哪里。这种情况未来会被改变，因为实体店可以用低成本的无线芯片（RFID）来实现对商品库存数量和位置的实时跟踪，然后把数据上传到 App。

消费者可以在 App 上迅速找到商品所在的位置，在大卖场内，这个方法特别有用。大型服装店面的店员理货，不用再为找不到商品而满店跑。Amazon Go 中的即拿即走购物方式也是依赖 RFID 实现的。

Ratti 认为，未来，类似 RFID 的科技产品在供应链的应用会让消费者有更深入地对商品跟踪的可能。也许将来，当人们看到一个苹果的时候，通过这些科技产品就能知道它是从哪个果园的哪棵树上长出来的、它接受了哪些化学处理、它从树上到货架的整个故事。

4.1.5　与用户生活关联的销售方式

2017 年 11 月，笔者偶然路过北京三里屯的奔驰体验店。奇怪的是，没看到汽车，进门就是咖啡馆和花店，楼上还有画廊和餐厅、酒吧，零售大厅内倒是有两辆货真价实的汽车证明这是奔驰体验店。但占据更大展示面积的，则是墨镜、手机壳、水杯、帽子等生活杂货。

他们咖啡馆的"服务员"（姑且称为服务员吧）告诉笔者：用微信注册会员，在这喝一杯咖啡（吃顿饭/买束花）可以让你免费开着新款奔驰回家。星巴克和奔驰，怎么也想不到会成为对手。

说得更明白一些，这就是所有汽车厂商都在提供的免费试驾，就能理解了。只不过，以前是有明确购车意向的人，专门抽出一天时间跑去 4S 展厅，排队按厂商划定的路线，摸摸方向盘、踩踩油门，通常这是他们做出购买决策的临门一脚。

所以，试驾信息一向被汽车销售看作是最有价值的销售线索，但很难求。可是，现在大家最宝贵的就是时间，很少有人会有时间为试驾跑一趟，高端人群更是如此。

但是换一个思路，大家没有时间试驾，但人人都有交通需求。这就好像不一定人人都会买电钻，但大部分人都想在墙上打洞，用来挂东西。把需要专门花时间体验的“试驾”，变成帮你节约时间的通勤工具，没有人会拒绝。奔驰就是这么做的，他们把“试驾”还原为人们的生活场景，变成“开着新款奔驰送你回家”。

三里屯除了是著名的消费区，也是北京一些公司聚集的地方。想象一下，晚上 7 点，4A 公司的高级经理 Mary 从三里屯 SOHO 走出来，下班后，她习惯找一个咖啡馆喝杯饮品吃点沙拉，等晚高峰过去再打车回家。

听说奔驰在三里屯开了全球最大的生活体验店，咖啡馆的环境特别好，杏仁拿铁是网红款，Mary 早就想去打卡。

没想到他们的会员服务这么贴心，在她吃晚餐的这段时间，就可以为她预约，安排新款车型的试驾，吃完饭，她再也不用打开滴滴忐忑地等待，“今天这个司机是不认路，还是会抽烟飙脏话？”而是可以潇洒地开着新款奔驰回家。想着令人期待的回家之旅，Mary 觉得餐点都格外好吃了。

1. 大钱要抓，小钱也要赚

原本卖电钻的，改成卖墙上打的洞，这样“降维打击”的优势，在于从更广阔的客群中去筛选自己的目标用户。同时，把原本行业潜规则是“免费”的服务，变成收费的零售项目——大钱也要，小钱也赚，降低自己的获客成本。

例如，原本试驾服务是“免费”的，但要邀请有明确购车意向的人，这个营销成本是很高的，要获得一个试驾用户，汽车零售商往往要付出几百元甚至上千元的成本。

现在，奔驰用餐厅、零售（手机壳、墨镜等）这些门槛更低的消费，吸引更多对奔驰感兴趣的人到店，他们当然不如有明确购车意向的人那么精准，很多可能是年轻人，向往奔驰，但还买不起。没关系，他们可以花数十元买一个奔驰的手机壳，喝一杯有奔驰拉花的咖啡，买一束有奔驰 taste 的花束。这些小钱，不仅是品牌资产变现的手段，更是维护“粉丝”的方式，有朝一日他们有钱了（有购车意向了），优先想到的肯定是你。

现在高端大牌都在这么做，推出低单价的周边商品，吸引一波还不具备消费能力的年轻“粉丝”（用品牌的话说，这是培育用户）。

GUCCI 和一个时尚杂志联手出了一本笔记本，本来是随杂志免费送的，后来被炒到几百元一本。就因为封面是标志性的 LOGO 花纹，年轻女孩觉得，就算还没有一个 GUCCI 包，也应该有一本同款的 GUCCI 笔记本。所以，原本限量赠送的 GUCCI 笔记本，被“黄牛”炒到几百元一本，还一本难求。

之前，笔者在上海看到一个线上懒人沙发的线下实体店，也是这样的思路。他们把自己的产品都放在店里作为堂食区的座位，名头上卖的则是年轻人最喜欢的甜品和饮料。

因为消费者在逛街的时候，不一定有一个明确的念头“我要买沙发”，就不会特意走到沙发店去看（即使路过也唤不醒需求，不会进去）。但他（她）一定有走累了，要喝点饮品休息一下的需求。开一家这样名目的店，他们才会走进去，点一些甜品和饮料，坐在你的沙发上。

同样，把原本“免费”的家具店样品，变成“收费”的服务。如果客群是对的，表面的甜品吸引的是年轻人，沙发的目标客群也是这些人，就很可能产生转化。那么，这家店不仅支持自提，还可以帮你快递到家（电商的基础用上了）。

就算不转化，也没有关系，你的零售利润也能维持这个体验店的运转。这就是“**两样成本，并作一样**”，会比对手有赢头。

相比之下，淘系品牌响应新零售去开线下实体店，摆一堆样品，让到店的顾客扫码去线上买，不仅小钱赚不到，大钱也往外推，会得罪不少到店的顾客。

2. 线下也不再只讲坪效了

很多商业大佬都在说，线上线下融合是大趋势。这话听得多了好像就合理了，但是否想过为什么，他们又是怎么融合的？笔者观察到，线上线下的价值思维正在趋于统一。

以前，线下讲的是坪效——单位产出最多，代表店面经营水平高；线上讲的是用户，自己有多少注册用户，日活多少，留存时间多少——线上不受线下物理空间的约束、营业时间的限制（24 小时全年无休），占领的用户（时间）越多，商业价值就越大。

因为有了互联网 O2O 的支持，线下店正在变大（辐射范围），它的商业价值也在向线上 App 靠拢，变成了以用户为中心。所以，“新零售”的线下店不再讲坪效，而是会员（与线上的注册用户打通）、客流（相当于线上日活），以及停留时间（也就是线上的留存时间）。用户、日活和留存时间加起来，本质是对用户心智的占领。这对品牌来说，是最为重要的。

苹果说要把全球的体验店升级为顾客的社交中心，也是这个原因。**只有与用户的生活发生联系，你才能得到销售机会。**

品牌可以做得更为彻底，就像奔驰一样，让人走进去都不知道是汽车体验店。在大众点评上，这家店的分类已经被归属到咖啡厅里，99%的点评都在说这家店的咖啡和餐点。餐饮在三里屯竞争格外激烈，这家“餐厅”凭高格调的环境和奔驰的品牌影响力，获得了不错的四颗星评分。

即使你不是品牌，是纯粹靠订单生存的销售商，又何尝不是如此。**与用户生活脱节的卖场和销售方式，注定是要被淘汰的。**

4.2 从人性角度看实体店转型中的“坑”

鉴于行业品类特性问题，这里只讨论服饰行业及同属性品类现象，不具有全品类观点，非服饰品类在经营策略和价格上没有明显的地域性。

有人说，传统服饰实体零售企业和终端实体店屡屡转型失败（踏步不前），致使一些原本有机会生存下来的门店和品牌倒闭，是因为“互联网+技术”支持行不通。换个角度看世界，下面从人性角度看实体店转型。

贪婪，是人性之一，有积极的一面，更有消极的一面。积极的一面是，**很多人为之而努力奋斗，结果是成就了一批人，也就成了社会的发展。**不幸的是，在这一轮实体店转型中，贪婪用其极端消极的一面登场，轻松地摧毁了服饰行业传统零售体系和传统零售渠道。似乎在印证一句话：人性面前没有什么是坚不可摧的！

4.2.1 第一坑：用“转行”代替“转型”

笔者去成都一家母婴用品公司接洽货源，总经理陪坐 3 个小时后，笔者主动选择放弃合作。原因主要有以下两个。

（1）货品情况一般，基本都是市场货，达不到给项目供货标准。

（2）期间老板（董事长）出来打了招呼后，就一直身陷办公室忙于“商业洽谈”。打招呼的主要内容是办公室贵客很多，要多等一下。

洽谈的主要内容是这些贵客要随她一起，“成为某大健康直销品牌的分销商”。离开时，笔者特意用无奈和可怜的眼神看了一眼另外两个和自己一样坐了几小时的，该公司童装项目加盟店主。

许多品牌商/省代理已经在用“转行”来完成所谓的“转型”，寄希望于新增业务弥补本行业务经营失利的损失。整个公司从上到下，没有一个人把心思放在如何在当前形势下支持和帮助零售商抱团转型，而是把通过各种途径获得的客户直接打入“冷宫”，置之不理。所谓的“同盟”瞬间就不见了，害人害己。

此坑，失败的主因是两个字：没了。**没有转型需求！**

4.2.2　第二坑：分利润，而不是分入口

笔者在一些零售店的收银台上看到品牌官方商城的二维码，也通过特别渠道看到了品牌的导流通知，大意是导购必须引导到店的客人扫描关注品牌二维码，否则罚款。

然而几乎没有几个导购愿意做这个动作！引导、罚款、引流都不了了之，法不责众嘛！统一的观点是因为线上销售业务与门店和导购都无关，所以无法落地。

于是，2017 年出现了所谓的分销系统，允许品牌的每个线下零售门店有一个“线上店”，这些分销系统为什么很快得到一些品牌商和零售店的认同，其实就是“贪婪”两个字。

例如，重庆某进口婴童用品折扣店品牌，在笔者小区门口就有门店，刚开始还摆了 X 展架，让消费者来扫码关注，后面不仅不再摆 X 展架，店主基本上也不主动提醒用户扫码。

事实上门店并没有实质意义上的线上店，没有自己的操作后台，用户扫码关注时只是关联了一下会员关系。会员在线消费时订单都是总部发货，只是给关联的门店付了用户引导费。

理论阶段门店都会接受，但真正经营中门店会发现，**面对庞大的经营开支，门店要的是“客源”，而不是那一点分红，线上线下一体化的核心是入口分配，**

而不是利润分配。

又是老生常谈，服装行业各区域因为经济、气候、货品适宜度、区域性竞争强度等问题，是不可能做到全国统一实销价的。

门店只是一个“导流入口”（连提货点都不是），不是线下交易现场拎走，就是线上交易等快递。那么问题来了，线下的定价权在门店，线上的定价权在品牌商，把问题抛给用户，线上方便但是更贵，线下价格可以接受，但是却不方便。后来，就又变回扛着互联网大旗的传统零售店。

在这一局中，品牌商根本没有为零售门店提供技术支持，也称不上为门店提供转型支持，一开始就“明修栈道，暗度陈仓”。品牌商打着自己的小算盘，为建立自己的线上王国而战，借分销系统变相地抢加盟商的客源，以求获得更大的销售利润率。

更丑陋的一面是，这些品牌商并没有把零售商当作自己人，而是当作品牌阶段引流的工具和渠道。当自己手上掌握了大量的直接 C 端用户时，就可以随时制约门店，甚至直接踢开。结果是“聪明反被聪明误”，需求偏了，何来技术之争？

4.2.3 第三坑：策动门店无限引流，就是作茧自缚

零售商（特别是连锁品牌店），开门营业的第一铁律就是“各扫门前雪”。

零售店捡到一个“摇钱树”式的承诺，品牌商说可以不限区域地去发展客户，只要是通过你的门店二维码进来的用户，用户无论在哪个区域消费，提成归你。本来是品牌商无德，完全不顾及加盟商的区域投资收益保障，策动门店无限引流，有些门店居然选择相信！

一些零售店接受这种分销模式，是违背了道义的，结果自己被套路。最终，门店发现想跨区抢客也是美梦一场，反而是自己区域内的一些客户被其他区域抢走了，悔不当初！

在一些规则被破坏的情况下，不是“相互伤害”，就是弱肉强食，最后大部分零售店战局不利，黯然退场。一个优秀的连锁品牌成功地升级为“B2C”品牌，重点是经营团队还根本不懂电商。

没有规则规范，行业何以立身？还记得家门口的红绿灯吗？互联网时代不是无序时代，特定的规则还是要遵守的！

门店没有把转型目标和需求定位在如何提升本地的推广、引流、销售力、售

前售后服务力的提升上，而是选择了对外“非法”扩张，掠夺客源，结果只能是自食其果。

4.2.4　第四坑：贪婪的分销，让自己灭亡

以“小黑裙”“云在指尖”等为代表的微商城分销平台，曾经火极一时，成功地半路阻击了实体企业和零售店，相当一部分客流在“那个时期”流向这些平台，由于激励机制和力度的差异，导致实体零售转型时，在线增加“粉丝”数量的效果不佳。除了品牌商和门店自身的转型目标和需求出了问题，半路还杀出了“程咬金”——三级分销惹的祸！

这一局败于消费者的贪婪。在这些微商分销平台上的用户，他们并不是真正喜欢这里的货品，想在这里长期消费的，而是“想做老板”，于是满天飘的都是老板，都是店主。

消费者的贪婪，使传统门店腹背受敌，不同的是这次消费者贪的不是钱，也不是便宜，而是地位！贪极具诱惑的社会地位（老板）和统治地位（上线人物）。每个人都想成为三级分销的一级人物，然后拥有庞大的二级、巨量的三级。

后来他们发现，真正的机会是有限的，海量的当老板机会，那一定不是机会，你自己是老板，也许你家楼上楼下、左邻右舍和你一样都是老板，老板开始过剩了，东西能卖给谁呢？

你有想过那头“羊”吗——处在三级最下端的用户，在这个体系中他（她）就是一头羊，没有获利的权利，只有为上线做贡献的义务。当底层“羊群”开始退场，上一级的用户随即变成“羊群”，没有人愿意被无限宰割。

有人说也有做得很好的微商分销，笔者认为那只是个案，相较于实体零售交易额的占比，连非主流都算不上；而且都有保质期，每天都有新宠，每天都有人进冷宫。

失败从转型“需求”开始，即使提供了正确的技术支持，一个错误的“需求”也会导致全盘皆输，而一个错误的需求缘于人性的“贪婪”。

其壮观之所在是，诸多品牌商、零售商、用户在这一波互联网竞赛大潮中，集体步调一致地迷失了方向，浮躁地、迫不及待地想成功，以及不择手段地、背信弃义地、不劳而获地想成功！

4.3 门店和电商的“消费阻力”破解

在门店和电商共存的消费环境下，什么决定了消费者的行为？有超市从业者感到困惑，“消费者为什么不到超市购物了呢？”守着门店，该做的都做了，人流却持续下降，这是实体零售普遍面临的问题。

电商的出现，显然是十分重要的一个环境变量，但如果讨论仅止于此，除了抱怨和对抗，依然找不到解决方案。更有价值的思考应该是：在门店和电商共存的消费环境下，什么决定了消费者的行为？

4.3.1 线上线下消费都面临阻力

《不可消失的门店》一书中提到了影响消费行为的一个有趣概念：阻力。在传统的线下购物中，消费者面临两大阻力：位置阻力和搜索阻力。**位置阻力，即消费者可触达的门店不一定提供需要的商品；搜索阻力，即为了做出购买决策，消费者总是想要更多的信息。**

例如，周末在家，你突然想做一道咖喱鸡。在考虑去哪儿购买食材时，你无法确定小区里的便利店是否卖咖喱原料，虽然你确定香料批发市场一定有咖喱卖，但它离你家太远了，这就是位置阻力；当你走到社区便利店，发现仅有一种品牌的方便咖喱块卖，售价可能也比 1000m 外的超市更高，但你不愿为了几元的差价（以及更丰富的品牌选择）再跑一趟超市，这属于搜索阻力。

电商的出现，缓解了线下购物情境中的这两大阻力，这是其改变消费者行为的根源。撇开价格差异不谈，因为低价杀入属于短暂的竞争策略，与资本的介入和税收监管的缺失有关，并非电商的根本优势。

首先，有了电商，无论你身处何地，都能买到想要的商品。这对两类人特别重要：一是本地商业不发达的消费者，可能衣食住行都需要靠电商解决；二是小众人群，从效率上看，单个门店不可能为社区里的一两个特殊消费者提供满意服务，但电商可以将全国甚至全球的小众需求聚合起来，为他们提供完美的解决方案。

其次，电商也极大地满足了消费者的搜索需求，无论是款式还是价格，在线下货比三家需要大量的时间和体力消耗，而在线上可以轻松货比 10 家甚至 100 家。

然而，没有什么商业模式是完美无缺的。电商克服了线下购物的阻力，却也形成了新的阻力。

在电商环境下，位置阻力变成了缓慢的物流，人们需要以时间换空间。而随着时间的拉长，人的忍耐度明显下降。有人做过对比实验，相比掏钱缩短送货时间（从 3 天变 1 天），人们更强烈地认为要为超额等待（从 3 天变 5 天）获得赔偿。这被称为“延迟优先”。

搜索阻力则变成了缺失的体验，人们需要以信息的数量换质量。在线上，虽然可以快速货比 10 家甚至 100 家，但相较于线下，这些信息中缺失了关键的体验，对人们选购某些商品品类形成了不小的障碍。电商购买评论中屡见不鲜的“跟想象的不一样”就是证明。

4.3.2　80%的理想，10%的现实

从消费阻力的维度上说，哪个零售商能把阻力降低，就能留住消费者，留住利润。那么，门店要怎么降低自己的位置阻力？

这考验的其实是选品能力。**消费者想要的商品你都有，就不存在舍近求远。**这就要求门店对覆盖范围内的人流构成、需求偏好有准确的把握，在此基础上规划选品。

社区店概念的走红，就是精准选品这个大趋势的产物。以往大店的客流构成复杂，选品很难精准。那些未被满足的个性化需求，就给电商留下了巨大的发展空间。

但从实践来看，现在很多社区店除了选址和面积的变化，千篇一律的选品依然没有解决门店的根本问题——把大店拆小，密集分布，但没有对本地用户有吸引力的商品，也是无用的。

再说搜索阻力。同样的商品，如三元纯牛奶，消费者明知社区便利店有售，为什么还会选择网购（假设价格相同）呢？因为当消费者坐在家中，电商平台上三元纯牛奶的商品信息一触即得，而社区便利店却必须走到门店才能得到。

显然，谁能在消费者的决策时机内提供更多信息，谁的优势就越大。尤其在商业发达地区，人们更依赖线上的本地信息。因为只有这样，他们才能更好地利用周边的商业资源。在一线城市，没有线上信息的门店，等于消失在了人们的视野中。所以，要解决门店的搜索阻力，就要对门店进行数字化改造，让商品信息上网。这听起来是业界共识，现实却并不乐观。

根据埃森哲在 2016 年世界零售大会上发布的研究报告来看，过去 3 年，商场的人流量下降了 57%。虽然有 70%～80%的零售商声称自己已是“全渠道”，但只有 10%的零售商这么做了。

4.3.3 门店的差异化竞争

电商可以靠解决门店购物阻力发展壮大，门店同样可以克制电商的购物阻力，赢得空间。例如，苏宁、国美这样的大型零售商，在完成门店阻力改造后，已经开始反击，他们针对电商的物流阻力，推出“线上下单，线下取货（配送）”，利用密集的门店网络，把物流等待几乎降低到 0。

更多门店在电商的体验阻力上做文章，包括方太的料理厨房，无印良品的场景化陈列，餐饮、电玩、健身、网咖和唱吧等体验式业态成了购物中心的新宠。所以，**表面上看，是电商抢走了实体门店的客户。实际上却是实体门店在选品上的缺失，自己放跑了客户。**

看看那些选品能力强的零售商，国内有 7-11、名创优品，国外如 Costco、ALDI，即使门店不做数字化也没受到电商的冲击。如果既没有选品上的优势，又在信息化的世界中处于下风，那么被客户抛弃又何足为怪呢？

4.4 零售实体店未来会变成什么样子

商品极大丰富之后，对于零售业，消费者想要的无非两件：好体验和性价比。转换到实体商家的角度，以后能在零售业激烈的竞争中胜出的，是那些能为足够数量的消费者提供更好的体验和更高性价比的商品或服务，同时又能从中盈利的商家。零售业的变革围绕以下几个目标来进行才能出效果。

4.4.1 排队收银问题很快就会被解决

排队收银是消费者讨厌去超市的主要原因。因此，许多零售企业都开始寻找排队收银这个问题上的解决方案。

于是，有了盒马鲜生在用的自助收银系统；北京火星盒子也做出了可以让消费者在商超里自助扫码购物的产品，称为火星兔子；Amazon Go 给出的概念更是让消费者不用在店内完成付款，拿了商品就能出门。排队收银这个问题便在这轮变革的早期就被解决了。

4.4.2 会员制、零库存、个性化、定制

商品这么丰富，如何迅速选出适合并喜欢的商品也是困扰很多消费者的一个问题。未来的实体店，也许很多都会用“会员制＋智能推荐”来解决这个问题。真正的会员制要基于对会员的充分了解。

收集信息是线上的强项，实体店很多都会线上线下一起做。实体店会通过店内的智能设备收集消费者的各种行为数据，然后结合线上线下数据，对消费者做深度分析，系统会知道该消费者是什么身份、经济条件如何、性格如何、喜欢什么明星、家庭情况如何、本月有什么出行计划、经常买什么商品、未来可能会买什么商品……

更重要的是，实体店可以预测每个消费者在本周会买哪些商品、每一种商品买多少，进而准确地计算出本周这家店各种商品的需求量。

准确的需求预测对实体店非常有用，特别是卖生鲜、半加工食品和盒饭的实体店。也许在未来，在晚上关门时超市再也不会存在没有卖完的半加工食品、盒饭，生鲜超市、水果店内再也不会有来不及卖出去就坏掉的水果。

而受益的不只是门店。未来生产厂家、渠道商、门店之间的数据系统都会被打通，实现数据共享，生产厂家将能随时了解到自己的产品在所有渠道、门店等的市场销售情况，及时根据消费者需求调整生产，实现销量最大化和库存最小化。

现在那种因为生产厂家按照上一年的销量来制订今年的生产计划，但渠道、门店因为上一年的进货还没销售出去，减少今年的订货量，导致生产厂家今年生产出来的产品卖不出去的情况，在未来不会再出现。在这个基础上，整个社会的商品价格可以被降到更低。

充分了解会员、建立真正的会员制度后，线下实体店可以做的事情还有很多，如针对每个会员，制订针对性的“个性化销售方案”，满足长尾需求，甚至定制商品等。

4.4.3 “社区店＋宅配”的形式成为主流

对于一些比较特殊的品类（如生鲜），需要体验、消费频次高、物流成本高和即时配送的品类，商家可能会在小区门口开店，用“社区店＋宅配”的形式来

做零售。

这样做的好处在于：不仅可以保证产品的新鲜，而且因为距离比较近，所以客户下单后，商家根据订单可以快速将商品送到客户手上，这可以很好地满足客户即时获取商品的需求。

4.4.4　管道运输会让实体店功能单一化

也许未来零售商不再需要为物流速度操心了。2017 年 7 月 26 日发出的消息说：特斯拉 CEO 马斯克旗下新公司 The Boring Company 正在建造一个地下隧道网络，旨在通过高速电动托盘来运输汽车，从而解决交通拥堵问题。

其实，除了运输汽车，这种高速电动轨道托盘还能运输货物或人。轨道托盘可以将汽车固定到导轨上，然后以最高 125 英里（约为 200km）的时速通过特定隧道到达目的地。

这套超级高铁系统建成后，从纽约到华盛顿仅需 29 分钟。如果用这样的管道运输水果，从北京西边石景山到东边通州西站 35.8km，只需要 2 分钟，**未来零售商也就不需要什么前置仓了。实体店的价值有可能会变成只是体验和展示。**

4.4.5　实体店购物环境和消费体验更好

为了提升购物体验，未来实体店购物环境将会更干净整洁、美观，更有艺术的美感；具备社交属性、娱乐属性、景点属性、教育属性，成为人们聚会、游玩、学习、尝试新鲜事物、获得灵感的目的地；减少陈列、展览，增加体验感和互动感，消费者能在那里享受优质时间。

4.4.6　购物中心的经营模式会彻底改变

除了增加社交、娱乐、景点、教育四大属性，购物中心和百货公司内的商品如果还是维持高价，无法满足消费者的性价比要求，那盈利情况仍然得不到很大的改善。

购物中心和百货公司可以把租金降低，并且和租户协商出合理的定价方法；也可以签下各类品牌，做自营。自营才能彻底控制售价、控制方案执行，推行各种革新技术的运用等。

4.5　实体店转型：把握好融合的平衡点

实体店转型的关键在于把握好线上线下融合的平衡点。本节通过 5 个品牌案例进行具体解读。

4.5.1　“亚马逊+全食”的线上线下结合

“亚马逊收购全食”这个消息已经广泛传播，基本的故事情节大家大概已经烂熟于心了，下面将对其进行更具体的介绍。

1．亚马逊用 10 年的实践，向人们揭示了一个秘密

先说明一个词：“食品杂货店”。它并不是夫妻店、便利店，而是美国特有的一种业态，可以理解为稍大的社区店式的（或超市型的）菜市场。如果一定要将其与国内的业态对应，就可以理解为生鲜超市。

生鲜是亚马逊在线上唯一没能攻克的品类。花了 10 年时间，亚马逊的生鲜市场占比还是只有 0.19%；而同样是高难度的品类，也是花了 10 年，亚马逊已经几乎把服装做成了美国行业第二，连自有品牌服装这种超高难度的项目，都卖得越来越好。

笔者毫不怀疑亚马逊在生鲜这一品类上的投入和努力。美国零售行业一直在努力解决如何在网上销售新鲜食品的问题，但现在美国线上生鲜销售额占比只有 2%左右。

咨询公司贝恩的合伙人之一 Kent Knudson 认为，生鲜对电商来说，是“最艰难的地带”。也许，还不只是艰难的问题。彼得·蒂尔认为存在 3 种问题：第一种是比较容易解决的；第二种是比较难解决的；第三种是无法解决的。亚马逊用 10 年的实践，向人们揭示了一个秘密：单纯用线上做生鲜，大概就是一个无法解决的问题。

在生鲜这一品类上，无论是在美国还是在中国，我们都看到了电商的天生缺陷对线上销售所带来的极端的负面影响：消费者摸不到、看不到商品，但生鲜却是要体验、形成具体的感觉，有了明确判断之后才能购买的。

生鲜的体验属性非常强，这也是 Eataly 这家体验式食杂商超会火遍全球的主要原因。而电商的先天优势在生鲜上很难发挥。

书、电子产品等都方便长期存储，可以大规模采购和运输，很少有损耗。而且出版社有限，采购单会集中给这些出版社，订单数量大，才好谈降价。

生鲜就完全不同，一是生鲜允许运输和存储的时间短；二是生鲜供应商不太稳定，经常需要从不同的供应商进货。总体来讲，生鲜想做大单不容易。没有大单，亚马逊所谓的“飞轮效应”就无从发挥，成本就很难降下去。

想一想，好像书的 SKU 的确是所有商品中数量最多的，而且可以无限增长。所以，在卖书这件事情上，电商比实体书店更有优势，书是最适合电商的品类之一。

回顾亚马逊击败实体书店的过程，就会发现，亚马逊之所以能胜出，除通过上面讲的方法降低成本之外，还有一个重要原因：它的书比任何一家实体书店都全，它有全美国最全的书目，而且搜索方便。换个角度来讲，亚马逊其实是胜在最大限度地消除了实体店的天生缺陷之一：搜索阻力。

而相比之下，在 SKU 这个点上，生鲜的 SKU 基本是完全固定的，如肉、鱼、蔬菜、蛋等，只有数十个，且不能摸到、看见，搜索方便对生鲜没有太大意义。

最让人头疼的是，生鲜电商如何处理因为冷链便捷配送所带来的成本上升。有些商家会在早期为了吸引顾客不加价，但长期来看，不加价就无法盈利。

如果在用户层面是“白手起家”，商家在发展过程中会一直面临高居不下的获客成本的挑战。如何维系呢？在这样的模式下，辛苦经营，结果却往往是无利可图。

2. 亚马逊收购全食，既不似阿里收购三江，也不似盒马鲜生

很多人听说亚马逊收购全食的时候，第一反应是线上收购线下，与阿里巴巴收购三江差不多。其实是存在极大差异的。

跟做电商一样，阿里巴巴无论涉足哪一领域，从来不热衷于“真正拥有”和“真正参与”。它会“授权”平台上的商家、被联盟的物流公司、被收购的公司自己去“摸索”，让它们自负盈亏。

对于新零售所谓的“玩法”也是一样。亚马逊的作风完全不同，它一直选择“真正拥有”并尽可能地自己运营或深度参与运营。亚马逊收购全食的案例，实际上到 2017 年年底才真正完成，但在未真正完成前，业内很多人就开始“畅想”亚马逊会借用全食对零售行业进行如何“洗心革面”的改造。

例如，有人认为 Amazon Go 等技术可以让全食实体店成为效率最高的杂货店，同时带动整个美国零售业的革新。有人说，按照以往亚马逊的降价能力、会员制度、用户规模，“亚马逊＋全食”会慢慢拥有杂货行业最大的供应商谈判能力，主导行业价格，把价格压到最低，而消费者将成为最大的赢家。

基于亚马逊高效的物流体系和全食已有的店铺、仓储体系，亚马逊可以把杂货电商的物流时间缩减至 15～30 分钟。而其他电商或实体店为了赶上亚马逊，会普遍与 Instacart（美国版京东到家、独角兽公司）这种公司合作。行业整体的服务水平将大大提升。

因此根据食品营销研究所和尼尔森的预测，预计到 2025 年，大约 20%的食品杂货将是从网上购买的，也就是比目前的水平高出 10 倍。而消费者普遍相信，亚马逊很快就能帮助自己实现买到优质、便宜、送货高效的杂货。

显然，在改造行业这件事情上，大家对亚马逊的期待远远高于阿里巴巴。正如 RBC 资本分析师 David Palmer 所说：“它将是食品界开创性的新开端”。

3. 亚马逊收购全食，与盒马鲜生有何不同

“亚马逊＋全食”的组合与盒马鲜生也不同。从表面上看，都是线上线下结合，但实际发展潜力完全不同。下面介绍具体的不同之处。

美国 40%的消费者（约 8000 万人）都是亚马逊线上用户，而 28%的食品杂货用户又都是亚马逊用户，加上全食的用户，“亚马逊＋全食”的用户总数相当可观。全食的有机食品品牌已经树立起来了，亚马逊接入全食后，杂货用户通过“亚马逊＋全食”在线上或线下购买食品杂货的概率很大。

而盒马鲜生完全没有这些用户基础，开发线上线下用户会是盒马鲜生的一个瓶颈，而线下门店数量不足，投入巨大，通过线下获取用户的数量也是有限的。

全食有 456 家门店，全资拥有 18 家门店，3 个配送中心；而盒马鲜生，截至 2018 年 12 月 31 日，只有 109 家门店。

线上和线下的销售数据、消费者行为数据的收集和分析是亚马逊的强项，明显会成为“亚马逊＋全食”提升销售额的一个非常重要的手段；盒马鲜生在这方面显然并无优势。

基于这些条件，对“亚马逊＋全食”来说，获客成本会大幅降低；它的供应商谈判能力会越来越强，可以保证成本最低；全食的实体店和品牌可以解决无法体验的电商缺陷问题；亚马逊的高效物流和全食的网点，可以降低配送成本；Amazon Go 等技术可以大幅提高全食实体店各个环节的效率……

笔者觉得，“亚马逊＋全食”可能会成为全球最成功的线上线下结合的案

例，特别是在生鲜或食品杂货这个品类。

4. 亚马逊收购全食，最直接的目的是彻底击败宿敌沃尔玛

收购消息公布的当天，除了亚马逊和全食的股票在涨，其他食品杂货商的股价几乎都下跌了，跌得最多的是市场份额第二的 Kroger，跌了 12%。

而实际上，笔者觉得，跌得最多的其实应该是沃尔玛。亚马逊收购全食当然也是贪恋 7000 亿美元的美国食品杂货市场，以求借此改变销售额的品类结构，实现总销量的大幅提升。但笔者觉得亚马逊最直接的目的其实是想彻底击垮沃尔玛。为什么这么说呢？

把眼光移到整个美国零售市场。在美国，沃尔玛是唯一一个在体量上能与亚马逊抗衡的零售商，而且一直在模仿和赶超亚马逊。亚马逊推会员、推一小时到货，沃尔玛也推；亚马逊东西便宜，沃尔玛就从 2017 年年初开始，在美国境内掀起了价格战；亚马逊收购服装电商，沃尔玛也收购……

但无论亚马逊看起来如何有优势，有一点是比不上沃尔玛的：生鲜（食品杂货）。也正是这一点，是最终决定双方胜负的关键点。

沃尔玛是世界上最大的食品杂货店，沃尔玛有超过一半的销售来自食品杂货。1990 年，沃尔玛首次把生鲜引入自己的卖场，生鲜的引流作用迅速体现了出来，之后 Target 也模仿沃尔玛引入了生鲜。

几十年过去了，虽然后来者 Kroger 慢慢赶上，但迄今为止，沃尔玛仍然以 15%左右的市场份额稳坐美国第一大杂货店的交椅，2017 年在美国的生鲜销售额就有 1700 亿美元。

生鲜是推动商店访问量和建立顾客忠诚度的关键，亚马逊想要完全击败沃尔玛，就必须拿下生鲜；而按照目前的情况来看，收购全食是拿下生鲜至关重要的一步。

4.5.2 苏宁：从大区制到事业部制

在苏宁把华北区总经理和华东区总经理调到总部担任大快消事业群和大家电事业群的总经理时，笔者曾在与苏宁的朋友沟通时询问：苏宁小店归谁管呢？居然是归大区管，也就是华北大区在管理华北的小店，华东的小店则归华东大区管辖，总部每年都会给大区下达 KPI 指标：开多少店、多少销售额、多少利润。

这种以大区为核算中心的模式，与京东、阿里巴巴这种以事业部为核算中心的模式有着很大的区别。此时，我们会产生一些疑问。

每个大区下都有各种各样的业态，购物中心、旗舰店、社区店、超市店和云店，但是大区开店的数量是总部在下达指标，所以，大区对于门店的数量，并没有周密的计划性。当然，也可能是大区根据自己的情况上报，最后总部批准。

但是，大区对于各种细分业态的掌握，真的很专业吗？恐怕更多是人员和财务的管理，对于业务模式，却很难管得很细致。

同一种业态，如苏宁小店，华北区做得好，但华东区可能做得不好，是业态问题，还是管理问题呢？责任应该归于谁？采购、选址、店长培训、店员管理和推广等，这些系统性的工作是落在大区，还是交给苏宁小店的管理部门？

很多大公司都有这个矛盾，曾有会员询问笔者：是横向的大区管理为主？还是纵向的事业部为主？这当然是没有固定答案的，苏宁的做法自然有它的道理，但我们不妨提出一些参考意见。

当只有一种业态的时候，可以考虑以大区制为主。因为业态单一，企业只需要在总部形成标准，然后让各大区复制即可。大区只要负责不断选址、开店，强调的是快速复制的能力，考验的是执行力。

所以，当苏宁还是苏宁电器的时候，大区制很好。当其业态越来越复杂时，就要以事业部为主。苏宁让大区总经理担任总部事业部总经理，可以看出已经开始往这方面调整了。

业态复杂，就意味着要不断深入到细节去创造场景解决方案，如社区、办公室、网吧。

需要有人对细节负责的时候，事业部更好。例如，苏宁小店事业部，他们专门研究社区场景的解决方案：直营或者加盟；品类是生鲜还是日用品；小区活动如何更有吸引力。这都需要安排特定的人负责特定的工作。

在大区制体系中，每个大区不可能花很多人力成本来做，总部的负责人因为没有实权，也没有动力去做，甚至不敢做。做了后，推广和复制也很费劲。如果事业部掌握主导权，那大区管理部门做什么呢？要做的就是处理关系、引导流量、进行渗透。

处理关系就是与政府的关系和当地的媒体关系，维护起来方便；还有物业关系，确定选址。引导流量就是策划活动，让大大小小的活动落地，交给大区，大区也能找到廉价劳动力，这一点，京东就到处在做百城巡回活动，联合供应商，一个个城市地策划活动，通过各种活动吸引流量。

进行渗透就是通过大数据和市场分析，一个点一个点地把市场做透彻。例如，这个社区有多少人？性别与收入分别是什么？有多少是自己的用户，有多少不是？多少新用户，多少老用户？

对中小企业来说，就没有必要这么做，也没实力这么做，但是，对苏宁、京东和阿里巴巴等大企业来说，就有必要这么做了。

所以，大区制和事业部制是可以和谐的，关键是在适当的时机做出适当的调整。苏宁现在是大区制略重，已经在往事业部制进行调整。而京东、阿里巴巴是事业部制太重了，大区制太轻了，未来一定会往大区制调整，线下份额足够重的时候，大区制的优势才能凸显出来。

4.5.3 O2O 零售店：新零售 + 内容电商

曾经多次听过类似的想法：我想在一个城市做一个 O2O 零售店，靠谱吗？有人说，我想做一个公众号，主打情感生活的，然后卖一些红酒、定制情侣衫等。一旦做大了，还可以接入更多的商品。

另外，有一个二线城市的创业者，他想在自己的城市做一个新零售店铺，主打母婴人群，自己也有一定的货源优势，将来成功了，还可以做成连锁，全国各地开加盟店。

关于这样的想法，笔者想谈谈自己的看法。这两个想法看起来都是在风口的，一个是新零售，一个是内容电商，或者微信生态。想法很好——作为一个优秀的创业者，不落窠臼，想改造旧的零售业态，做出新思路。只是，这种思路的成功概率可能会非常低，直言不讳，就是不太靠谱。

先说第一个：在一个城市开一家中心店，然后用 O2O 的模式就可以覆盖全城了吗？

其一，O2O 模式做成功的比较少。国美、苏宁这类专业店，在很多个城市都有大型店，但是，他们的 O2O 成功了吗？苏宁还是做得不错的，但也没有让自己翻身，只是保持了自己的行业地位。更不用说国美了，行业地位已经岌岌可危。

如果你觉得他们是电器之类的标准品，对手京东太强大，所以行不通。而非标品还是有机会的。非标品的确适合开线下店，但问题的关键不在于是做非标品还是标准品，而是你能否做渗透。

人们能理解那种在一个城市开一家店，然后通过 O2O 覆盖全城的想法，毕竟线下房租昂贵，而且开店太多，管理就会变得复杂，但是，通过一家店铺很难在全城做渗透。

做不到渗透，配送成本就会奇高无比，为了保证配送时间（一般是一小时配送到，否则 O2O 就没有价值），就需要建立自营配送队伍，即使是兼职的，硬成本也不低。

其二，对于低频产品，O2O 的订单量并没有想象得那么大。母婴商品的购物频次高吗？如果不够高，O2O 就没有意义。对于电器类产品，极有可能一年或数年才买一个，是否有 O2O 并没有太大关系。当然，有了可以提高订单量，没有也不会对店铺存亡产生大的影响。

对于高频产品，消费者对于购买的商品已经有所了解，如果经常在京东到家买大虾，就根本不用去门店看虾，针对此类需求，就是要求配送效率够高，最好能半小时送到，绝对解决刚需。

其三，新零售和 O2O 都不是目的，不是商业模式，它们都只是一种手段。普遍的误区是把 O2O 或者新零售当作新商业模式，这个创业者就是进入了这个坑，围绕线下融合做了太多工作，反而把零售的根本工作——品类运营给放到其次了。

做了 10 年的零售研究之后，笔者觉得该领域最根本的工作是品类运营能力，而不是商业模式。无论是线上还是线下，品类运营好了，都可以发展得不错。而电商、社群、社交、小程序、直播、短视频、内容电商和“粉丝”营销等，都是工具。

如何用好新工具做品类运营，才是厉害的事。而为了一个新工具做一套零售的商业模式，真的是舍本逐末。即使有红利，红利期可能只有半年，工具一个月就能学会，有些基础的，几天就学会了。

再说第二个：做一个公众号，把内容做好了去卖货，也就是所谓的内容电商。这个做法已经被多次证明，做起来极为艰难。创业者做一个账号，一边提供好内容，一边卖货，这是行不通的；就算你有一个千万“粉丝”的大号，专门去卖货，也做不出大成就。

例如，日食记，它在各个平台上有几千万“粉丝”，但是，每当有广告出现的时候，就会引来骂声一片，纷纷称要取关。

你可能会说，年糕妈妈之类的母婴账号不是卖货效果很好吗？首先，母婴这个群体比较特殊，各种产品是刚需，也需要普及教育，因为很多年轻家长不太懂，你在讲述内容的同时就推销了产品；其次，母婴群体大多喜欢团购，这些产品是一定要买的，现在便宜为什么不买呢？

其他品类是否有这种消费特性呢？例如，开头提到的做情感账号、卖红酒和情侣套装，这些品类的刚需性和母婴产品相比差别太大了。

当然，也不是说做不好，而是需要极高的内容创作能力，而且不容易增加“粉丝”。最好的分工，是把内容部分交给做内容的，把电商部分交给做电商的。内容电商与 O2O 一样，都属于一种混合需求，而有这种需求的人毕竟是少数的。当你划分好订单来源后，它可以分为 3 类：纯线上订单、纯线下订单和 O2O 订单。O2O 订单的占比是多少呢？如果它不是最高的，却占用了你最多的精力，那就不划算。

电商部分交给做电商的，是说卖货就好好卖货，全平台铺货，如果人力不够，那就先把一个平台铺透。

笔者有一位做内容电商的朋友，他不是自己写内容自己卖货，而是自己写好内容后，与其他公众号合作分成。不同类型的账号给予特定的品类，尤其各个城市的地方号，也需要优质的商品来变现。

所以，内容电商就要面临一个抉择，究竟是基于客户群去选品，还是基于内容去选品，前者是做销售的工作，后者是做市场的工作。

当然，创业是要靠实力的，如果资本雄厚，则有试错的机会，你总会找到属于自己的创业需求；而如果资本不雄厚，就不要跳进别人已经跳过的坑。

4.5.4 苹果实体店升级成“社交店”

苹果实体店大家早就见怪不怪了，不过 2017 年 4 月 27 日在迪拜购物中心开业的阿联酋第三家苹果店，可能要彻底刷新大家对苹果实体店的印象了。迪拜这家苹果店和以前的区别是：这家店“立志”变成社交场所，而不是单纯的卖场。

按照苹果零售高级副总裁 Angela Ahrendts 的说法就是，从此以后，苹果实体店要变成像星巴克一样的地方。具体怎么变呢？笔者总结了一下，迪拜这家苹果实体店做了以下几个改变。

（1）让苹果店成为最佳观景点。这家店在选址上很正确，也相当豪气。它位于人流量极大的迪拜购物中心，同时临近迪拜喷泉和哈利法塔等著名景观。苹果专门采用了长达 186 英尺（约 56.7m）的曲面玻璃墙，供顾客远眺全球最高建筑——高约 2717 英尺（约 828m）的哈利法塔（BurjKhalifa），以及迪拜喷泉。只要你喜欢就可以只是来店里看半天风景，最后什么都不买。

（2）店面设计了社交空间。例如，开放可供演讲及表演的场地，苹果邀请当地艺术家绘制的中东风格的艺术长廊等。

（3）增加社交主题活动。例如，在店内举办苹果最新推出的“今天在苹果”（Today at Apple）系列教育互动活动等。店内还移植了真实的树木，营造更接近自然的舒适环境。

新型的苹果实体店的目的很明显：希望人们将苹果店视为现代的城市广场和社区，人们可以进店购物，也可以在那里观赏风景，约会见面，获得灵感，学习知识，或是与社区内的人进行互动。由此产生的源源不断的人流和逐渐增长的品牌向心力会极大地激发人们的购买力。

笔者还看到了另外一个层面的尝试。在苹果宣布的即将展开的全球 100 家顶级苹果实体店改建计划中，社交空间还会增加，如加入研讨会议室等。研讨会议室的主要功能可能是为创业者们提供一个进行交流和探讨的空间。

店内还会增加“天才林”，它的目的是为那些在音乐和摄影等方面有天赋或技能的人提供有针对性的帮助，如他们可以和驻店的专业摄影师交流。

听起来，笔者的第一猜想是：苹果难道要把它的实体店打造成年轻人的创业孵化器吗？即使不是孵化器，也至少是年轻人交流创意和实践经验的精神领地。这种做法为苹果实体店吸引来的，正是非常符合苹果用户画像的人群。

笔者非常赞成这种模式。调皮电商提出的大零售思维中就已经论证过类似以上苹果的做法（《重磅丨冯华魁：大零售如何让实体走出衰落？万字长文能否帮你打开脑洞》）。超越界限的跨业态融合，不同的行业利用零售这根线串在了一起。苹果的做法就是把电子卖场和休闲娱乐、社交、学习甚至工作的场景及功能融合在了一起。

这些新型的苹果实体店现在还没有加入餐饮的元素，但餐饮早就被证明是拯救实体零售业的灵丹妙药之一。而且从场景需求的角度考虑，当苹果把实体店打造成一个超级综合功能体之后，对餐饮的需求也是刚性的。从满足用户需求和体验、最大化经营效率的立场出发，笔者觉得，未来苹果实体店引入餐饮的可能性也是很大的。

跨业态融合的案例很多，例如，北京一家企业在社区店内加入了餐饮元素，量很小，只有三张餐桌，但是，却借此组了一个社群。这种灵活的经营模式，就增加了很多频次的消费接触。

又如，某电商平台与酒店合作，把自己的艺术作品放到高档酒店内，客人如果看中某一作品，可以直接下单。酒店内还有各种各样的床垫、床上用品等展示销售。

还有各种快闪店铺的流行，在客流集中的某些场地、某些时间段，快闪店铺越来越多，商家与场地之间不再追求天长地久，而是充分协作。

这些融合代表了一个最根本的趋势，那就是**业态界限模糊。业态不是细分了，而是融合成了新物种，原来的业态界限模糊了，敌我区分不再明确。**

4.5.5 资生堂“数字咨询镜”柜台

什么才是吸引年轻女性顾客的最佳方式？在此以调皮电商新零售技术大坑的“掉坑者”——资生堂的“数字咨询镜”柜台为例进行介绍。

身为女性，或多或少都会存在一些操作恐惧症，给计算机杀毒都觉得头疼。笔者不止一次听到身边女性朋友这么抱怨：能不能不要让我去操作那些高科技，我有重度操作恐惧症。在一次新零售会议上，一位零售行业的女高管也吐露：“我很少去操控那些新机器，除非要在机场买一瓶水，不然是不想去碰那些冷冰冰的机器的。”

然而，一些专门针对女性用户的品牌，却非要把自己玩成高科技门店——“害怕”用户因为不懂高科技落伍，借机给用户补课。化妆品智能门店效仿者不占少数。

最近，日本资生堂也要推出自己的高科技门店了——“数字咨询镜”柜台。其实笔者曾评价过丝芙兰在巴黎的 O2O 智能门店——消费者要想在丝芙兰智能门店内下单，必须在智能屏幕上操作一段时间才能实现购买。

而且有些产品“让你看到却摸不到！”——用户只能在屏幕上欣赏大牌香水广告图，然后下决定买或者不买（原来买香水是用看的，不是用闻的）。

现实情况就是，一些化妆品门店正在前赴后继地打造高科技门店。笔者不知道这对于女性朋友来说，是福利，还是灾难。那么资生堂的科技门店是怎样的呢？

消费者从店铺门口走过的时候，左边区域的大屏幕会突然响起，屏幕上会显示产品视频动图，官方称，这是为了引起路人的注意力，使其驻足。

但是效果如何，可以想象：你会不会听到广场舞的音乐就跟着跳呢？但是有总比没有的好，至少多了一个吸引人的点。

当消费者被吸引进店的时候，在离得最近的屏幕旁边的柜台上拿起化妆品，只要距离屏幕 2m 以内，屏幕上就会开始显示这款化妆品的各种信息，包括产品使用说明、产品成分、成效，甚至连每一种成分的出处。也就是说，只要品牌方高兴，它甚至可以把供应链上的各个环节介绍给消费者。

其实笔者能体会官方的用心——为了让消费者全方位了解这款产品。以前的“痛点”在于很多导购员背不下所有的信息，而这些全面的信息可以由机器来传递给消费者。但是，如果一个导购真的在消费者耳边全面地介绍这些信息，也会让消费者感到厌烦的。

所以，值得深究的一点是：消费者在店内真的有必要了解这么多东西吗？消费者真的有这么多时间消耗吗？难道她们要买一款产品，还需看完屏幕上的万字说明文吗？

大家也可以回想一下，以往在决策的时候是不是如此深入了解了一个产品的信息？往往不是。所以，给顾客强灌太多信息的行为其实是在给自己挖坑。

当然，还有司空见惯的智能试妆，消费者坐在镜子前，系统会自动识别脸部并拍照，会分析消费者的皮肤问题；在消费者选择商品的时候，会出现用了这款商品后的面部效果，类似美图秀秀的美颜功能。

最后的“神来之笔”是：消费者可以扫二维码把照片领回家，而且自己适用的产品的所有信息也会一并发送到手机上，消费者可以回家细细品读这些数据。

笔者曾经认为日本的零售创新不错，但是资生堂的“玩法”真的让自己大跌眼镜。老牌的病根是“老龄化”，而科技并非良药。资生堂已经 140 多岁了，其定位可以说是大众化妆品中的高端品牌，但是其市场份额正被其他年轻品牌渐渐蚕食，其实面临这一问题的并非只有资生堂，有不少老品牌都同样面临“老龄化”这一困境。例如，我国的品牌百雀羚，也一直努力让自己变年轻。

当下，年轻的韩妆品牌势头很足，如悦诗风吟、菲诗小铺、the body shop 和自然乐园等。就以悦诗风吟来说，不仅是其线下直营专卖店的开店速度快，并且其店铺风格也是别具一格，吸引了不少年轻人前往。

它们用小清新方式俘获年轻人，店铺小清新、产品小清新，价格也比较亲民，除此之外还会联名 IP 进行营销，如悦诗风吟曾联名大火的 LINE FRIENDS 推出一系列萌化产品。

资生堂官方称，新柜台是基于“千禧一代”的需求所创设的。它声称曾做过调查——以 20～30 岁的千禧一代为对象，针对“你去化妆品柜台的理由”这一问题进行了调查。结果发现，很多人去化妆品柜台的原因主要是“除商品外，购物体验也是重要因素”“能够得到适合自己的建议”“能提供试用机会”等。

可以看出，资生堂决定用机器来满足这些需求，并且宣传要在 2020 年之前加速完成全世界各地柜台的更新。而资生堂遍布世界 88 个国家和地区，升级改造的成本不可估算。

但是，用科技吸引年轻女性真的行得通吗？品牌商不如先来回答这几个问题：大多数女性是不是有操作恐惧症？如果你去线下门店购买，遇到问题是直接问店员，店员亲口告诉自己，还是跑去问机器，让显示屏显示一堆数据？如果你去买化妆品，两家店提供的产品差不多，但一家是笑脸相迎的导购，一家是高科技门店，你会走进哪一家呢？

有一位做餐饮的朋友告诉笔者，她最近请了一位外国帅哥来做大厨，并且做菜的时候，大家可以隔着玻璃观看，结果如何呢？一群小姑娘成了餐厅的“铁杆粉丝”，甚至有小姑娘专门为了看大厨而来店里用餐。

还有一个大家知道的热点新闻——一位走红网络的理发师小帅哥，瞬间圈了几百万“粉丝”，店里的客流量可想而知。

但是如果上面两个案例，换成他们给店内引入了高科技：机器人传菜或者机器人给你烫头，会产生什么效果呢？

有人的地方会一直好玩有趣，但有新科技的地方只是一时新鲜，这或许能吸引顾客一时，但顾客仍然会被好玩有趣、又有温度的店吸引走。

最后回到本节开头的问题——什么才是吸引年轻女性顾客的最佳方式？**她们爱什么，你就给她们什么。**她们喜欢好产品，你就研发好产品；她们想玩想闹，你就组织活动让大家在店里与导购互动。

年轻的女性顾客宁愿与帅哥只说一句话，也不愿看显示屏的万字长文。她们需要在购物的环节中有“赏心悦目”的享受，她们不会关心商家用了什么高科技。

4.5.6 京东便利店的半小时生活圈

一位联合利华总部的高管拜访京东，与京东集团副总裁、京东新通路事业部总裁郑宏彦做了深度交流。郑宏彦对他说，B2B 搞分销的时代已经过去了，我们现在要把新通路升级，不乱价、不补贴，未来的主要目标是帮助品牌商做动销、帮助京东便利店做成半小时生活圈。

随后，郑宏彦把京东新通路一整套的动销方法论和京东便利店构筑“半小时生活圈”的愿景介绍给联合利华总部的高管。该高管一听，大吃一惊：B2B 如果能这么做就太好了，非常符合品牌方的需求，我们要在全球推广。

京东新通路究竟如何通过赋能品牌商、渠道商、零售商，为整个通路实现价值，让优质商品和服务走进千家万户呢？

郑宏彦认为，新通路和其他的 B2B 平台最大的不同，就是把最多的精力放到动销上。“因为我今天不帮小店把动销做好，品牌厂商的分销也做不好。”所以针对品牌商，新通路的赋能理念就在于“要做大增量，做精存量；解决老痛点，不增新痛点！”

为此，京东新通路通过一系列线上线下系统解决品牌商痛点。京东掌柜宝作为新通路旗下的一站式 B2B 订货平台，帮助品牌商直接链接线下门店；新通路还通过慧眼大数据系统、行者动销平台、门店标签系统等数字化系统为品牌商搭建了一条精准分销体系，确保渠道链路全透明，精准投放商品、资源和服务。

京东新通路自建的专业地勤团队，除能为小店提供更为专业熟练的选品陈列指导之外，还可与品牌商的线下团队联合拜访门店，实现深度的品牌品类教育，地勤管理系统保证了动销资源落地更高效。

而作为 B2B 平台，不给品牌商找麻烦，就意味着不乱价、不补贴，小店从二批处进货，从新通路处进货都是 10 元。

此时就出现了一个问题：不乱价虽然赢得了品牌方的支持，但没有补贴，小店为什么一定要从京东新通路处进货呢？很多夫妻小店对于进货渠道是没有忠诚度的，为了 0.5 元的差价都会换一个进货商。要想让各类小店愿意从京东新通路处进货，必须换一个思路来看问题。

如何给便利店赋能呢？对于夫妻小店来说，做生意并不容易：一方面受电商冲击；另一方面是消费升级的需求，压力都挺大。

但是，小店是否只需要从价格方面考虑呢？肯定不是。所以，他们会彻底改变小店的生态，让小店在价格基础上更深层次地认识到自己在运营过程中还有很多其他需求。尽量不要玩价格，要玩价值，因为价格战没有未来，而且价格战不能培养忠诚的客户，会一直陷在发展的瓶颈里。

这是做生意的核心思路，如果不能转变这一思路，哪一家便宜就去哪一家下单，而不是消费者需要什么就进什么，小店就会慢慢地失去活力。同时，经营便利店是一个系统而又专业的工作，按照自己的想法来经营的方式是行不通的。

围绕这个转变，京东新通路从 2017 年开始启动了对传统小店升级改造的“京东便利店”计划，并搭建了京东便利店的赋能体系，包括形象赋能、运营赋能、货源赋能、科技赋能、线上店铺、增值服务等。

形象赋能，换了京东便利店门头的小店，会促进客流的增加，这是品牌的力量。

运营赋能非常关键，选址怎么选？陈列怎么做？货品怎么组合？什么是拉新，什么是促活，什么是复购。这些运营技术工作是京东新通路为京东便利店打磨的核心能力。下面举例介绍。

例如，店铺陈列方面，如何调整店内的灯光——炫光要打在商品上，不要打在客人脸上，这样会增加商品的生动性；米面粮油这些品类要放在店铺内离门口最远的位置，因为这是刚需，消费者不吃完是不会购买的，需要的话就一定会进店购买。

所以，经营一家便利店并不简单。而京东便利店要做的事，就是要帮助原有的小店进行升级，从原来只做零售业态的商品服务转向平台化的生活服务，其中既包含商品服务，也包含生活中的各个方面的服务。对于店主而言，京东帮助增加的是消费者与小店的生活联系，而不是购物的消费联系。

运营赋能方面还有一个经典案例，就是帮店主做用户教育。上午10:00—11:00是小店店主不忙的时候，京东新通路请蓝月亮的洗衣专家通过京东掌柜宝直播平台给店主讲课，从洗衣皂、洗衣液到柔顺剂，做一整套产品的洗衣教育。最后小店店主进货时改变了只进洗衣液的做法，而是进全套商品。更有趣的是，蓝月亮董事长到小店调研时，发现小店店主也开始给消费者做全套教育，这在以前是很难做到的。这样一来，小店的价值就不再只是卖货了。

运营赋能可以在现有商品的基础上提高店效；而货源赋能则是给便利店提供高品质且准确的商品。

对于加入京东便利店体系的小店，京东新通路并没有强制要求 100%从京东掌柜宝进货，但一旦挂上京东的品牌，小店就要确保进货渠道正规，并且一定不能做假货；否则京东会取消其合作资格，甚至还会对损害京东名誉、商标、商誉的商家诉诸法律，会让售假店铺承担更大的违规成本。

此外，京东新通路给旗下所有便利店打上了标签，包括地理周边、门店属性、用户画像、浏览喜好、购物行为、动销能力等数百个标签。

有了这些标签就可以让品牌方针对小店场景销售相应产品。例如，非机场类小店在平台上下单时就看不到 100mL 包装的洗发水，而机场店不但能看到，还会通过促销措施鼓励店主多进货。

这种货源赋能不是货源丰富性方面的问题，而货源准确性方面的问题。大部分 B2B 订货平台能解决丰富性方面的问题，却很难解决准确性方面的问题，因为这需要足够的大数据能力。

科技赋能则是给店铺提供更多智能营销工具。智能门店管理系统融商品管理、顾客管理和营销服务为一体，不仅有收银、收货、库存、会员、销售报表、促销管理等日常功能，还基于京东线上大数据优势，根据消费者画像给予门店智能补货、智能选品的支持。京东便利 GO 小程序则为门店建立了新的线上销售渠道，沉淀店铺“粉丝”。这是京东新通路的技术优势。

最具想象力的则是增值业务赋能。除了卖货，京东便利店还提供了各种增值业务，帮助店主多元经营，扩充利润。店主根据店铺周边的消费需求，可自行选择接入丰富的增值业务，包括代收包裹、虚拟代售、生活缴费、号卡服务、京东维修、文印服务等。这些服务与商品零售共同构成了以京东便利店为核心的半小时生活圈。

一个便利店的运营，不是只有商品，而是要增加生活黏性，才能创造更多复购。在中国台湾地区和日本，消费者的各种需求都能通过便利店解决，甚至包括签证和旅游服务。

消费者的时间成本逐渐增加，城市交通更拥堵，过去愿意花很多时间到大卖场内慢慢逛，那时候性价比更关键，现在用户对性价比的关注减少，时间成本的重要性增加，所以半小时生活圈也就更有意义了。

通过多项赋能，京东便利店的店主们会彻底转型，不再局限于货品的便宜，而是全方位升级自己的店铺能力，让原来的夫妻小店也能变成社区的生活平台。

“所有这些赋能解决的是什么？同样的价格从京东新通路这里进货，我给小店的服务更有价值，更有含金量。然后我们提供的所有赋能的东西，都是在帮店主、帮门店的消费者提供更好的服务，这样消费者受益，小店店主受益，品牌厂商受益，所以我们做的是一个多盈利平台。”郑宏彦说。

赋能之后，效果如何呢？目前京东便利店已经覆盖除我国港澳台外的全国各个行政区，如景区、学校、医院、机场、高铁站、国家机关等。京东便利店升级改造的一个中央机关超市，改造开业后第一天的营业额比改造前增长了近 10 倍。

这就是京东新通路在便利店动销方面的方法论，用服务解决价格战的问题，用增值来优化店铺的管理。同时，解决了品牌方的老痛点，做大增量、做精存量，但是不增加新痛点，不乱价、不补贴；解决小店经营的落后问题，让小店转型为社区生活平台，沉淀“粉丝”、提高黏性，也就更愿意从京东掌柜宝进货了。

B2B 是移动互联网趋势下的渠道变革，但是，所有变革都是利益关系的辗转腾挪，而不只是交易关系的改变。试图破坏商业生态的做法是不可取的。对利益关系的平衡，才是平台的出路。

第5章

互联网电商：实现线上线下的流量互换

虽然许多消费者习惯通过互联网电商进行购物，但是，在体验和服务方面，电商却始终与线下实体店有差距。而且，随着越来越多的品牌入驻电商平台，电商市场的竞争也越来越大。

在这种情况下，大部分互联网电商的想法就是通过电商与线下实体店的结合，实现线上线下的流量互换。

- 看清本质：电商和实体零售的关系
- 商业模式：电商转型的3种模式
- 电商+新零售：深度解读天猫新零售

5.1　看清本质：电商和实体零售的关系

媒体上经常出现的几种观点：一是电商发展已经进入瓶颈期，新零售成为必然的趋势；二是线上已经不易获利，都来线下开店吧，实体零售等来了春暖花开的好时代；三是消费升级是伪概念，现在流行消费降级，让很多人思想混乱。下面笔者就来一一驳斥这些观点的迷惑性和错谬之处。

5.1.1　电商不是饱和了，而是进入下一个时代

营销费用很低，电商的市场渗透率低、市场大，开店相对容易。这样的成本结构，只要控制好销量与营销成本的问题，在淘宝、天猫的生态中的成本结构远远优于线下零售的传统成本结构。

但到了 2016 年，电商圈说得最多的就是获客成本的优势不在了，低价和渠道的“法力”在失灵。

淘宝上很多店铺的销售额和盈利能力呈现出整体不尽如人意的状态，很多商品的毛利率要控制在 50%甚至 60%才可以盈亏平衡。同时，我们看到网红在 2016 年“崛起”，某些网红在顶峰时期甚至达到了 30%的净利润率，而营运费用和流量营销费用几乎可以忽略不计。

但是，网红通过内容营销在微博、陌陌等社交平台成功导流并聚客，本质上和淘宝生态没有太多关系，所以并不意味着淘宝电商模式找到了重回巅峰的法宝。

所以，阿里为了 GMV 的增长，开始吸引大量的外国品牌进驻，把很多流量分给了国外品牌。但结果就是分给国内品牌和淘宝店的流量会逐渐减少，国内二三线品牌和淘宝店家的获客成本会越来越高。

目前，大多数淘宝店的盈利模型已经和实体店的水平差不多，淘宝和天猫很难再给第三方商家超过线下实体店的净利率，而网红的“天花板”就是用户规模和复购率，其实就是卖家的低营销成本能否持续抵消淘宝生态圈中日益高涨的“房租”。

所以，无论是网红，还是淘宝卖家，未来的前景都不光明，一味地追求渠道，忽略了产品开发，产能充分但产品并没有竞争力，品牌的同质化程度很高，靠价格优势和渠道规模取胜的这条老路，估计再也走不通了。

5.1.2　实体零售不太好，但线下是品牌新机会

淘宝的渠道优势被削弱是否意味着实体零售渠道的回春呢？笔者的看法是偏悲观的，实体零售没有春天。

其实这个道理也容易明白，如果能够通过线上购物省钱又省时间，那么消费者为什么要去线下购物呢？每一个想开线下实体店的零售商都需要提前想好，是否找到了真正说服消费者走到线下购物的理由。

只要电商渗透率在上升或达到一定体量，除餐饮和聚会型娱乐消费外，对线下盈利能力的影响也是不可逆的。

而且，笔者发现过去电商一个有趣的现象，就是品牌商在实体店不断下滑时，为了贴补线下流量会不顾一切地用免邮费和让利的方式买线上流量，因为有人买总比没有好；否则库存的问题更难解决。

盈利能力的下降，线下不挣钱，线上还要包邮、打价格战。这个问题说明了什么？说明以后很长一段时期的零售生意不能单靠卖货的渠道能力赚钱了。无论是线上还是线下，都进入以效率和服务取胜的阶段。

因此，在未来很长一段时间，相比淘宝生态的走弱，京东的盈利能力或许会不断上升，因为物流可以成为赚钱的资本了。

而物流效率的提升也使得卖货这件事变得更为简单，但产品和服务体验就变得更为关键，品牌和线下门店的创新可能性变得更大，但竞争的要求也就更高了。原因在于**当线上和线下成本结构平衡，就不再是渠道规模的竞争，而是供应链的竞争、产品的竞争、服务体验的竞争。**

5.1.3　消费没有降级，找到更便宜的好货也是升级

消费升级的起因就在于消费者观念的变化和对好产品的追求。对于品牌企业而言，渠道能力依然很重要，但只有渠道铺货的能力，产品没有办法在品质上升级，无法满足消费者当前的需求，就会被市场降级淘汰。

简单来说，最终要回归到产品本身，回归你做的是不是好产品。以前品牌是怎么做起来的呢？其实很多时候与产品本身的关系不大。

一个品牌生产的可能并不是好产品，或者说同质化很严重，但由于产品铺到了线上线下很多、很深的渠道中，因此它的销售额特别大。渠道成功是过去零售

业的主旋律，尤其是快消品。

但如今消费者会问，市场最普及的商品我不满意，有没有更好的产品？我愿意付出更高的价格买更好的产品。找到好的产品，是消费升级的本质。当下消费者着重考虑产品的品质和品牌背后所代表的生活方式，如餐饮会重新回归，考虑是否好吃的问题，以及是否匹配自己的消费能力。

很多人就此走进了认知误区，会把消费升级和买更贵的产品联系在一起，但消费升级并不是价格的升级。

从电商的发展趋势来看，除一直以来的价格战之外，还有一个趋势被大家忽略了，那就是低价的商品卖得稍微贵一些，但商品的体验、服务的体验和购物的效率都有所提升，则可能会比高价的商品更有升级的空间。低价商品比以前贵一些，但消费需求的减弱并不会很明显，反而能被品质升级和品牌升级等抵消。

消费升级的关键是能否为消费者省下不该多花的钱。例如，阿尔迪超市在二三线品牌中帮助消费者找到品质与一线品牌相差无几的产品，没有一线品牌更多的营销成本，价格更有优势。

又如，易严选借助供应链产能富余重新重视国内市场的红利，让消费者用更低的价格买到没有品牌溢价的同质量产品，都是消费升级的初级阶段的典范。

另一个关键点是**省时间，减少消费者选择商品和享受服务的时间成本，就是消费升级**。对于消费者来说，无论是省钱还是省时间都是好事情，只要能让消费者腾出更多时间和精力去工作和娱乐，消费者都愿意多付出一些金钱。

所以，卖货的事情交给电商，围绕产品的场景服务则交给线下。例如，类似手机品类属性的产品在京东做线上就好了，线下体验购物真的重要吗？线下产品服务才是关键。

又如，通常来说，吃的品类很难逃离线下，为什么大家都去做便利店，其实大零售 80%是关于吃住行的，便利店的产品服务主要是关于吃住的，共享单车和共享充电宝则是关注出行的场景服务。

至于消费升级中的个性化需求，其实不要为了个性化而个性化。人们对产品有更多的要求，自然对品类和丰富度有更多元的偏好。而不同场景和情境下的细分需求，都想更有效率、更有质量地得到满足。商家想不做个性化的产品服务创新，是不太可能的。

5.1.4　互联网的发展，让销售形式发生了变化

随着时代的发展，原有的一些事物会发生一些意想不到的改变。例如，互联网的发展给乡镇集市带来了显著的改变。

2018 年 4 月 17 日，阿里巴巴宣布，花 45 亿元投资农村电商独角兽汇通达，也就是在这天，阿里巴巴 CEO 张勇和汇通达董事长汪建国宣布，启动第一届“乡镇集市购物节”，从 4 月 17 日到“五一”期间，历时半个月。

集市这种贸易方式已经有几千年的历史了，但是，这种最原始的业态形式，如今也被互联网冲击得有些凋零。

小时候，人们还会赶集，每隔五天就会有一次大集。但是现在，随着电商的发展及外出打工人员的增加，以往人山人海的乡镇集市越来越不成规模。

一个正在凋敝的业态，汇通达为何还要搞成节日呢？

集市的规模虽然越来越小，但农村的消费潜力却越来越大。大家不是不去赶集，只是集市过于简陋：在环境方面，风吹日晒；在产品方面，多假冒伪劣；在互动手段方面，单一而又随意。

那么，汇通达是怎样改造的呢？

首先，他们从 8 万多家会员门店中精选一批乡镇门店。农村社会零售总额的 85%源于 300 多万家夫妻店，它们是盘活中国农村经济的重要杠杆，是激活镇级经济的“造血”主体，所以乡镇集市购物节的关键是要从门店出发。

此次精选的有意愿也有能力做大型活动的门店，共 1 万家左右，分布在 1 万个乡镇。也就是万镇万店同时联动，举行声势浩大的购物节。举办活动还需要具备一定的组织能力，所以一定要精选。即使有汇通达的帮助，店主自己也要有能力、有意愿，店铺的会员人数要达到一定标准，要有互联网能力。

其次，精选上千个品牌的数十万 SKU 来促销，传统集市的产品品质没有保证，要活跃集市，关键是要有新的、有特色的产品，当然，还要有价格优势。

此外，为了突出购物节的公益价值，他们还上线了扶贫频道农品汇，精选 12 个贫困乡镇的 40 多款农产品，在本次购物节的门店中进行销售。为了鼓励门店动销这些产品，还为会员店设立了扶贫基金，购买这些农产品的用户也会获得一定的奖励。

再次，发动一切能量做传播。以往的农村电商可能也就是刷墙，汇通达除了刷墙，还充分发挥了农村的传播优势和特色。购物节宣传造势的玩法，要做到很

细致，需要乡镇店主改变坐商的意识，开足马力做传播。

对于店主来说，发动自己的“粉丝”群和代理人，汇通达的店铺系统就能发挥作用。系统由“粉丝”和代理人管理，在政策上，给予代理人一些激励。例如，一个代理人能推荐 300 个“粉丝”，则奖励价值 1000 元的电视机一台。

这就把互联网的裂变玩法用到了乡镇集市上。此外，农村路演也是重要手法，他们在上百个乡镇寻找有能力的店主做路演。

怎么做路演呢？例如，万店一起发起了万人砍价、万人大转盘抽奖、随机支付免单等玩法，这些都是用互联网手段，让乡镇市集更热闹、更有新意。还有一家会员门店，借着这次活动，举办了一次乡村歌唱大赛，在一分钟内就为门店增加“粉丝”100 人。可见，乡亲们的思路是很活跃的，只是缺少好的组织者。

最后，也是特别重要的一点，那就是农村淘宝与汇通达的联手。这是他们的首次合作，磨合的时间也比较短，但是取得了不错的成绩。农村淘宝给 3878 个乡镇的门店导流，汇通达则在门店吸引顾客用支付宝抢红包，等等。

汇通达负责人说，基于农村淘宝线上资源赋能和汇通达线下运营牵引，参与活动的会员店销售额环比提升 172%，合力赋能效果明显。

农村淘宝和汇通达的合作，想象空间很大，流量与支付，商品与流通，双方相互赋能，双方联合给乡镇门店赋能，都有很大的发展空间。

最终，在半个月内，这次乡镇集市购物节带来了 17 亿元的销量，增幅高达 172%，188 个乡镇销量破百万！万镇万店取得的成绩，已经远超这些门店的平时业绩。汇通达 2017 年 8 万家门店的销量是 200 亿元，这次 1 万家门店半个月的销量是 17 亿元，进行对比后就可得知其增速。

其实，这只是明线的玩法和增长，汇通达作为平台方，还有一条辅线玩法。“粉丝”拉新、活动动员、发展代理人等这些辅线玩法，具有很高的隐性价值。

例如，通过新人抽奖为门店增加“粉丝”，把活动热度转化为实实在在的用户资产。又如，发展代理人，每个门店发展 15 个代理人，1 万家门店就是 15 万个分销队伍，同时，开启评选全国代理人百强活动。

如果说销量只是一个数字成绩，那么这些“粉丝”和代理人，以及活动能力，是构成汇通达作为平台的软实力，也是用互联网激活乡镇市集的关键。

汇通达总裁徐秀贤说：“我们认为集市是一个更本土化的表达，这个传统的商业流通形式包含了地域情感和文化价值。”

所以，他们的“乡镇集市购物节”就是要用万店撬动万镇，让乡镇的集市文化苏醒，同时，赋予互联网的文化和能力，进而重塑农村流通渠道。

所谓互联网文化，不是简单地用互联网工具做传播，而是让互联网渗透乡镇门店的各个流程和环节，从传播到销售、从管理到进货，都有互联网工具的渗透。然后，再凭借熟络的人际关系引导当地消费者下载汇掌柜 App、加入微信“粉丝”群等多种方式参与到集市活动中去。

经过这些改造，传统夫妻店的经营模式已经被重构：经营品类不再受限于出样空间，而是基于互联网进行无限拓展；经营范围不再受限于消费类商品交易，而是囊括了“最后一公里”物流配送、农产品反向供应链、光伏产品推广、蓝领劳动力进城等，真正地把资源和能量盘活。

也只有完成了这种重构，乡镇集市才能利用互联网手法发展起来，才能真正激活并焕发新力量，才能真的有希望完成乡村振兴。

当然，如果汇通达能让“乡镇集市购物节”具有“双 11”一样的影响力，那么我国的农村一定会彻底换新颜。

5.2 商业模式：电商转型的 3 种模式

虽然电商普遍具有价格优惠、购买便利和品类众多等优势，但是，与线下实体店相比，它却缺少了让客户亲身体验商品的机会。这也是许多人仍将线下实体店作为主要购物渠道的重要原因。

正是因为如此，越来越多的电商品牌开始注重线下实体店的开拓，为客户提供更好的服务和体验。具体来说，电商转型线下主要有 3 种模式。下面将分别为大家进行解读。

5.2.1 合作模式：传统零售 + 线上 + 加盟

传统零售＋线上＋加盟的合作模式就是通过为客户提供体验空间，为线上进行引流，从而扩大品牌的影响力。

例如，京东通过在线下开设“京东·京选空间”和“京东帮”服务店。通过这些店铺，原本只能在京东电商平台上购买的产品，现在在这些店铺中也可以买到。而且因为有实体店，所以顾客可以到店体验，从而通过渠道开拓扩大京东在线下平台的影响力。

5.2.2　品牌模式："强 IP + 多产业"发展

IP 对于"粉丝"具有较强的吸引力，当一个品牌变成一种强 IP 时，就会获得许多拥护品牌的"粉丝"。而且强 IP 形成时，企业往往也会获得更多的多产业发展机会，在客户心中树立鲜明的品牌形象。

三只松鼠的电商转型就属于"强 IP＋多产业"的品牌发展模式。首先，配合品牌名称，三只松鼠创造了鼠小贱、鼠小酷和鼠小美这 3 个松鼠形象。其次，通过在包装上印上 3 个松鼠的形象，并开发自制动画片，在客户心中强化三只松鼠的形象。最后，在线下开设"投食店"，把三只松鼠的玩偶放入其中，从而加强其与客户的接触机会，强化三只松鼠的 IP。

5.2.3　技术模式：大数据、前沿科技

"技术模式"是通过将大数据和前沿科技运用到线下实体店，实现电商转型的一种模式。这种模式的优势在于可以提升店铺的技术含量，将线上的科技优势发挥到线下实体店中。

例如，亚马逊在推出的线下书店中，会将客户评价 4 星以上（总分 5 星）的图书放置在书架上，并在图书的下方放上客户对该图书的评价。通过大数据给来实体书店的客户做一个推荐。

除此之外，在实体线下书店中还融入了一些科技因素，如实体店的工作人员可以通过配备的小型便携式扫描仪定位和查找图文；而客户则可以通过扫描图书中的二维码直接进行购买。

5.3　电商 + 新零售：深度解读天猫新零售

说到电商，你想到的是什么？对于这个问题，或许大多数人和笔者一样，首先想到的就是天猫。

确实，作为电商行业的一大巨头，天猫的一举一动都足以震动整个电商行业。而在新零售方面，天猫也做出了一些尝试。本节就来深度解读天猫的新零售尝试。

5.3.1 零售云：释放生态力量，助力零售品牌

2018 年 8 月，阿里巴巴发布了零售云服务产品矩阵。该矩阵包括零售云产品、全链路压测产品、数据分析库和安全技术规范。

从产品定位来看，阿里零售云主要是针对零售业中各类角色和业态，打造具体的解决方案，从而帮助商家建立各类场景营销方案，释放阿里零售云的生态力量，助力零售品牌的成长。

在发布服务产品矩阵的同时，阿里还对新零售服务商进行了招募。从阿里在零售云官网上发布的合作伙伴计划来看，阿里将合作伙伴分为六大类，并对服务商的能力提出了以下要求。

（1）咨询类。要求能在新零售的大环境下，可以帮助商家拓展业务、帮助商家实现转型和商业重构。

（2）系统类。要求在软件开发和系统实施方面有一定的能力，愿意将平台的解决方案植入，并给商家赋能。

（3）运营类。要求拥有一定的运营能力，能够帮助商家建立完整的运营系统，提供运营解决方案。

（4）营销类。要求拥有一定的营销技术，具备大量营销经验，能够帮助商家提供各类营销服务。

（5）地推类。要求拥有一定的运营落地能力，能够为商家的运营落地提供服务方案。

（6）智能硬件类。要求拥有智能终端制造、交互应用的开发或落地实施服务的能力，能够为商家提供数字互动的解决方案。

虽然阿里零售云对合作伙伴有一定要求，但是成为阿里零售云生态中的一员后，是可以享受许多福利的，如市场合作、项目支持、合作伙伴认证和商务激励等。

那么，要怎样才能成为阿里零售云的合作伙伴呢？阿里零售云公布了合作流程，大致可以分为以下 4 步。

第 1 步：发送合作意向申请。

第 2 步：合作意向信息审核。

第 3 步：进行服务对接或应用创建。

第 4 步：根据合作业务开展相关合作。

部分零售业从业者表示，阿里零售云的底层技术支持系统将吸引各类服务商争相入驻，而在这种形式下很可能会形成以零售云为基础的新零售服务商生态，再配合阿里的新零售闭环，阿里的新零售力量将快速壮大。

5.3.2　智慧门店：技术为驱动，重构消费体验

阿里智慧门店旨在通过技术驱动为消费者提供更加智慧的线下门店，从而重构消费体验。为了让合作品牌更好地在线下打造智慧门店，阿里智慧门店从以下 5 个方面提供了解决方案。

1. 互动营销

互动营销主要是通过内容、玩法和硬件的创新，让营销获得更好的效果。阿里智慧门店的互动营销主要有两大策略：一是商圈互动引流大屏策略；二是品牌 AR/VR 互动策略。

商圈互动引流大屏策略就是通过趣味游戏和体感互动等吸引消费者的眼光，让消费者在玩的同时，获得店铺的优惠券，从而引导消费者进店消费，在提高店铺转化率的同时，更好地沉淀消费者。

例如，索菲亚借助互动引流屏，通过引流屏的互动广告让消费者扫码参与游戏。只要消费者在多人实时游戏中表现良好，便可在关注品牌店铺后，获得和使用优惠券。而许多消费者在获得优惠券后，通常会想办法使用优惠券，因此便可以很好地提高店铺的转化率。

品牌 AR/VR 互动策略就是商家基于手机淘宝和手机天猫 App 上的 AR/VR 技术能力，与消费者进行个性化互动。这不仅可以通过科技的融入满足消费者多样化的个性需求，为消费者提供更好的体验，还能帮助品牌更好地进行传播。

例如，科颜氏借助手机淘宝的“扫一扫”功能，让线下的消费者进入线上，并通过 AR 技术与消费者进行互动，将品牌形象传递给消费者。这在强化品牌形象的同时，还能够引导消费者更好地在线上进行消费，起到线下向线上引流的作用。

2. 客流统计

客流统计主要是通过对到店人流和热点进行精准的统计和分析，让商家可以提供更好地满足消费者的需求、带给消费者更优质体验的门店。

阿里巴巴为商家提供了一种名为地动仪的线下门店一站式客流营销解决方案。该方案可以为商家提供丰富的线上和线下数据，从而让商家可以更好地匹配线下的产品和服务，实现 LBS 数据的可视化。

3. 智能导购

智能导购主要是通过智能设备拓展店铺的 SKU，更好地对店铺内的卖点进行展示，从而让商家可以更好地对店铺内的产品进行管理。

阿里巴巴为商家提供了虚拟云货架，如果线下无货，导购员则可以引导消费者在线上下单。这不仅可以提高品牌的总体销量，更能通过消费者的线上数据做好消费者画像。

4. 智能收银

智能收银主要是通过打通品牌的线上线下会员，实现客流数字化、商品数字化、交易数字化、支付数字化和会员数字化，从而为门店的交易和会员进行更好的管理。

例如，消费者进入门店内，只需用手机淘宝上的“扫一扫”扫描门店码，便可成为品牌的线上会员。这样无论是会员数字化，还是门店导购的二次营销触达都将变得更加便利。

5. 会员运营

会员运营主要是通过将品牌的线上线下进行融合，实现客流的数字化和消费群体的可触达、可营销及全域营销。

例如，商家可以通过线下支付沉淀消费数据，并根据数据进行分析和运营，从而通过数据为品牌和门店赋能，提高店铺的运营能力和效率。

5.3.3　智慧快闪：以消费者为核心拥抱新零售

阿里团队通过数字化标杆门店的打造，以“线下聚划算＋品牌体验馆”的策略，和一些大品牌在线下进行了智慧快闪店的尝试，旨在让消费者更开心地进行购物，让消费者更好地拥抱新零售。

快闪店越来越受欢迎，它逐渐从小众化走入了大众视野。天猫平台上入驻的许多品牌，都在线下开过快闪店，而智慧快闪也成为天猫的一种尝试。有数据推算，到 2020 年，国内快闪店会达到 3000 家。

1. 快闪店为什么这么火

哪些品牌适合开快闪店？快闪店为什么如此受欢迎？什么是快闪店？

目前，**快闪店多出现在大城市人流密集的商业区，能够提供商家一个短期聚集消费者的效应。其特点是呈现速度快、部落特征明显、口碑效应足，是当下国内新零售的一种风向标。**下面以 LINE FRIENDS (大悦城的那只熊) 的案例来探索一下快闪店的魔力。

“不合适就换呗！”对于商场来说，通过快闪店不断地去“试”品牌，直到找到适合自己的“菜”，这种方法高效、准确、节省成本。北京朝阳大悦城就在快闪店的不断尝“试”中，尝到了品牌传播类快闪店引流的“甜头”，找到了最适合自己的“快闪”玩法。

大悦城 1F 的大厅就是一块开快闪店的风水宝地，它位置很好，但却不利于长期开店（与商场设计在人流走向上的思考有关）；让其空置，又很可惜。

过去，大悦城经常在此开展品牌公关活动，但效果并不好。现在大悦城开始引入各种展览形式的快闪店，如“LINE FRIENDS”（以下简称 LF）展览，“你不要小看这只熊！”它让朝阳大悦城火了一个多月，热度持续不减，年轻人一批接一批地蜂拥而来。据说这只熊还要继续逗留两个月，即使熊走了，大悦城还会出现类似有趣的快闪。

快闪店既让商场把场地租出去了，又帮助商场吸引了客流，为商场注入了新鲜活力。

2. “粉丝”快到碗里来，来晚了我就“闪”了

对于品牌商来说，快闪店是低成本促进品牌传播的“利器”。短租成本远低于长租，并且“打一枪换一个地方”的游击店模式，能够让品牌非常广泛、灵巧地接触到“粉丝”，提高品牌的曝光率，从而加深消费者的品牌印象，进而增强“粉丝”的黏性。

“怎么想的啊！谁会花 30 元进去自拍？”这是笔者对 LF 的第一反应，但事实却进行了有力回击。开业当天，排队看展的人从展区门口排到了大悦城的侧门外，其中年轻人居多，大多都是潮男潮女，甚至网红、模特，其中还有一些从天津、河北赶来看展的人。他们是怎么知道的呢？

LF 为什么能够吸引人群蜂拥而至呢？首先，它已经是一个“来头不小”的品牌，它源自韩国，是潮流、年轻化的一个品牌，主打时尚潮流和童话梦幻，它

的确圆了很多潮男潮女的童年梦。

其次，它的第一所房子建在韩国，是很多去韩国旅游的人必去的地方。这说明 LF 在来北京之前就已经有了自己的“粉丝”基础，在中国拥有一批“粉丝”，而且质量还很高，其中还有一些意见领袖级别的人物。

他们时刻关注着 LF 的信息，一路追寻。这次 LF 来北京是其全球巡展的一个“站点”，一“闪”而过（虽然闪得有点长），但错过这一次，下一次就不知道要等到什么时候了，这种互动机会为数不多，的确有饥饿营销的成分在内。即使不是 LF“粉丝”的人，也很难拒绝这股“新鲜劲儿”。

3. 快闪店的营销价值——品牌传播＋卖货

上面提到，LF 展览的观众都是花 30 元进去自拍，80%～90%的人手持自拍杆。观众自拍的目的就是把照片“晒”到网上，告诉大家自己在现场。

这时，意见领袖就发挥作用了，她们在现场拍视频，录直播，自拍发微博、朋友圈。这种传播力量是强大的，直接结果就是人流量越来越大，品牌曝光率越来越高，巩固了老用户，还吸收了一批新用户。

LF 的室内展区展出的是一幢三层高的别墅，LF 的所有卡通人物都做成了成人的比例置入别墅内的各个场景中，顾客可以走入别墅内去体验童话般的氛围。别墅里每个房间里都陈列着 LF 最新时尚单品，这就是最热门的“场景体验式”营销。其实就是消费者花费了 30 元来体验 LF 的产品。

事实证明，火的不仅仅是 LF 的展览，还有它的限时主题商店。许多潮男潮女排队购买其产品，商店里兜售的产品都是展览里陈列出来的最新时尚单品，如公仔、手机壳、文具、服装、小饰品等。

“刚刚熊熊拿的手机壳就是这一款，我也要！”“熊熊戴的墨镜是这一款，我也要同款。”由此看来，LF 实现门票营收的同时，还实现了产品的“场景式体验”，这就直接推动了它的卖货功能的实现。

4. 快闪店这么火，我开一家也能这么火吗

快闪店似乎全是优点，也是新零售的一股趋势。相信很多品牌商都心动了，恨不得马上开一家。但是快闪店真的适合你吗？

总体来说，适合快闪店的品牌一定是能够引爆的，它可以是线上品牌的落地，也可以是一种 IP 的延伸，而且它一定是具有“粉丝”基础的。因此，快闪店模式通常适用于天猫平台上拥有大量“粉丝”的平台。不然就会出现这么一种

尴尬的现象：你确实很“快”、很“闪”，甚至都没人知道你曾经存在过。笔者比较看好电商尝试，因为电商变化快，符合快闪店的调性，如果缺少引爆点，则可以尝试与明星、网红、知名设计师或 IP 合作。

其实，当下国内的快闪店形式还比较单一，把天猫等电商平台上的品牌店开在购物中心，通过线下拥抱消费者，获得线上的流量。在国外，很多品牌会选择更新奇的玩法。

例如，之前 Adidas 三叶草的设计师王大任曾经开着卡车去纽约街头玩“快闪”，一车潮品瞬间被抢光；HM 也曾在海滩上打造过集装箱式的“快闪店”，主要卖一些适合海边的服饰和搭配，如草帽、墨镜、连衣裙、沙滩鞋等。

外国人的脑洞我们可以借鉴，虽然不能全盘吸收，但可以想办法使其“中国化”。

5.3.4　品牌数据银行：全链路透视，多渠道营销

品牌数据银行主要是对品牌消费者数据资产进行管理和存放，通过线上线下的数据融合、全链路透视和多渠道营销，实现阿里系的触达和数据的回流。

要想正确地使用阿里的品牌数据银行，商家还需要对它的三大功能、五大价值和九大场景进行必要的了解。

1. 三大功能

阿里品牌数据银行主要有以下三大功能。

（1）**数据融合**。通过线上线下的数据打通，实现品牌数据的实时融合，让品牌营销活动在时间上、渠道间进行融合，提高数据的匹配率。

（2）**数据分析**。全链路透视消费者的旅程，深入地洞察和分析消费者，从而更准确地进行消费者画像。

（3）**数据增值**。通过多渠道营销应用，让消费者每一次激活应用的数据都可以回流品牌数据银行，这在形成数据闭环的同时，还能帮助品牌持续累积消费者的数据资产。

2. 五大价值

阿里在官网中列出了品牌数据银行的五大价值。

（1）还原消费者全链路路径，让商家更好地揣摩消费者的心理、更准确地把

握消费需求。

（2）进行 360° 人群画像，从多维度关注主要消费人群，让绘制的消费者画像更加准确。

（3）激活多场景的营销活动，将各营销场景进行结合，在提高场景营销管控能力的同时，通过多点爆发提高营销效果。

（4）实现线上线下的数据融合，让商家全面了解消费数据的同时，更高效地对数据进行管理。

（5）持续提升消费者资产，充分挖掘消费者的潜在价值，将消费者更好地培养成品牌和店铺的忠实“粉丝”。

3. 九大场景

品牌数据银行在“三全”，即全链路、全媒体和全渠道方面，为商家提供了九大场景。

（1）全链路方面包括 3 种场景，即品牌高价值新用户的招募、品牌购买及忠诚客户的价值激活和品牌流失客户的召回。

（2）全媒体方面包括 4 种场景，即规模化市场活动蓄水再营销、验证及提升社交内容互动人群的价值、第三方渠道消费者的再回流和广告店铺联动下个性化的千人千面。

（3）全渠道方面包括两种场景，即线上激活线下的消费者、为线上线下的消费者提供统一的体验。

5.3.5　客户运营平台：构建商家全域会员运营能力

阿里巴巴客户运营平台旨在通过客户运营平台的搭建，构建商家全域会员的运营能力。关于客户运营平台，可以从以下 4 个方面进行分析。

1. 核心价值

在客户运营平台的官网页面中，展示其三大核心价值。

（1）从已购客户到潜在客户的运营，为商家提供系统化、一条龙式的客户运营和管理方案。

（2）从短信触达到全链路营销触达，多渠道营销，提高信息的达到率，让营销获得更好的效果。

（3）实现营销策略的场景化和智能化，让商家可以通过客户运营找到更能打动客户的营销策略。

2. 产品构架

客户运营平台的产品构架主要可以分为以下 4 个部分。

（1）**客户分群**。通过丰富的人群标签、自定义标签开放和全网大数据分析，实现客户的精准分群。

（2）**客户洞察**。通过全场景信息分析、打通认知到购买的数据和精确的兴趣匹配及行为预测，深入洞察目标客户。

（3）**主动营销**。通过丰富的运营触达通道，实现个性化的运营，提高主动运营的成功率。

（4）**忠诚度管理**。通过全域电商会员体系管理和多端会员的玩法升级，提高客户对品牌的忠诚度。

3. 解决方案

客户运营平台主要通过以下 3 种方式为商家的客户运营提供解决方案。

（1）**构建**。通过帮助品牌构建淘系会员运营系统，为品牌和店铺构建系统化的客户管理体系。

（2）**互通**。通过线上线下的数据打通，实现品牌全域与淘系会员的信息互通和权益互通。

（3）**整合**。通过品牌的全渠道运营整合，构建品牌的线上线下多端人群运营，实现客户数据的整合。

4. 案例分析

阿里巴巴的客户运营平台为许多品牌的发展提供了解决方案。以星巴克为例，星巴克借助阿里新零售方案，打通阿里生态系统的数字化消费者运营平台，从而实现全域消费场景下会员的注册、服务场景的互通，突破新零售的时间和空间限制，为消费者提供一店式、个性化的消费体验，提高消费者对品牌的忠诚度。

而全棉时代科技有限公司则是借助客户运营平台，通过线上线下消费者的整合，进行跨渠道的身份识别，实现信息的多通道精准触达，提高信息的覆盖率和营销的效果，从而在为会员提供高质量服务的基础上，提高会员的忠诚度，沉淀高价值的客户，并持续挖掘客户的价值。

第6章

智能机器人：AI为零售注入新鲜能量

随着 AI 科技的发展，零售行业中开始出现了一些新的变化。其中，比较具有代表性的一个现象就是智能机器人开始被越来越多的店铺使用。

智能机器人的技术应用有哪些关键？智能机器人如何将新零售做得更好？未来智能机器人可能会参与哪些零售场景？这些问题可以从本章内容中找到答案。

- 智能机器人的五大技术应用
- 智能机器人在新零售中的四大建议
- 智能机器人参与的零售场景

6.1　智能机器人的五大技术应用

随着智能机器人的不断发展，越来越多的技术被应用到智能机器人的生产和制造中。其中，比较具有代表性的技术应用包括语音交互、对话问答、人脸识别、环境感知和自主定位导航。下面将分别进行说明。

6.1.1　语音交互

语音交互就是基于语音输入的交互模式，用户只需要通过语音输入便可以获得相关的反馈。这对于许多不太愿意动手操作的人群来说，可谓是一种非常便利和智能化的应用。

其实，在应用于零售的智能机器人出现之前，具有语音交互功能的机器人便已经出现了。例如，苹果手机中的 Siri（苹果智能语音助手）。不过，Siri 虽然具有语音输入功能，但是在与用户的交流过程中，更多的只是用户询问，做出回答；而且它的回答比较生硬，有的回答甚至让人觉得莫名其妙。

相比之下，应用于零售的智能机器人在语音交互方面的功能通常更强大，也更智能一些。例如，Udesk 智能外呼机器人，在发生效果和对话节奏上与真人极其相似，而且反应比较快，能够根据分析迅速作答，甚至还能够被打断对话，让用户获得与真人交流相似的体验。

6.1.2　对话问答

在许多人的印象中，机器人都是比较机械的、程序化的事物，甚至当我们在和他人进行沟通的过程中，如果对方一直在重复某些词句，我们可能都会想：这个人怎么感觉这么机械呀！就像机器人一样。

而大多数智能机器人，之所以能在“机器人”前面加上“智能”两个字，其中一个比较重要的原因就是与普通的机器人相比，它在与用户对话问答的过程中表现得更加自然。

更为重要的一点是，对于一些相对特殊的行业，即便是相关从业人员也需要具备相关的专业知识。而这些领域中的机器人，则同样需要专业知识的储备，这也就意味着，对于这一类智能机器人，在对话问答方面有着更高的要求。

即使如此，市场上还是出现了大量具有专业知识储备的智能机器人，这也足以看出智能机器人的发展深度。例如，北京小乔机器人科技发展有限公司制造生产的“药师小乔”便是这样一款智能机器人。

因为医药行业是与人的身体健康直接相关的，所以它往往要求从业人员具备丰富的专业知识。对于人尚且如此，机器人也就更不用说了。但是，“药师小乔”这款智能机器人仍然被投入使用，这是为什么呢？主要是因为“药师小乔”智能机器人具有执业药师的知识水平，甚至它在医药方面的专业知识比大多数销售人员还要丰富。而借助对话问答功能，用户在用药和选药方面的问题也可以很好地得到解决。

6.1.3　人脸识别

除了身份证，每个人身上还有许多可以证明自己身份的、独一无二的特征。而人脸就是其中之一。

有一句话说得好：“世界上没有完全相同的两片树叶”。其实，何止是树叶，连人脸也是如此。世界上不可能存在完全相同的两张人脸，即便是双胞胎，也会存在一些细微的差异。而通过人脸识别，便可以将人脸上的差异分辨出来，从而确定被识别者的身份。

在百度百科中，对于人脸识别的定义有广义和狭义之分。广义的人脸识别指的是构建人脸识别系统的一系列相关技术，包括人脸图像采集、人脸定位、人脸识别预处理、身份确认及身份查找等；而狭义的人脸识别特指通过人脸进行身份确认或者身份查找的技术或系统。

例如，灵云智能机器人通过平台安装的人脸识别功能，可以通过对人脸的识别对用户进行人脸注册。而注册完成后，当用户再次面对智能机器人时，就可以通过人脸识别被智能机器人快速认出来。如果在零售实体店中配备该类智能机器人，就相当于为店铺配备了记忆力非常强的“店员”。

6.1.4　环境感知

什么是环境感知？百度百科的解释是每个人总是生活在一定的环境中，由于受其环境及文化的影响，在人们头脑中必然形成一种印象，这种由环境影响而形成的印象，就称为环境感知。

人和自然环境的关系是可以选择的，这种选择不是任意和随机的，而是有规律可循的。它是受个人思想意识支配的，而支配个人和自然环境关系的思想意识就是环境感知。

环境感知类智能机器人其实很早便在现实生活中得到了运用。扫地机器人的工作原理基于对环境的感知，具体来说，它的环境感知可以分为两个方面，一是对家具等物品的摆放感知；二是对周围环境中垃圾的感知。

对于家具等物品的摆放感知，要求扫地机器人能够准确获知此类物品的位置，而不至于出现碰撞和卡住等情况。而对于周围环境中垃圾的感知，则要求扫地机器人能够分辨出哪些东西是垃圾，这些垃圾具体在哪个位置。

6.1.5　自主定位导航

自主定位导航主要是指能够确定当前所在的位置，并对附近位置进行判断，并根据目的地进行路线规划，有条不紊地向着目的地前进。

动物与植物的主要区别在于：动物是可以频繁移动的，是能够向着某个方向不断前进的。而人作为一种灵长类动物，其运动能力是超过许多动物的。

机器人为什么称为 “机器人”，而不是“机器狗”或“机器猫”呢？主要就是因为机器人的生产和制造者希望它可以像人一样思考和运动。而许多智能机器人的“智能”之处就体现在它能够自由地移动和做出各种动作上。

那么，为什么有的智能机器人能够自由移动呢？这主要就是因为这部分机器人中应用了自主定位导航技术，它能够通过装载的定位导航技术为自己的运动提供方向。

为什么扫地机器人能够将房间里的垃圾清理得比较干净呢？这主要是因为它能够移动，而且能够在房间内有规划地行动。而这种规划就是根据定位和导航进行的。

一方面，扫地机器人需要做好自身的定位，判断自身与周围家具等物品之间的距离，避免与家具等物品发生碰撞；另一方面，扫地机器人还需要根据房间的布局规划清扫路线，做好路线导航，以确保房间的各个角度都尽可能扫到。

6.2　智能机器人在新零售中的四大建议

随着智能机器人生产和制造技术，越来越多的智能机器人被应用到新零售中。笔者认为，智能机器人参与到新零售过程中，不仅可以用机器人代替人力，为店铺的经营带来更多新意；还可以为消费者带来更多新的购物体验，增加店铺对消费者的吸引力。这本身是一件好事。

但我们也必须看到，即便智能机器人行业发展快速，却仍旧存在一些问题。笔者认为，要想让智能机器人在新零售中发挥更加积极的作用，还需要做出一些调整。具体来说，有四大建议可供大家参考。

6.2.1 更多交互性、互动性

对于许多消费者来说，之所以选择在线下实体店购物，不仅是因为线下实体店能够为消费者提供更直观的产品使用体验，更是因为在与店铺店员的沟通过程中，能够获得带有人性温度的问答。

智能机器人作为一种机械的产物，本身就在人性温度方面带有一定的缺陷。再加上许多人在与智能机器人沟通的过程中，有一种被监控注视的感觉。因此，如果智能机器人不能主动进行更多交互，消费者可能会由于种种顾虑丧失主动沟通的动力，而大多数情况下，如果缺乏了必要的沟通，那么消费者是难以放心购物的。

因此，在智能机器人的生产制造和设置过程中，还需要重点加强其交互性和互动性，让智能机器人在与消费者的沟通过程中更加主动，让智能机器人在与消费者沟通的过程中更多地充当引导者的作用，而不是简单地对消费者询问的问题做出机械的回答。

例如，店铺中通过智能机器人为消费者提供饮品，不应该只是在智能机器人中为消费者提供一些饮品的选项，而是应该让智能机器人在与消费者的沟通过程中，确定消费者的个人偏好，甚至可以通过交互性的设置，让消费者进行一些 DIY 设计。这不仅可以充分考虑消费者的需求，还能增加整个购物过程的趣味性。

6.2.2 提升新零售的客流量

对于零售店铺来说，经营的最终目的就是获得更多收益，而收益从很大程度上来说又直接与客流量相关。如果将智能小程序设置在店铺中，则需要把智能机器人作为一个提升店铺客流量的点。

那么，怎样通过智能机器人提升新零售店铺的客流量呢？笔者认为，可以重点从吸睛、体验营造等方面，让消费者从智能机器人身上获得更多新奇感，将消费者从店外拉进店内。

具体方法有很多，如可以通过为智能机器人设计一个靓丽的外形，让潜在消费者看到后就忍不住想要进店来看一看；可以将智能机器人作为“迎宾员”放置在店铺门口，借助智能机器人实现店铺和产品的独特宣传，让消费者在觉得宣传形式比较有趣的情况下，增加进店的意愿。

6.2.3　解决经营模式的痛点

传统线下实体店铺中通常都会存在一些难点，这些难点会对店铺的发展造成巨大的阻力。而在这样的店铺中引入智能机器人时，应该不只是考虑为店铺增加新奇感，更应该要解决经营过程中的一些难点和痛点。

例如，许多店铺中可能会出现员工方面的问题：因为店铺对员工的专业素质有一定的要求，所以要招到合适的员工比较难；因为员工具有专业素质，需要通过高薪来吸引人才，所以人工成本过高；人都是有情绪的，部分员工在与消费者的沟通过程中可能会因为情绪与消费者发生冲突。

对于出现上述问题的店铺来说，如果要配备智能机器人，就应该重点考虑能否解决这些问题。

例如，可以选择具有一定行业专业素质的智能机器人，解决招聘难的问题，而商家也无须给机器人发工资，这样一来，人工成本高的问题就解决了。再加上智能机器人是可以控制和设置的，那么它与消费者发生冲突的情况基本上也就不会出现。

6.2.4　产品价格应越来越低

对于商家来说，为消费者提供价格相对较低的产品，可以说是在与同行竞争的过程中取得胜利的一大利器。一方面，许多消费者对于产品的价格还是比较敏感的，同样的产品，消费者就会更愿意在产品价格更便宜的店铺中购物；另一方面，随着生产技术的发展，生产效率提高，市场上该产品的供应情况从供不应求变为供过于求，除非原料成本大幅上涨，否则一部分产品的价格必然会越来越低。

因此，当智能机器人加入产品的制造过程中，企业应该通过一些方法降低产品的生产成本，并在此基础上为消费者提供价格更低的产品。例如，可以通过对智能机器人的精准设置，减少生产过程中不必要的原料浪费，从而通过原料的节省降低产品的生产成本。而在生产成本降低的情况下，商家在产品定价上便具有了更大的选择空间，而为消费者提供价格更低的产品也成为可能。

6.3　智能机器人参与的零售场景

随着 AI 技术日益广泛应用，未来零售场景会越来越奇幻地展现在人们的脑海中。下面我们就脑洞大开，畅想一下机器人参与的未来零售场景吧！

6.3.1　机器人服饰店

时间：2025 年夏。地点：上海南京路步行街××服装连锁店。

小红由于天天加班已经两个月没有出来购物了，今天终于炒了老板鱿鱼。小红决定在南京路步行街把两个月的工资都花掉，于是她进了一家服装连锁店。

进门时，是机器人迎接她："您好，欢迎光临××服饰南京路店。我是迎宾员小宝，您有任何问题都可以咨询我或店内同事，希望您购物愉快，要是您要拍的话，我摆一个好看点的造型……"小红抱了抱小宝，小宝脸红得像苹果一样。

店内的夏装琳琅满目，一个机器人迎面走来："哇哇哇，元代张可久曲云：芙蓉面，杨柳腰，无物比妖娆。形容眼前的美女真是贴切。"

"哪里，哪里。"

"这么好的身材穿什么都好看，您要不要试试我们的 553 种新款式的裙子？"

"好啊！"

机器人说着把胸前的屏幕调整为虚拟试衣模式，小红输入自己的尺码，开始左右滑动屏幕，大部分衣服"穿"在身上都很漂亮，但不够惊艳。一分半钟之后，小红翻完了所有裙子，机器人开始说话："根据您刚才试衣过程中的瞳孔反应和表情反应，我判断 5 号、183 号和 521 号裙子您最有可能喜欢，要不要再对比一下这 3 个。"

"好的！"

对比之后，小红说"521 号吧，下单。你把屏幕调到试妆镜，我看看这件衣服搭配什么色号的口红好看。"

机器人如此照做，之后带领小红到美妆区买了口红和粉底。同样地，小红在店里买好了搭配的鞋子，更换了背了很久的背包。结账时，机器人在屏幕上列出清单，并给了一个可以多种支付方式共用的二维码。

小红走之前，问："今天的服务我非常满意，你叫什么名字。""我叫雷锋。"机器人一挥手，消失在衣架中……

6.3.2　机器人家装馆

时间：2028 年。地点：沈阳××家装体验馆。

最近艾玛很窝火，刚来中国沈阳，但平地多出来那么多熟人，到处都有人叫自己的名字。

艾玛是美国人，从小就希望到中国看看，最近终于被公司派驻到了中国沈阳。刚到沈阳，先到家装馆看看。共有 7 层楼的家装馆，合计面积 5 万多平方米。一楼是顾客休息选购区，艾玛坐下来，机器人端上卡布奇诺和焦糖玛奇朵供艾玛选择。同时中英双语在屏幕上显示了语言选择，艾玛选择了美式英文。

"Welcome，coffee please，how can I help you？"

艾玛选了自己喜欢的卡布奇诺，说："Thanks，I need a small desk，a coach and something."

"OK，desk on third floor，coach on second floor，and you can scan the 3D products here to find what others you need maybe."机器人说着把胸前屏幕调整为产品类目和三维浏览图。

艾玛浏览了一个个动图后，发现这儿的大衣柜做得符合自己的品位，但是不知道放在卧室什么地方合适。向机器人表达了这个困惑后，机器人笑了笑，在身后投影上显示了一个 3D 全息卧室影像，艾玛把它调整成自己卧室的模样，然后把要买的大衣柜"搬"进来，试了好几个位置都不满意，最终只得放弃购买。

接着，机器人带领艾玛去了二层和三层，艾玛选购了自己喜欢的小桌子和沙发，付完款，又去其他楼层逛了逛，然后回家等货物送过来。

一小时后，门铃响了。"哎呀，你家挺偏呀！"

6.3.3　机器人出租车

时间：2035 年。地点：北京七环上。

韩梅梅给了李雷最后一次机会，如果 6 点之前能到雄安新区，并解释清楚和娜娜的关系，也许还会原谅他。李雷 3 点就从 798 艺术区出发了，捧着一束玫瑰花，引来不少行人的目光。

乘过地铁后，到了七环附近，上哒哒叫了一辆出租车，一分钟后，一辆圆形透明车停在了李雷前面，玻璃门自动打开，李雷坐了上去。

“雄安新街 59 号，选择一小时到达，静音模式。”说完，李雷就呼呼大睡。

机器人很安静地开车，虽然已经连续工作了 1322 个日夜，但是它仍然精神抖擞。

京雄大道堵车了，双向十六车道竟然堵得跟停车场一样。这时候出租车的好处就出来了，因为法律规定，私家车不允许开通鸵鸟模式，只允许公交车、出租车等公共交通车辆使用鸵鸟模式。

机器人淡定地按下鸵鸟模式按钮。两条机械腿慢慢地把车子撑起来，车子高 4m 左右，然后两条腿就迈开了，精准地落在路上车辆之间的缝隙中，稳稳当当，李雷睡得更香了。机器人在不堵车的路段开启平地模式，并减缓了速度。

一小时后车子到达雄安新街 59 号，此时已经 5:55，李雷双手捋了捋头发，抱起鲜花就准备下车。

机器人转过头来说：“本次服务收费 1344 元，将在您的信用卡中扣除，欢迎您下次使用。另外，您的鲜花不宜……”没等机器人说完，李雷就匆匆下了车。

李雷最终还是没能求得原谅……

镜头定格在玫瑰花上的小贴纸口红写的字上：From 娜娜。

6.3.4 机器人快递员

时间：2040 年。地点：某小区 3 栋 808 室。

小李是某公司的一名程序员，虽然现在很多工作都由机器人来执行，但是，人们为了获得收入，还是需要工作的。只是现在的工作场所已经由几十年前的办公室，变成了自己的住宅。

而作为一名严谨的程序员，小李向来对工作上的事要求都比较高。像现在手上这个程序，其实早在 3 天前，他就已经基本设计好了。但是，他觉得还不够完美，因此在这 3 天内，这个程序改了数遍。

总经理要求小李在今天下午 3 点之前将程序交过去，而现在已接近中午 12 点，没有时间做午餐了，所以就用外卖平台点了一份外卖，然后重新忙于自己的工作。

可是，点完餐大约一小时，外卖却还没有送上门，他觉得有点饿，就去外卖平台看了一下。在看到外卖员距离自己只有不到 1km 后，他认为再等 10 分钟左右，外卖应该就到了。

这一等就是半小时，他打开门正想发火，却看到这样一幕：面前站着的是一个机器人，这个机器人身上的漆掉了许多，甚至机器人的一个胳膊感觉都要断了。可即便如此，这个机器人身前和身后的盒子却基本上没有出现太大的损坏。

早在 10 多年前，快递员和送餐员的工作便由机器人代替了。现在已经没有送餐员这一说法，大家将这些机器人统一称为机器人快递员。不过为了将需要保持热度的外卖和无须保持温度的普通快递区分开，通常一个机器人快递员身上都会配备两个质量非常好的盒子。机器人快递员身前的盒子内放的是外卖，身后的盒子内则是放普通快递。

此刻，眼前的机器人快递员正一脸抱歉地说："不好意思，让您久等了，路上出了点意外，一快递员哥儿们可能是出了点故障，骑着车往我身上撞。您看，把我的衣服都擦破了，我现在手上都还有点痛呢！"

"哦，你看我这嘴。都让您等了这么久了，我还在啰唆。麻烦您验证个人身份，取走您的外卖。"机器人快递员接着说。

小李听到后，将自己的眼睛靠近了机器人快递员头上的扫描区。

几秒钟后，只听到机器人快递员说："身份确认完毕，李先生，这是您的外卖，请查收。"

随后，只听得"叮"的一声，从机器人快递员身前的盒子里弹出了一个精心包装的小盒子。

小李一把拿过这个小盒子。即便时间过去了很久，他还是能感觉到里面的外卖传来的温度。

见小李将外卖拿到了手上，机器人快递员接着说："对于此次配送超时，我再次向您表达歉意……"

6.3.5　机器人连锁便利店

时间：2045 年。地点：24 连锁便利店 MPS 控制室。

老王抽了一口烟，接着又抽了一口。望着眼前 50 个屏幕里人来人往，感叹："都这个年代了，还有人偷东西，别让我逮到你。"

24 连锁便利店老王看守的门店丢失东西的事情频频发生，上星期董事长在董事会上特意提到这件事，5 万家店，1000 个看守者，只有老王的辖区丢东西，老王恨这月奖金又没了！但是谁偷了呢？

24 连锁便利店是机器人便利店，店内只有两名机器人来回巡逻、导购、收款等，1000 个 MPS 控制室，MPS 通过机器人的眼睛能看到 50 个店的营业情况，公司还有总的 WMPS 控制室，负责监控 1000 个 MPS 监控室。

老王发现丢失的东西只有 3 种：大块锂电池、丝袜和马桶栓。因此老王断定这是一个女小偷，很可能是一个爱穿丝袜的居家妇女。老王在门店蹲守很久，依然一无所获。

一年来，机器人看店从来没出过差错，而且在导购、收银甚至安保等工作中，机器人都非常出色。也因此种模式，24 连锁便利店的成本大大降低，迅速扩张达到了 5 万家的规模。如果偷盗这种事情影响了公司整体的机器人战略，那么将是非常不值的，老王想。

……

镜头切到了 MPS 控制室，案子已经破了。

一个头戴丝袜、手拿皮栓的机器人正被拆下电池报废……

6.3.6　机器人桌面游戏店

时间：2050 年。地点：杭州银泰商城休息区。

狼人杀这个游戏已经火了 30 多年了。狼人杀为什么这么火，社会学家分析这与人类越来越会说谎和欺骗有关，一局狼人杀就是一个社会的缩影，据说联合国教科文组织正在考虑把这一游戏列为非物质文化遗产，因为它是人类文化的精华体现。

银泰商城灯火通明，因为大部分服务员是机器人，所以它的营业时间现在为凌晨 3 点。购物结束，小明和女朋友在休息区坐了一会儿，但时间还早，小明招呼一个机器人过来，询问道："现在我们不想休息了，还可以做什么？"

机器人微微一笑，带着他们来到了游戏区，游戏区的面积很大，10000m^2，到处是人，他们在下棋、玩桌游、打台球、迷你 KTV 唱歌、看书等，而参与者除真人外有一半是机器人，机器人的智能化已经达到可以和人玩任何游戏，而最不可想象的是：机器人可以和人玩狼人杀。

机器人也跟着人的思维学会了欺骗和谎言，而且由于机器人没有表情，说话语调没有高低快慢，因此在游戏中占尽优势。

你听听：机器人小宝发言了，小宝是场上唯一预言家，昨晚查 3 号，给金水，强势要警徽……

6.3.7 机器人销售顾问

时间：2050 年。地点：某会议室内。

这是 A 市 B 品牌办公中心的一个会议室。此刻，会议室内正在就 B 品牌的销售问题进行总结和培训。

此刻，只见一个胸前挂着“销售顾问”铭牌的机器人正在将自己做好的一个 PPT 投影到投影墙上。看到自己的 PPT 打开后，这位销售顾问对眼前坐得整整齐齐的机器人品牌销售和代理说：“今天我们这个会议的主题是《一季度销售情况总结与二季度销售主要调整方向》。”

“我们先来看看第一季度的销售情况。我对 A 市 8 个店铺第一季度的数据进行了整理，大家看我的 PPT。从销售额来看，各店铺第一季度的销售额均值为 894832 元，其中，销售额最高的店铺是 4 店，达到了 1057548 元。上次开会时说过，销售额最高的店铺，店内的所有员工可以获得一天的假期，大家鼓掌祝贺一下。”

它的话一说完，就听到会议室内响起了钢铁碰撞的声音。

“当然，有做得好的，也有做得不好的。通过 PPT 上的数据不难看出，还有 4 个店铺的销售额是低于均值的。尤其是 2 店，在我的印象中，2 店已经多次排在末位了。需要自我反思一下，看看还有哪些地方需要调整。”

听到“销售顾问”这么说，会议室内许多机器人都看向了一个区域，而该区域内的机器人则低着头。

“请大家收回目光，看我的 PPT。下面我们再来分析销售额的增长情况。这是我绘制的各店铺销售额增长情况表格。从数据上来看，与去年第四季度相比，今年第一季度的平均增长速度约为 5%。”

“我记得去年开会的时候，我们定了一个目标，那就是今年第一季度销售额增加 4 个点。而大家完成得明显要比预期的好，在这里我也代表 B 品牌感谢大家这段时间内的辛苦付出。”

“销售顾问”说到这里，机器人们双手拍在了一起，会议室内又响起了一阵钢铁碰撞的声音。

“说到销售额的增长速度，我在这里尤其要表扬一下 1 店。你们店的增长速度接近 7 个百分点，可以说你们店是我们达到预期增长目标的主要功臣。”

……

以上是笔者想象出来的未来消费的 7 个场景，机器人都智能到学会欺骗了，那我们的零售将变成什么样呢？

第 7 章

自助贩卖机：更自由个性的零售时代

这是一个消费者越来越自由和个性化的零售时代。为了顺应消费者的需求，许多商家开始探索新的零售模式。而本章要重点讲解的自助贩卖模式便属于一种新零售模式的探索。

自助贩卖机是自助贩卖模式的重要载体，可以说，要做好自助贩卖，就必须重视自助贩卖机的管理和运营。

- 自助贩卖设备的 4 个核心关注点
- 蚂蚁雄兵：自助贩卖将如何改变零售
- 两个典型案例——友宝和天使之橙

7.1　自助贩卖设备的 4 个核心关注点

自助贩卖设备凭借其占地面积小、易于放置、成本较低和管理方便等诸多优势，受到许多零售商的青睐。市场上开始出现许多类似于 Citybox 的自助贩卖设备。

笔者认为，虽然自助贩卖是一种不错的零售模式，但是要想真正做好自助贩卖却不是一件容易的事。具体来说，在自助贩卖设备方面，需要关注 4 个核心点，即支付方式、场景销售、货品（服务）保障和以消费者为核心的数据获取。下面将分别进行解读。

7.1.1　支付方式

与一般的零售店不同，商家借助自助贩卖设备销售产品时，整个销售过程都是通过自助贩卖设备来完成的。但是，商家不可能将商品送给消费者，而商家又不能直接为每台自助贩卖设备配备一个收银员（如果配备专门的收银员，那么就不能称为自助贩卖设备了）。

那么应该怎么解决这一问题呢？对于这一问题，最简单、直接的解决方式就是在自助贩卖设备上为消费者提供一些支付方式，让消费者可以通过自助贩卖机自由、便捷地购买自己需要的东西。

有哪些支付方式可以供自助贩卖设备选择呢？传统自助贩卖设备的支付方式通常就是现金支付。消费者要想通过自助贩卖设备购买商品，需要先向自助贩卖设备中投入一些现金。

通常来说，这一类自助贩卖设备对现金的识别能力比较有限，所以消费者只有投入特定面额的现金时，才能被识别。这就要求消费者在购买商品之前，必须先准备特定面额的现金。

而近几年来，随着电子支付技术的发展，越来越多的人习惯用微信、支付宝等进行支付，许多人甚至出门都不带现金了。因此，如果自助贩卖设备还是只能识别特定面额的现金，那么可能会让许多消费者因为身上没有满足条件的现金而放弃继续购买商品。所以，为了更好地方便消费者购物，商家最好在自助贩卖设备中配备电子支付功能。这样一来，消费者使用自助贩卖设备进行消费的门槛变低了，购买商品也会变得更加便捷。

例如，现在大多数人都会用微信和支付宝进行支付，商家便可以利用这一点，在自助贩卖设备中配备微信和支付宝支付功能。如果消费者要购买商品，只需在选择商品后，用微信或支付宝扫码支付便可以购买商品，这样消费者购买商品自然会变得更加便捷。

7.1.2　场景销售

场景销售就是在特定场景为消费者提供销售服务，让消费者在需要购买商品时，能够方便、快捷地找到购买的渠道。这就要求商家将自助贩卖设备放置在靠近消费者需求场景附近。

例如，大学宿舍为了加强对学生的管理，也为了避免晚上有小偷潜入，通常会定点关上大门，但是，有的学生为了学习、玩游戏或者看影视剧，可能会熬夜，以至肚子饿，想要买一些东西果腹。在这种情况下，在大学宿舍内便形成了一个需求场景。那么，商家应该如何做才能满足这些消费者的需求呢？其中，比较直接的一种方法就是在宿舍楼内大门的入口附近摆上几台自助贩卖机。学生肚子饿了，想买东西果腹，只需自行购买即可。

从上面这个例子来看，通过自助贩卖设备进行场景销售似乎只需要将自助贩卖机摆在那里就可以了，这好像是一件再简单不过的事。然而，在实际操作过程中，会发现并没有想象中那么容易。为什么这么说呢？因为商家在放置自助贩卖设备时，面临的消费场景往往会比这复杂得多。大多数商家都不会将自己的自助贩卖机仅仅放置在大学宿舍内。一方面，是因为大学的数量比较有限，商家能够挖掘的市场潜力比较有限；另一方面，大学生的消费力有限，而且自助贩卖机内的商品通常会比便利店内的商品要贵一些。部分大学生为了避免晚上肚子饿没东西吃，通常都会进行食品储备。还有一部分大学生为了省钱，宁可挨饿也不会去自助贩卖机买东西。

因此，如果商家想要将品牌做大，还要通过一定的场景销售策略，借助自助贩卖设备满足更多消费场景的需求，从而增加自助贩卖设备的商品销量，提高商家和品牌的总体收入额。

笔者认为，商家在借助自助贩卖设备销售商品时，通常有两个可供参考的策略：一是在特定场景中放置自助贩卖机，提高销售的针对性；二是尽可能地增加自助贩卖机的放置数量和覆盖面。

所谓在特定场景中放置自助贩卖机，就是通过前期市场调查，分析自助贩卖机中商品的主要消费者所在的场景，然后将自助贩卖机放置在这些符合调查结果的特定场景中。

例如，出售饮料为主的自助贩卖机可以选择放置在商场、办公楼和学校等人群相对密集的地方。因为人渴了就会对饮料有需求，而人群相对密集的地区，对于饮料的需求量通常也会比较大。

而尽可能地增加自助贩卖机的放置数量和覆盖面，这一策略比较容易理解，商家只需通过增加自助贩卖机的放置数量，让消费者在有需求时，一眼扫过去就能看到自助贩卖机即可。

这与共享单车的营销思维是相似的，如果你的自助贩卖机能够像共享单车一样让消费者放眼望去就能看到，消费者只要有购买需求，自然就会前来购买。而如果你的自助贩卖机在很大范围内都看不到一个，那么，消费者在寻找自助贩卖机的过程中只要看到便利店，便不会再去寻找自助贩卖机了。

当然，自助贩卖机的放置数量，也不能随意增加，而应该尽可能地将自助贩卖机放置在有需求的场景中。这就要求商家在放置自助贩卖机时，必须进行必要的市场调查，选好自助贩卖机的放置位置。

7.1.3 货品（服务）保障

自助贩卖机毕竟只是一个机器，它在消费者购物的过程中，只是充当购物渠道的角色。消费者在通过自助贩卖机购物时，真正需要的并不是一台能够正常工作的自助贩卖机，而是一台拥有能够满足其消费需求的货品（或服务）的自助贩卖机。也就是说，商家应该确保自助贩卖机中货品（或服务）的充足。

那么怎样确保自助贩卖机中货品（或服务）的充足呢？笔者认为主要有两种方法：一种是对自助贩卖机内中的货品（或服务）定期进行补充；另一种是通过对销售数据进行监控，及时补充。

通常来说，对自助贩卖机内中的货品（或服务）定期进行补充一般用于传统贩卖机的运营过程中。因为在传统贩卖机中，商家并不能实时了解自助贩卖机中货品（或服务）的销售情况，所以需要通过前期对货品（或服务）的销售情况进行记录，选择一个特定的周期，定时对自助贩卖机中的货品（或服务）进行补充。这种方法是比较麻烦的，商家必须先对货品（或服务）的销售情况进行分析，然后根据分析选择合适的货品（或服务）补充周期，而且因为消费者对货品

（或服务）的需求并不是恒定不变的，所以商家经过分析得出的补充周期也不一定是准确的。

而通过对销售数据进行监控则通常应用于智能自助贩卖机中，这些自助贩卖机会将货品（或服务）的销售情况实时反馈给后台，商家只需要查看相关数据便可以快速了解自助贩卖机中货品（或服务）的库存量。如果库存即将告罄，那么商家只需及时补充即可。

在笔者看来，为了保证货品（或服务）的充足，配备能够监控销售情况的自助贩卖机相对来说会更好一些。这不仅能够更加实时、准确地了解货品（或服务）的销售情况，还能够更及时地进行补充，而且商家只需通过后台便可以了解数据，无须花时间去记录数据、进行实地查看，这样的销售管理模式效率无疑会更高一些。

7.1.4　以消费者为核心的数据获取

这是一个消费者主导的新零售时代，店铺和零售企业要想在这个时代中获得快速发展，就必须以消费者为核心，顺应潮流，为消费者提供更好的产品和服务。那么，如何才能做到以消费者为核心呢？首先要通过数据的获取，明白消费者真正需要的是什么。

对于通过自助贩卖设备进行新零售营销的商家来说，消费者的相关数据需要借助自助贩卖设备来获取。而当前大多数自助贩卖设备通常都只是简单的记录销售和库存数据，这虽然能对判断消费者的购物偏好提供一些依据，但是，对于深入分析消费者来说，显然还是不够的。

那怎么办呢？笔者认为，商家可以借助自助贩卖设备来获取更多消费者的个人信息和相关数据。

例如，可以通过有奖调查问卷的方式，通过让消费者扫描自助贩卖设备上的二维码，给消费者发送调查问卷，并告知消费者完成调查问卷可以获得一定的福利。这样一来，消费者参与调查问卷的积极性提高了，而商家借助调查问卷则可以获取更多消费者的个人信息和相关数据。

又如，可以将自助贩卖机与微信公众号绑定，消费者要想在自助贩卖机中购买商品，必须先关注微信公众号。而当消费者关注微信公众号后，商家便可以通过查看后台的用户画像，获取更多与消费者相关的数据。

7.2　蚂蚁雄兵：自助贩卖将如何改变零售

仿佛一夜之间，人们身边冒出了各种自助零售设备。而在 2011 年，全中国仅有 2.5 万台自助贩卖机，而且不为大众所知——它们大多被安置在长三角、珠三角地区的工厂里，为购物不便的工友提供服务。

7.2.1　一个新兴的百亿级市场

机会出现在 2016 年。以微信、支付宝为代表的移动支付普及，自助贩卖机的支付场景更为便利，开始被广泛应用在商场、影院、景点等人流密集场所。截至 2016 年年底，全国自助贩卖机运营量猛增至 19 万台，甚至当时有调研预测，**2017 年数量会继续增加至 30 万台，销售额将破百亿元。**

爆发的不只是贩卖包装饮料和零食的传统自助贩卖机，还有各种新型自助设备。自助机器遍地开花，成为零售行业的现象级事件。

2016 年下半年，自助消费的迷你 KTV 悄然出现在商场和高校中，迅速吸引多个玩家入场，半年时间内就在全国布点超过万台。与之类似的还有自助橙汁机、咖啡机、生鲜贩卖机、抓娃娃机，都呈现爆发式增长，甚至上游品牌企业也要来分一杯羹。

2016 年年底，农夫山泉所属自助贩卖机已投放 3 万台（从投放贩卖机数量来看，农夫山泉紧追友宝，已经是中国第二大自助贩卖机运营商）；娃哈哈则在近期宣布要投 20 亿元入场，计划在全国投放 10 万台自助贩卖机。作为农夫山泉和娃哈哈的“老前辈”，可口可乐公司早已在全世界拥有 50 万台自助贩卖机。

7.2.2　有效的门店会“扭曲”空间

如果从提供的商品（服务）看，自助零售设备并无优势。自助贩卖机内装着任何小店都有的可口可乐，从橙汁机往前再走 700m 就有鲜榨果汁店，迷你 KTV 无非是把传统 KTV 的设备小型化，抓娃娃机甚至只是从电玩城搬到了公共场所。

本不新奇的商品（服务），换成机器贩卖，怎么就特别火了呢？真正让事情发生质变的，是零售业从“门店聚客”到“密点截流”的获客思维的重大转变。

经典的零售理论是人、货、场（新零售其实是“捡”起了老话题），即在特定空间把商品交付给客户，这个空间就是门店。空间的价值，不仅是容纳人和货，还要制造出一个有聚客效应的“场”。

怎么理解这个看不见摸不到的“场”呢？有实际门店操作经验的人都知道，不管选址在多么成熟的商圈，作为一家新店，都需要“养”。虽然自然客流每天从门前过，但不是因你而来，一个没有自主聚客能力的空间，不叫“场”。

聚客能力，就是门店对顾客的吸引力。相对论对引力的解释，是有质量的物体扭曲了周围的空间，于是较轻的物体会不自觉地向它靠近。

所以，在零售业发展早期，大家都热衷于开大店。店越大，在商圈里越醒目，引力效应越强。这和当时人们的消费特点也有关系，需求是扎堆的，客流如开闸放水，忙时特别汹涌，闲时一点也无，店越大，越能在客流高峰期承载消化。因为大家都集中到周末、年节这样的时点购物。

“场”和面积虽然不是一回事，但有内在联系，在租金越来越高的今天，这是门槛极高的一个零售元素。

更重要的是，购物不再是人们的生活重心，这从根本上提高了“聚客”的难度。老牌百货商场闻名全城，依然是黄金位置的地标，陈列翻新，节庆不断，也挡不住客流持续下滑。

新一代购物中心，餐饮占比最大（40%），其次电玩、健身、网咖、唱吧，最后才是百货和服装。因为**单纯的购物已经难以“聚客”，社交成为现代人的生活重心。即使品牌号召力强大如苹果，最近也在尝试把他们“高大上”的体验店彻底改造成社交场所，用以留住顾客**。

也就是说，用门店“扭曲”空间，让客流向你走来，会变得越来越困难，越来越昂贵。如果你卖的不是苹果这样高关注、高毛利的商品（如快消品），利润无法支持你造“场”，那么，无论是 $10m^2$，还是 $100m^2$ 的店面，从“场”的价值来看，都等于质量为 0 的一个点。

7.2.3　以时间换空间的“蚂蚁雄兵”

既然门店越来越无法提供应有的价值，能否放弃造“场”，用新的方式获取客流呢？自助贩卖机就开创了一个新的生意逻辑，把战斗堡垒式的门店分解成蚂蚁雄兵，用低成本的方式密集布点、24 小时营业（以时间换空间），将碎片化客流重新整合利用起来。这也是调皮电商在大零售中提倡的“分解”“渗透”。

自助贩卖机从人货场的经典零售理论中，拆解出最核心的货物交付环节，只保留了顾客、商品和一个客流触点（自助贩卖机）。用更有成本优势的自助贩卖机，取代了传统的店租和人力。

例如，原本30m^2的鲜榨果汁铺位，可以置换成在6家同档次商场布放30台自助橙汁贩卖机，一台一天最高可卖出200杯橙汁，按15元一杯计算，日营业额就是9万元——在传统店铺形态中，只有最近爆红的喜茶可以与之媲美，其上海店的日销售为4000杯，营业额为8万元；不过，喜茶的单店面积都在100m^2左右。

渠道的裂变效应，不仅源于渠道数量的改变，还与“场”和“点”的性质有关。“场”通过扭曲空间产生引力，但也给消费者造成了心理压力，尽管从门口路过，“进店”对消费者来说也会是一件有压力的事。而只要消费者不进店，销售就不可能达成。

相比之下，自助贩卖机让人非常放松，只要从旁边经过，人们都能毫无压力地放慢脚步，从容地从中获取商品信息。**通过消费者主动触发，自助贩卖机变成了流量自然转化的触点，在周边剑拔弩张的商业氛围中反而获得很多人（尤其是社交焦虑者）的青睐。**

把渠道分解、渗透的做法，尤其适合以快消品为代表的流量商品（服务）。因为快消品是提示性消费，所以无须复杂的消费决策，谁能把消费流程缩短（便利化是核心需求），谁离用户最近，谁就有最大的竞争优势。用这个原则回看上面爆发的自助零售项目，也可以得到验证。

7.2.4 布点的争夺也变得格外激烈

随着各种自助零售设备的兴起，布点的争夺也变得格外激烈。以抓娃娃机为例，仅北京地区就已投放1.4万台，业内人士表示“可以放的地方几乎都放满了”。

自助设备的布点主要有两大考虑：一是营收考虑，人流、销量和维护成本；二是防损考虑，是否能保证设备和货品（以及收银现金）的安全。

综合这两点，满足条件的基本是具备安保措施的公共室内空间，包括商场、剧院、企事业单位、地铁站、高铁站、飞机场等。但这些地方的空间是有限的，而且进入门槛也相当高（这意味着高租金）。为了突破布点的“天花板”，已经有人在考虑室外布点。

例如，在高端封闭社区的户外布点，把自助购物设备扩大为小型便利店，增加门禁系统，实名认证进入，自助扫描结账。

业内人士指出，如果要在户外布点，只能寄希望于防撞玻璃的坚固程度、摄像头监控、联网报警和所在区域治安。但若参照银行柜台的防撞玻璃，生产成本和运输成本（相比普通玻璃重很多）都会大幅增加。而且即使采用了防撞玻璃，也要谨慎考察布点区域。如果所在地治安不好，甚至可能出现犯罪分子用大型机械（叉车、卡车）直接拖走设备的暴力犯罪。

可见，随着自助购物设备的商家蜂拥而至，线下布点的争夺仍将是竞争焦点。掌握渠道资源的人，可能是最大赢家。**无论是传统自助贩卖机，还是自助橙汁机，或是抓娃娃机，其成功都来自线下的精心布局。**

1. 传统自助贩卖机

中国最大运营商友宝，在全国一线城市及重要城市拥有 57000 台自助贩卖机，市场占有率约为 30%，盈利方式包括销售收入、渠道代理、广告等。2016 年 2 月在新三板上市。2016 年财报收入为 15.76 亿元，净利润为 9260 万元。

2. 自助橙汁机

维果部落（天使之橙、5 个橙子）在 60 个城市布点 2000 台终端，报道称杭州银泰百货 3 台贩卖机在一个周末创造销售峰值 683 杯。估算每台机器每月固定成本 2000 元，单机年毛利 14 万元。恒纯紧追其后，在全国 160 个城市布点 1800 台终端。

3. 抓娃娃机

星奈吉、娃娃攻略等 4 家大厂家在北京直营抓娃娃机生意，两年来逐步在各大商场、影院、游乐场等消费场所累计投放 1.4 万台抓娃娃机。报道称机器成本为 1000～8000 元，场地租金每台每月数百元，抓取率可自设，200 元的娃娃可让一台机器撑一个星期，人工成本忽略不计。90%的抓娃娃机可在 2～5 个月回本，行业平均盈利水平为每月每台 5000～6000 元。

7.3　两个典型案例——友宝和天使之橙

许多商家可能觉得借助自助贩卖机进行销售是一种不错的模式，但是自己没有经验，不敢轻易进行尝试。下面通过两个典型案例来学习自助贩卖机的成功运用经验。

7.3.1　友宝：智能自助贩卖机＋迷你 KTV

每个行业都有一个走在前列、实力超群的品牌或平台，如手机行业的苹果、电商方面的天猫等；而在自助贩卖行业中也有一个“龙头老大”，它就是友宝。

1．以规模取胜

自 2010 年开始，友宝放置的自助贩卖机数量不断增加，其自助贩卖机总装机数量在 2017 年便超过了 20 万台，它的自助贩卖机数量接近全国总量的一半，也就是说，国内两台自助贩卖机中就有一台来自友宝。而友宝之所以能够成为行业的“龙头老大”，与它的规模也有着密切的关系。

其实，在许多零售商看来，要将一个品牌或企业进行规模化的经营和管理并不是一件容易的事。为什么这么说呢？

当你只是作为一个个体户经营时，如果有资源渠道，则只需购买自助贩卖机放置在线下即可。因为自助贩卖机占用的空间比较小，租金相对较低，而且因为规模比较小，只需要在闲暇时补货即可，管理比较简单，基本上没有运营费用。所以在这种情况下，要通过自助贩卖机赚钱就会比较简单。

但是，当规模做大后，就必须进行企业化运作，而不能再像小规模经营那样随意了。因为规模扩大，需要花费更多管理成本，如物流配送、员工社保和车辆维护的费用等。

这样一来，当你在线下设置的自助贩卖机在 100 台左右时，管理比较方便，成本比较低，可能是比较容易获得盈利的；当你在线下设置的自助贩卖机在 500 台左右时，你需要对自助贩卖机进行规模化管理，管理成本比较高。而在这种情况下，要想盈利就比较困难。

那么是不是自助贩卖机行业就应该小规模运营，而不应该进行规模化运营呢？答案是否定的。

这又是为什么呢？因为当自助贩卖机的数量达到一定规模后，不仅自助贩卖机能实现全面覆盖，而且分布的密度也会比较大。而当自助贩卖机达到一定密度后，需要的仓库和物流人员便会大幅缩减，这样一来，运营费用自然就得到了控制。

因此，友宝认为，如果企业达到一定规模后，却不能盈利，很可能是因为规模还不够大。那么，自助贩卖机行业应该怎样提高企业规模呢？

通常有两种方法：一种是纵向深入，通过增加现有业务的自助贩卖机数量，提高企业在行业内的市场份额；另一种是横向扩张，通过业务扩展扩大企业的服务范围，并在此基础上增加自助贩卖机的规模。

而友宝则是将这两种方法结合，一方面，友宝自助贩卖机原本主要是向消费者提供饮料的，近年来，其在线下放置的饮料类自助贩卖机数量不断增加；另一方面，友宝开始将业务扩展到智能快递柜、无人便利店和迷你 KTV 等领域。

2. 涉足迷你 KTV

迷你 KTV 飞速发展，一方面是因为对于消费者来说，相较于去 KTV 开包厢，在迷你 KTV 中唱歌会更方便；另一方面是因为有时候消费者可能只是突然想唱歌了，又没有人一起，或者就想一个人唱歌。此时，迷你 KTV 便是不错的选择。

正是因为看到了迷你 KTV 的发展潜力，友宝开始将迷你 KTV 作为一大扩展业务，甚至于 2017 年用 1.2 亿元收购了一个迷你 KTV 公司 20%的股份，并通过“智能自助贩卖机＋迷你 KTV”的方式推出了“友唱”。

当然，迷你 KTV 的毛利通常比较高，有的迷你 KTV 的价格甚至可以达到 1 元/分钟，如果能够保证足够的流量，要赚钱还是很容易的。但是，迷你 KTV 通常要设置在核心商圈中，而且其占地面积也要比一般自助贩卖机大一些。这便提高了迷你 KTV 的获利难度。

虽然迷你 KTV 的运营模式还需要通过时间来验证，但是目前“友唱”还是比较成功的。许多人在看到“友唱”后，都会觉得比较新奇，并有进去一试的想法，而且“友唱”还凭借其人气获得了“年度购物中心关注人气品牌”大奖。

3. 关于盈利的思考

零售行业的核心问题永远是盈利，而对于凭借自助贩卖机赚钱的企业来说，如何更好地盈利就成为一个需要不断探索的问题。

友宝在看待盈利这一问题上，有着自己的想法。友宝 COO 陈昆嵘认为，自助售货企业的盈利可以分 3 步进行：第一步是设置自助贩卖机，通过销售赚钱；第二步是在自助贩卖机上提供广告位，通过播放广告赚钱；第三步是探索物联网 O2O 模式，通过电商布局赚钱。

当前，友宝的盈利模式主要停留在通过广告赚钱这一步，甚至它在亏钱卖货。知道友宝在这种情况下是怎么盈利的吗？它是通过提供广告位来赚钱的。而且从2017年的数据来看，友宝的广告收入便超过了4亿元。

7.3.2 天使之橙：改造供应链的贩卖机

每个从事自助售货行业的品牌使用的贩卖机都不尽相同，而如果你的贩卖机比别人更具优势，那么你便更容易比别人获得成功。例如，天使之橙的成功便得益于其非同一般的贩卖机。

人们看到的贩卖机大多数都只是充当一个买卖的平台，商家将商品摆放到贩卖机中，保证库存，等待消费者前来购买。而消费者则在有需求时，支付一定的金额，从贩卖机中获取商品。这种贩卖机无疑是比较低端的，因为商家只是单纯地将它作为一个买卖的机器。

而天使之橙与普通贩卖机的不同之处就在于：它更多地参与了产品的销售环节。不仅用于榨汁的橙子等水果可以自己承包和供应，而且也可以将橙子等水果放入贩卖机中，让贩卖机变成榨汁机，直接参与商品的生产。

也正是因为天使之橙贩卖机及其销售模式的独特性，让它在与其他贩卖机的对比中具有许多优势。

1. 成本可控

与一般自助贩卖品牌不同，天使之橙参与销售和生产的环节更多，而且这些环节都是由天使之橙独立完成的，不必依赖其他公司。在这种情况下，天使之橙无疑有更大的选择空间，而其橙汁等饮品的生产成本自然也会更加可控。

2. 口感良好

许多饮品类贩卖机都是直接为消费者提供已制造完成的饮品，这样做虽然能够让消费者从贩卖机中更快地获得饮品，但是，因为制造完成的饮品存放时间相对来说比较长，饮品的口感很难得到保障。

而天使之橙则是直接将橙子放在贩卖机中，当消费者购买时，当场榨汁，并且贩卖机内的橙子也是定期进行更换的。这样便可很好地保证原料的新鲜，为消费者提供口感更好的橙汁。

3. 让人放心

许多消费者不喜欢在贩卖机中买饮料，因为不知道其中的饮料放了多久，而且也不知道有没有添加剂。这一点很好理解，毕竟没有亲眼看见生产过程，很难让人对生产出的饮品放心。

但是，因为天使之橙是现场榨汁的，消费者甚至可以看到贩卖机内的橙子，见证橙汁的生产过程。在这种情况下，消费者对于天使之橙提供的橙汁自然会更放心。

第8章

无人便利店：掘金无人值守零售市场

许多零售业从业者觉得传统便利店越来越难做了。一方面人工成本不断增加；另一方面传统零售店数量庞大，竞争激烈，要想从众多的便利店中脱颖而出并不是一件容易的事。

正是因为传统便利店要获得成功变得越来越难了，所以，许多零售业从业者开始探索无人便利店，试图借此掘金无人值守零售市场。

- 无人便利店：从10分钟购物缩短到5分钟
- 经营模式：无人便利店的五大经营模式解析
- “三问”无人便利店，3个月可见“生死”
- 五大无人便利店系统，实现生意腾飞

8.1　无人便利店：从 10 分钟购物缩短到 5 分钟

相比店铺型便利店，自助购物的无人便利店的竞争力是更进一步的便利性：从街边购贴近到楼下购；从 10 分钟来回缩短到 5 分钟来回。也正是因为如此，许多消费者都将无人便利店作为重要的购物渠道。

8.1.1　无人便利店的八大优势

人是理性的动物，人们之所以要做某件事，一定是有原因的。那么，许多零售品牌为什么要做无人便利店呢？这主要是因为无人便利店的诸多优势。在我看来，无人便利店主要有八大优势。

1. 成本较低

与传统便利店相比，无人便利店在成本方面的优势可谓是显而易见的。传统便利店中可能需要配备导购员、收银员等。一个便利店的员工可能就要 5 人左右。而**无人便利店中则不需要配备任何导购员，甚至是收银员，这便大大地节省了店铺的员工成本**。

2. 选址优势

传统便利店通常会设置在人流量较大的位置，这样做虽然便利了便利店附近的消费者，但是，对于部分距离较远的消费者来说，从自己家里到这些便利店去购物，可能会比较费力。

而无人便利店因为人力成本低，而且店面的面积通常也比较小。所以，各大社区门口、百货商场、写字楼、学校、商业区和步行街等都可以铺设店铺。这样一来，无人便利店在选址方面的优势就比较突出了。

3. 方便快捷

无人便利店的方便快捷是多方面的。从购物距离来看，无人便利店往往更靠近消费者的住所，消费者想要进店购物非常方便；从购物过程来看，消费者只需自行选择商品即可，无须面临不必要的推销；从付费结账来看，许多无人便利店中都可以通过支付宝和微信等进行自助结账，甚至在通过出入口时便可以自动结账，省去排队结账的时间。

4. **形式丰富**

无人便利店的形式非常丰富，它既可以像传统便利店一样，在人流相对密集的地方开设一个面积比较大的店铺；也可以像一个盒子一样，在某个广场或公园内，用几十平方米开设一个小型店铺。零售商在开设店铺之前，只需根据自身需求进行选择即可。

5. **长期营业**

传统便利店的员工需要休息，但是无人便利店中可能并不需要员工。所以，无人便利店正式营业后，只要适时补充货物，便可以 24 小时、全年无休地进行长期营业。

6. **便于管理**

无人便利店的管理可以说是非常方便的，它可能不需要导购员和收银员，而只需要一个供货员就可以了。再加上商品数据的可视化管理，商家可以知道哪些商品需要补货。在这种管理模式下，一个人甚至可以管理多个无人便利店。

7. **数据助力**

通过商品的拿起率和销售量，商家可以判断哪些商品的需求量是比较高的，然后针对性地进行提供；通过查看店铺商品的库存状况，商家可以及时进行补货；通过对消费者数据的收集，商家可以绘制准确的消费者画像，进行针对性的营销。

8. **科技赋能**

无人便利店中科技的赋能是多方面的，从商品供应来看，零售商可以通过对销售数据的分析，了解消费者的购物偏好；从购物体验来看，自助结账和自动结账的方式大大提高了购物的效率。

8.1.2 无人便利店的选址技巧

在上海落地的缤果盒子，显然不是其典型消费场景。下一步，要做到**比便利店更贴近消费者**，势必要进社区、商务区、校园。这将面临决定该模式生死的一道关卡：选址。

在“调皮电商”（原“调戏电商”）的付费内容中，有一篇深度分析自助贩卖的文章。该文中就提到，门店要选到合适的店面不容易，自助设备布点同样是竞争焦点。

对主要在商场、剧院等公共室内布点的小型自助贩卖设备来说，“可以放的地方几乎都放满了”；缤果盒子虽然突破了室内场景，可以在室外布点，但室外选址的门槛和难度其实比室内更高。

除非特批，市政公共空间是不可能允许缤果盒子这样的“违章建筑”存在的。那么，就只剩下物业单位自管的室外空间，如社区、商务区、高校的室外空地。

与这些地方的物业打交道并不容易，缤果盒子对一部分业主来说是“便民设施”，对另一部分业主可能是侵占公共用地，即使物业想赚这份租金，也不得不考虑业主的反应。**越是高端物业，越不会轻易同意引进商业设施。**

8.1.3　无人便利店的防损管理

小型自助贩卖设备之所以挤破头都要在室内布点，就是因为室外的偷盗和人为损坏风险太大了。缤果盒子敢于在户外布点，不是“体积更大”就能成立的。它要求有更抗冲击的外表（如外墙采用防弹玻璃，这样生产运输成本就要上升）和更可靠的防盗措施。

无人便利店眼下是一个吸引眼球的新鲜事物，很多人会因为具有新鲜感而去体验。但任何一种零售形式，长久的吸引力都来自商品和运营，这恰恰是缤果盒子当前的短板。

当然，更核心的问题在于，如果说无人便利店是介于自助贩卖机和店铺型便利店之间的新业态，那么它又如何在这两者的夹缝中获得发展呢？

自助贩卖机可以做到离消费者最近（办公室场景下仅有几米），SKU 在 50 个以下，满足最频繁、最迫切的需求；无人便利店可以做到就在消费者楼下（5 分钟来回），SKU 为 300～800 个，基本满足日常所需；店铺型便利店可以做到在消费者附近（10 分钟来回），SKU 为 3000～5000 个，满足日常所需并提供丰富的生活服务。

无人便利店对应的 5 分钟便利需求是否广泛存在呢？**相对自助贩卖机和店铺型便利店，它能否打磨出独特的产品组合，适应 5 分钟便利场景下的需求，这才是其生存的根本。**

8.2　经营模式：无人便利店的五大经营模式解析

无人便利店的经营模式大致可以分为 5 类，即盒子型、货架型、店铺型、销售柜型和自助社区店模式。

8.2.1　盒子型：缤果盒子、Takego、Eatbox、Moby

盒子型经营模式是指通过小面积的店面进行经营的无人便利店。目前，通过这一模式进行经营的无人便利店主要包括缤果盒子、Takego、Eatbox 和 Moby。下面我将重点对缤果盒子进行分析。

国内首个无人便利店“缤果盒子”，于 2017 年 6 月在上海落地（而且一口气就是两个），引发多方关注和好奇。

据我所知，缤果盒子是广东 O2O 水果电商缤果水果的转型创业项目，原本是为解决自身流量入口和配送时效的创新版“电商自提柜”，主要安置在高端社区内，实名认证进入，自助消费。在中山运营半年后，他们的商品由生鲜逐渐扩展到食品饮料、日用杂货，与小型便利店接近。

在便利店正处于风口的时候，资本关注度颇高，但碍于店面、人力、供应链的重投入，让很多人望而却步。

而缤果盒子与其说是便利店，不如说是大型自助购物设备。与自动贩卖机、迷你 KTV 一样，它轻量化、可快速复制，根据缤果盒子加盟信息中给出的数据表明，单个盒子的投资为传统便利店的 25%，运营成本为传统便利店的 15%。这样为资本量身打造的“好项目”，从一开始就备受关注。

据业内人士透露，他们曾在早期接触过缤果盒子团队，表示了投资兴趣，但对方要价太高（四五家店就要价 1 亿元），未能谈妥。

走出广东，落地上海，也是因为缤果盒子终于等到了对的买家——有报道称，其得到了欧尚和高鑫零售（大润发母公司）的投资。在上海落地的这两个盒子，正是分别位于欧尚总部（杨浦）和大润发总部（闸北）门口的停车场上。

不少便利店从业者误把其当作竞争对手（很多报道都是按这个逻辑引导），从产品结构、供应链、用户体验等维度横向比较，不看好的占绝大多数。

但就像上面说的，缤果盒子并不是传统理解的便利店（零售）生意，而是大型自助购物设备的运营商。这一点，缤果盒子 CEO 陈子林在接受采访时已明确提出，但都被有意无意地忽略了。

从缤果盒子设计的三大盈利点（销售差价、针对厂商的上架陈列费用、媒体广告收入）可以看出，它模仿和对标的是国内最大的自助贩卖设备运营商友宝。

不是对手，难道是合作伙伴？确实有这种可能。迷你 KTV 的投资方中，就有传统 KTV 的身影，前者的曲库、点歌系统都由后者提供。迷你 KTV 其实是传统 KTV 适应碎片化消费场景的新型渠道。

正如缤果盒子落地上海的两家无人便利店，商品和陈列都是欧尚和大润发在支持。缤果盒子只是提供自助购物的解决方案——一个带监控门禁和自助结算系统的“盒子”，零售最核心的供应链能力，它其实并不具备。这也是为什么缤果盒子在招募城市合伙人时特意标注，有供应链资源的优先考虑。

一方面，是连锁便利店有供应链资源，却限于门店的稀缺性和重投资，无法快速扩张；另一方面，是缤果盒子有轻量可复制的模式，但没有供应链，无法单独走下去。如果两方合作，在便利店风口上，是有望快速跑出来的。

从这个角度来看，欧尚、大润发这样的大卖场还不是缤果盒子最理想的合作伙伴，但至少能在商品和供应链上支持其在全国落地扩张了；否则，以缤果盒子自己的供应链水平，只能永远困在广东中山。

8.2.2　货架型：每日优鲜便利购

货架型无人便利店就是指以货架的形式进行销售的一种无人便利店。下面要介绍的每日优鲜便利购便属于这一类无人便利店。

2017 年年底，无人货架领域迎来一个重磅消息，每日优鲜便利购宣布完成 2 亿美元 A+B 轮融资，其中腾讯领投 A 轮合计 5300 万美元，元生资本、时代资本、KTB 跟投；鼎晖领投 B 轮合计 1.44 亿美元，北极光创投、启明创投、君联资本、微光创投、光源资本跟投，光源资本担任独家财务顾问，这是迄今为止，无人货架领域获得的最大金额的融资。

2 亿美元（13 亿多元人民币）几乎是半年来整个无人货架行业融资总额的一半，如此巨额的融资，必然对行业产生颠覆性的影响。

无人货架行业一直毁誉参半，大家都为这个行业能否撑得过一年而“提心吊胆”，腾讯为什么在这个时候站队每日优鲜便利购呢？

我在此用的词是腾讯站队，而不是每日优鲜便利购站队。很多初创公司做大之后，都会面临一个问题，BAT 究竟站队哪一边？但是，无人货架行业很奇特，需要巨头们思考，应该站队哪一边。

当腾讯去思考如何投无人货架时，一定会把这个行业的领头羊全部看一遍，每日优鲜便利购、猩便利、果小美、哈米、领蛙等，最后发现，还是应该投每日优鲜便利购。因为腾讯已经给每日优鲜领投 3 次，其在生鲜电商领域的“厮杀”中已然胜出。

同时，每日优鲜便利购的时间也挺早，铺的点位数也在第一阵营，更重要的是，跟其他商家比起来，只有它是有现成供应链可以成熟使用的，其他商家都要重建。

所以，没有必要再去扶持另一个团队跟自己的明星标杆竞争，何况，这个行业是一个“烧钱”的行业，最终能留下来的商家有限，谁能快速做到行业第一，就相当于建立了强大的壁垒。

因此，腾讯要么不入局无人货架，要入局，最好的选择就是每日优鲜便利购。腾讯选择每日优鲜便利购后，竞争形势必然生变，问题就留给了其他几家巨头。

京东有自己的无人智能柜，阿里也与美的合作了小卖柜，进军无人货架，而顺丰也有“丰 e 足食”，只不过，这几家目前规模有限。规模略微大一些的，还有猩便利、果小美等。

大家的眼光都是一致的，都认识到办公室场景这个强大的流量入口，人群至少在 1 亿以上。

不过，在腾讯领投每日优鲜便利购后，上述几家都会面临艰难的应对，毕竟，13 亿元的投资，几乎是行业融资总额的一半，对行业的压力是很明显的。

聊完巨头的布局，再来看看行业的格局。在无人货架行业刚诞生 6 个月的时候，根本谈不上格局已定，一切都在变动之中。

但是，腾讯领投 2 亿美元，代表着该行业的资源越来越向头部聚焦，对于中小商家来说是不利的。其原因并不是多少钱的问题，而是供应链的效率问题。

关于铺设点位，只要商家有钱都可以去铺，但是，商家又如何能保证补货的稳定性呢？如果你的货架上天天都是泡面、饮料，复购率必然特别低；如果货架经常断货，也培养不了用户习惯。

其实，铺设点位是无奈之举，却也很有价值。大家为了占领更多的点位，先把货架铺下去，如果商家等着做封闭式冷柜，那么就真的来不及了。

等商家把冷柜的软硬件都调试好，加上生产周期，没有半年时间是完成不了的。而每个点位最多可以放置三四个货架，同行有几十家都在疯狂铺点位，等到商家的封闭冷柜做出来，也没地方放了。所以，先占位，后运营，也不是不可以。

另外，其实情况并没有那么糟糕。据了解，用户不付款占小便宜这一状况，在办公室场景中发生的概率很低。一是因为封闭环境、流动性非常低，大家都是熟人，面子还是最重要的；二是白领群体受教育程度较高。每日优鲜便利购曾透露其损耗只有 3%左右。

在办公室内放一个货架，是大家都去围观好呢，还是无人问津好呢？一个新事物，需要给用户尝试的机会，门槛越低越好。

门槛低了，就有动销，哪怕是亏本，也有价值。因为有动销，商家就要补货，就能知道这个点位每天的销量大概是多少，这栋楼每天消耗多少，这个片区消耗多少，自己的供应链管理才有数据可依，才能知道要在哪个地方设置仓库和配送点。没有数据，供应链也就无从谈起。

关于这一点，每日优鲜创始人徐正谈过一个思路，10 亿人一年只互动 10 次，和 1 亿人一年互动 100 次，后者的价值会更大。

现在各行各业都开始在云上用人工智能方式处理大数据，但什么样的大数据最能够被处理，或者带来新的应用呢？一定是高频重复的数据，所以，数据的密度非常重要。现在每日优鲜便利购在后面供应链的密度、物流的密度、会员的密度、数据的密度上都很有优势。

每日优鲜的会员一年会买 60～70 次，每一个订单有 8～10 个 SKU，大约一年会在这儿买 600 多个 SKU，人和商品的连接达到 600 次，这是现有不少电商模式下连接频次密度的 30 倍。这意味着能更准确地知道用户下一次什么时候需要什么商品。

每日优鲜的场景是到家。其实，他们规划的场景有 4 个，到家只是第一个，也是最大的场景；第二个是办公室；第三个是路上；第四个是一些公共场所，如购物中心、医院、学区等。

那么，在外界看来，便利购是无人货架的竞争；在徐正看来，这只是他们规划场景的第二步，每一个场景都需要给一个最优的解决方案。看起来不太搭的几个业态，背后却有着严密的逻辑和步骤。

所以，腾讯为什么投巨资站队每日优鲜便利购呢？背后的考量，不是这是否为风口，关键是每日优鲜便利购有自己的供应链，在城市里实行网格化管理，每 2～3km^2 就有一个前置仓，在这个基础上发展无人货架是顺其自然的。

有了供应链，才有了品类管理。在办公室场景中，生鲜和盒饭才是刚需，那就要有冷热链的供应链能力，不能只卖饮料、火腿和方便面，白领在办公室不能靠那些常规品类商品就能得到满足。

在网易有一个做椰子的无人货架，每个十二三元，用户下单以后，机器自动打孔，非常畅销，每天都要补货还供不应求。这种新鲜水果在办公室是刚需，但是这种品类管理是需要供应链基础的。

但可惜的是道理好懂，却不是谁都能够玩得起的。无人货架看起来门槛低，但不适合独立去做，如果背后没有强大的供应链管理能力，无人货架将只是“做公益”。

也许再过几年，无人货架的“混战”就会有一个明确的结果，“做公益”的，也许就真的做了公益；而每日优鲜便利购等行业领头者，会开始风卷残云。

8.2.3　店铺型：Amazon Go、淘咖啡、F5 未来商店

与其他 3 类无人便利店相比，店铺型无人便利店应该是规模相对较大的，也是最像传统便利店的一种模式。它与传统便利店相比，差异可能就是少了员工，多了一些科技元素。市面上常见的店铺型无人便利店也有很多，Amazon Go、淘咖啡和 F5 未来商店都属于这一类。下面以 Amazon Go 为例重点进行说明。

Amazon Go 可以说是无人便利店的鼻祖，早在 2016 年 12 月，亚马逊便在西雅图总部进行了 Amazon Go 的内测。虽然在经过一年多之后 Amazon Go 才正式开业，此时市场上已经出现了许多无人便利店，但是，Amazon Go 还是在零售市场掀起了轩然大波，由此不难看出亚马逊在零售业方面的影响力。

我认为，亚马逊无人便利店能够取得成功主要有以下 3 个原因。

（1）**品牌影响力**。作为一个全球知名的零售业品牌，亚马逊这个品牌可以说是商品质量的有力保证。绝大部分消费者认为亚马逊的商品是可以放心购买的。这也是 Amazon Go 开业之后，就有许多消费者敢于进店消费的原因。

（2）**店面规模大**。与一般的无人便利店相比，Amazon Go 的面积相对比较大。在 $100m^2$ 的店铺中，囊括的商品种类是比较多的，大部分消费者的基本需求都能得到满足。

（3）**体验创新高**。通过科技元素的融入，Amazon Go 可以说是为消费者带来了体验的新高。消费者只需通过特定 App 扫码入店，在离店时便可以自动结账，而无须像传统便利店一样排队结账。

8.2.4　销售柜型：Citybox

销售柜型，顾名思义，就是通过销售柜的方式进行商品销售的一种无人便利店经营模式。Citybox 采取的是典型的销售柜型无人便利店模式，即通过在各种场景中摆放自动售货柜的方式进行产品的销售，让消费者获得便利的购物体验。

可能有的读者会认为，那么小的自动售货柜盈利有限，这种所谓的无人便利店方式没有太大的前景。如果抱着这样的想法，就大错特错了。

你可能无法想象到的是，通过这一个个非常小的自动售货柜，Citybox 却获得了上亿元人民币的 B＋轮融资。而经过此轮融资之后，Citybox 的市场估值已经超过了 1 亿美元。由此不难看出，这个经营自动售货柜的品牌所具有的强大实力和巨大的发展前景。

当然，Citybox 和传统自动售货柜还是有很大区别的。传统自动售货柜可能就只是一个售货柜而已，甚至当部分商品卖完时，商家可能也不会知道。而 Citybox 则更加智能化，不仅可以实时掌握商品的库存和销售情况，它还能作为一个广告的载体进行广告的投放。

例如，Citybox B＋轮融资的投资者便是通过与 Citybox 的合作进行新产品的推广的。它的做法是当消费者在 Citybox 上购买一盒牛奶后，在小程序中会弹出一个产品调查问卷。如果消费者填写完调查问卷后，进行提交，Citybox 则会自动退还购买牛奶的款项。

这样做的好处就在于：因为填写调查问卷就可以免费喝牛奶，所以消费者的参与积极性比较高，而投资者推广新产品的目的也就达到了。如果消费者没有填写调查问卷，那么对于 Citybox 来说也赚到了，因为它已经收到了消费者购买牛奶的款项。

这种广告投放的形式相较于电视和网络上的硬广告，更容易让消费者接受，也更容易收集消费者的反馈信息。从这一点来看，提供广告位或许也可以作为 Citybox 未来发展的一条重要途径。

8.2.5　自助社区店型：云里

这是一家开在西安的自助社区型超市——云里，云里雾里的云里。这家超市开始做的是蔬菜配送，然后就顺带开了几家云里超市，与无人店类似，但又不是无人店。

顾客进店，需要扫描二维码，自动门打开后，就可以进去了，菜都是按份分好的，采取每一份多少钱的方式售卖。例如，一个土豆 0.5 元；一个茄子 2 元；一把菠菜 4 元；消费者要买，就按份买，没有店员提供称重服务。取完菜后，消费者自己扫描每一个菜的价签，拿两个土豆，就结两份的钱；三份菠菜，就结三份的钱。

消费者出门前，需要把买的商品让店员看一下。每个店都会有一个人负责看店，收银自助，但是用人工核实，每天两班倒，晚上就没有人看店了，但是仍然营业。

收银自助的好处是：结账快了，不用排队，有一个人在店里（相当于服务人员），不会操作 App 的、对菜有什么问题的都可以询问这个人。这个人同时还负责店内理货和卫生、对接配送等。收银环节解脱以后，店内人员也至少节约了两个。所以，这个做法，既节约了人力，又提供了必要的服务。而且，成本也没有增加，不像无人店，一大排摄像头、传感器，只是门口有一个自动感应的玻璃门。

这称得上是一个低配的无人店。那晚上没有人在店内核实，顾客要是多拿了怎么办呢？或者不付款怎么办呢？这就是这家低配版无人店的本质了，他们的本质是一家会员店，老板说：你是我的会员，我才为你提供服务，不是我的会员，你即使再有钱，我也不为你提供服务。

少付钱或者不付钱，就直接拉黑，消费者就不能来店内购买了。下次来，少付钱或者不付钱的消费者都进不了门。即使有损失，又能损失多少呢？蔬菜毛利至少 50%，商家就是做蔬菜配送的，成本可控。

那么对于会员来说，为什么都这么自觉呢？这个店的吸引力又在哪里呢？

第一，这是社区店，消费者就在社区内居住，比较在意自己在诚信方面的表现。

第二，店内都是单价很低的商品，消费者不会为了少付或者不付很少的钱而承担被拉黑的风险。现在年轻人买菜一般都是直接购买，不会关心价格，老年人可能会有点计较，但这个模式显然也不是将老年人作为主要的受众。

第三，便宜。店内蔬菜的价格足够便宜。土豆 0.5 元一个，随便挑。第一个来的人肯定挑最大的，第二个来的人也是挑最大的，但是，那是在第一个人挑完之后剩下的土豆里挑最大的，但仍然是最大的，在他眼里，他仍然觉得划算。最后剩下的比较小的，就打折售卖。这种机制其实是为了吸引消费者早点来，充分发挥了人性的作用。

相反，现在一些知名无人店，却不断地反人性。例如，缤果的无人店还有一个收银台，有收银台的无人店，真的很奇怪，拿了不能直接走，能称得上便利吗？

我认为，有收银台的无人店，肯定没有未来。那没有收银台的无人店就一定有未来吗？

2017 年，上海一个新型无人店开业——简 24，它有正式的房子，不再是盒子型零售，类似于 Amazon Go 的模式，进店需要先下载他们的 App，手机摇一摇出现一个二维码，在闸机处扫描二维码，拿完东西，就可以直接出去了，没有收银台。

他们的识别，依靠 80 多个摄像头进行机器视觉识别，但识别度很低，只有 80%，盘损约为 20%。要知道，便利店的损坏率超过 10%就是天文数字了，高达 20%的损坏率，简直不可思议。

更不可思议的是在店内，两个人靠得太近，就会出现错误，因此旁边就不时地有人提醒说，你们不要靠得太近。这种不成熟的技术，恐怕完全无法商业化。

反而是西安的一个低配版无人店——云里，成本低、可行性高。当然，这也不是无人店，而是自助社区店，技术加人工，远远胜过那些纯技术的无人店。如果想开一个新型店铺，或者想改造自己的店铺，云里这种自助社区店模式，值得尝试。

8.3 “三问”无人便利店，3 个月可见“生死”

关于无人便利店，那些恐吓式的文章阅读量惊人，如“新零售真的来了”“再不转型你就失业了”，细看内容，从头到尾采用的是恐吓语气。那么面对一个小小的无人便利店，你真的被吓到了吗？

无人便利店有多火？调皮电商整理了一份数据。2017 年 6 月，可以说是无人便利店的爆发期，共有 7 家无人便利店在媒体上“横空出世”（此前未见报道），其中两家在一周内先后宣布融资成功，金额破亿；甚至还有宣称拿到百亿订单的。

在上文中，“调皮电商”就以缤果盒子为样本分析了无人便利店，我就曾提出，与其说缤果盒子是无人便利店，不如说它是大型自助购物设备运营商。

后来随着“无人便利店”成为热词，很多企业都想蹭热点，娃哈哈声称它的目标是 3 年开 10 万家，10 年开 100 万家；便利蜂也称自己是无人便利店。各种目的、各种做法混为一谈，让我们已经无法单纯就“无人便利店”进行讨论。

8.3.1 一问类别，背后站着什么势力

“调皮电商”把现有的无人便利店分为 5 种类别：盒子型、货架型、店铺型、销售柜型和自助社区店型。如果以后还有新型无人便利店出现，这个类别也许还会扩展。

分类别看待这些无人便利店非常重要。因为每个类别背后都站着不同的势力，也有截然不同的诉求。

例如，盒子型的背后站着资本热钱，他们最重要的诉求就是“低成本快速复制”。该类别下的项目，无论是缤果盒子还是 Takego，强调的都是它们解决了便利店的重投资问题（除去店租和人力，投资只有传统便利店的 25%），可以快速复制，几个月收回成本。

成功融资 1 亿元的缤果盒子，背后的纪源资本 GGV、启明创投、源码资本和 Ventech China 银泰资本的投资方名单也证实了这一点。

缤果盒子此前偏居中山，2017 年 6 月落地上海这个“新零售高地”，立刻引发关注。店铺型无人便利店的背后站着技术巨头，他们想要的是无人零售解决方案。无论是 Amazon Go 还是阿里淘咖啡，他们做这件事的动力并不在于抢夺便利店份额，而是以此为试点，找到融入线下零售的方案，突破自己的业务边界。

店铺型无人便利店 F5 未来商店，也得到了偏好新技术项目的创新工场的 3000 万元融资。与缤果盒子的上亿元融资相比，可以看出，资本热钱的投资额要高得多。因为资本出手的目的就是快速把规模做大（缤果盒子接受投资后就曾表示一年内要铺设超过 5000 个网点），而技术导向的投资，通常不会要求规模扩张。

销售柜型无人便利店的背后，是无数渴求流量和渠道资源的电商，他们不是为了无人便利店这一风口、热点而来，而是要通过渠道分解接近消费者，尽可能地到线下找流量。

除天天果园与城市超市合作的 Citybox 打出了无人便利店的概念之外，实际上多家电商都已在尝试与公司、高校合作，布设自助售卖设备和智能自提柜。相信未来会有更多人借鉴无人便利店的免支付技术，推出类似的升级产品。

8.3.2　二问技术，既要面向未来也要小心骗局

商品识别技术涉及专利申请，那些大谈某家用了自动驾驶，某家用了 RFID 的言论，绝大部分都是道听途说，人云亦云而已。

细想一下，亚马逊的技术非常先进了吧？它的 Amazon Go 一再推迟落地，就是技术还不够成熟。业内有这样一个说法：只要入场的人超过 20 人，或是两个人同时站在一个货架前选择商品，系统就无法将商品与人对应起来。

在取商品的环节，如果有两个离得很近的人同时在货架前取商品，Amazon Go 就无法精准匹配。而这种情况在卖场中太常见了。

很多人觉得，扫码支付不够智能，只有无感支付、生物支付才是极致体验。这点我也赞同。但是过于脱离实际的宣传，就值得怀疑了。

其实，**看似不够智能的扫码支付才是目前真正能落地的**。但如果是扫码支付，就存在一个大问题——易作弊。消费者只要撕掉标签或者遮挡条形码，就可以逃避结算。而目前的视频监控、联网报警等技术，都难以发现并制止这些行为。

8.3.3　三问供应链，技术终归要为商业服务

分析市面上这些无人便利店，还有一个重要的指标，就是看它们是否有供应链资源。便利店是零售生意，无论有人还是没人，即使成本降到 0，如果商品组合不正确或消费场景不存在，那么都是不可能发展下去的。刚开始投入使用时，消费者一般是因为新鲜感而光顾的。

比较务实的做法是，把无人便利店作为传统零售的扩展和延伸。例如，缤果盒子此前在上海落地的盒子，就位于欧尚和大润发超市的门前广场上，作为他们的 24 小时营业岗亭，由超市负责供货和陈列，人力成本也没有额外增加。背靠欧尚的供应链，缤果盒子显然可以快速在全国铺开。

当然其中也存在问题，无人便利店要做到便利，必须离消费者够近，这与很多超市的网点设计逻辑是不同的，与这样的门店捆绑在一起，虽然易于维护，但也丧失了消费场景——谁会半夜跑到超市门口买应急商品？如果要找到比社区便利店更有利的点位，则并不容易。

即使无人便利店可以成功铺到所有写字楼、小区楼下，这个介于自助售货机

和社区店之间的业态，是否真的有生存空间？就如同业内人士用“不需要这种业态”解释便利蜂为什么没有发展起来一样，未来的无人便利店可能也会面临同样尴尬的境地。

Eatbox 是居然之家新零售布局“怡食家超市”旗下的项目，与其并列的还有 Eatfresh 果切果汁、Foodstage 特色美食和 Eatpub 慢食酒吧。

最后，总结如下。

从类别来看，资本热捧的盒子型便利店，起势最快，但生命周期也最短。回想曾被热捧的迷你 KTV、充电宝，只有为期 3 个月的机会。如果错过这个最佳的时机，接下来要想再获得预期的发展将变得比较艰难。

摸索无人零售解决方案的店铺型无人便利店有前途，除非有巨头支持，否则，未必能坚持到技术成熟的那一天。

解决电商流量难题的销售柜型无人便利店需求最广，上下游也基本成熟，是真正可以尝试的生意。

从技术层面来看，现在都是阶段性解决方案，还有很多问题和漏洞，甚至可能有骗局。谨慎尝试、快速迭代是最理想的方式。

从供应链来看，与传统零售企业合作的无人便利店，会率先铺向全国，赢得先机。毕竟，无人便利店的研发公司大多仅有技术、工程背景，依靠自有供应链，几乎都走不出本地市场。

8.3.4 菜市场用二维码实现无人零售

拿了就走，无须收银排队的 Amazon Go 曾经引爆了科技界、商业界，大家都以为这种高科技要一年半载才能普及，没想到的是，上海一家菜市场居然用二维码率先实现了无人零售，那么，其结果究竟如何呢？

如果菜市场“消灭”了小贩，这个世界是否会变得更好？当然，小贩与生活质量不是站在对立面的，但这么多年过去了，菜市场中的“小贩模式”确实隐藏着种种弊端。为改善这种情况，上海一家菜市场化身“超市”，消灭了小摊小贩，消费者完全可以自购自结。

这家菜市场都做了些什么呢？位于上海市长宁区的一家 300m^2 左右的菜市场，从外观上看起来与普通菜市场没有区别，可是当走进这家菜市场的时候，就会发现一些特别的现象。

这里的环境没有传统菜市场惯有的异味和脏乱差，一切都显得那么干净利落，人员的来往也都井然有序。一个显著的变化是：市场内没有明显被分割成块状的区域，也没有到处叫卖的小贩。市场只有收银员和导购员，不负责贩卖，只负责引导和服务。市场内全季仅蔬菜品种就超过 160 个小类，单季也有 70 余类，基本上能满足消费者的日常需求。而且市场内不仅有蔬菜，还有水产区、水果区、豆制品区、面点区、粮油区，甚至还有一个品牌熟食店。而这些不同的区都没有小贩在打理，消费者可以自由选购。

菜市场支持支付宝、微信等移动支付。商品统一使用价格电子标签，并标明品名、计价单位、零售价等，以实现线上线下的信息同步。如果想要修改，必须在后台进行操作。

所谓的标准化菜市场完成了以下升级。

（1）打破了以个人经营为主的零售模式。以往传统模式下，菜市场只是房东，充当的只是“包租婆”的角色，完全不涉足经营层面，缺乏对小贩的实质管理。而现在菜市场有了与供应商直接面对面的机会，能够在统一的标准下（如安全、新鲜）选择可靠的供应商。

（2）收回小贩的议价权利。如果小贩自己去市场拿货，由于都是小批量进货，不可能拿到最优的价格。那么，一旦遇到一些极端天气或其他问题，他就会随意调整蔬菜价格，甚至还会在秤上缺斤少两牟求微利。总之，这种人为因素带来的不确定性对消费者造成很大的伤害。而统一经营后，菜市场收回了定价权和议价权。在议价权上，菜市场统一采购会得到更优的价格空间；在统一定价上，可以在发生市场价格波动时，稳定市价。而且还根除了虚假经营的弊端。

（3）菜市场也能进行品牌化经营。菜市场内所有蔬菜都来自崇明蔬菜基地的直供，水产品、豆制品、肉禽等品类也都品牌化经营，甚至菜市场还开辟了“每天优选直供”蔬菜专区。除蔬菜外，菜市场内的水产柜和肉类柜台、熟食店等都来自国内外知名品牌。

形成菜市场与经营者共担风险、共享利益的格局，品牌化的经营不仅为消费健康和安全提供了有力保障，也对供应链体系产生了影响。在菜市场门口的自助追溯查询机器上，顾客扫描商品的二维码就可以明确知道农产品的产地、配送、零售等信息，形成完整的信息追溯链条。

然而没有小贩，谁来保护脆弱的蔬菜呢？有很多人反映，菜市场没有了小贩，就少了一些生活气息。更突出的问题是：这家开在上海的菜市场，没有小贩在现场像保护自己孩子一样保护菜摊，精明无比的主妇会对每一根菜都精挑细选，会把菜掐得全都只剩菜心。

据菜市场反映，标准化经营以来，菜市场的损耗明显上升。这个问题确实也引发了网友争论，共享单车一系列不幸的遭遇会不会发生在菜市场的身上。

网友们甚至对消费者的素质能否撑起一个菜市场感到担忧。当然，也少不了一些悲天悯人的言论：要是都变成这种模式，小贩以后将依靠什么存活？

可见，这个标准化菜市场仍存在很多缺点，如如何引导买菜主力人群——爷爷奶奶使用手机支付；没有小贩的菜市场，售卖方式和价格调整不够灵活，一些不够新鲜的菜，小贩可以适当便宜一些，把它们卖出去；或者依靠向“老顾客”赠送少量葱、蒜等，拉近感情。可是统一经营后，没有人充当这样的角色，原本可以卖出去的菜可能就没有了销路。

8.4 五大无人便利店系统，实现生意腾飞

无人便利店中通常是不需要配备导购员、售货员等员工的，而要将没有店员的店铺进行有序管理，就少不了管理系统的支持。无人便利店主要有 5 种可供选择的管理系统，本节将分别进行说明。

8.4.1 无人值守系统：实现更低的人工成本

无人值守系统，顾名思义，**就是无须人工看管，也可完成结账等操作的系统**。这种管理系统的优势就在于：系统配置完成后，便利店便可以自动运行，极大地节省了人力资源。

也正是因为无须人工看管，所以，可以省去人工成本，极大地降低了店铺的运营成本。另外，人有疲倦的时候，而无人值守系统只要没有出现故障，便可以持续运营。也就是说，这种系统配置完成后，店铺便可以一直运营，实现 24 小时全年无间歇的运营。

8.4.2 可视化管理系统：实现更智能的管理

可视化管理系统就是**将需要管理的对象用一目了然的方式来呈现，实现更智能的管理**。通常来说，无人便利店可视化管理系统可以对结算、管理和统计等内容进行直观的呈现，实现管理的透明化。

具体来说，可视化管理系统结合人脸识别系统、智能门禁系统、商品管理系统、无人收银系统和智能客服系统等，通过一部手机实现库存盘点、选品分析、销售统计、用户管理和财务控制。

也就是说，在可视化管理系统的支持下，管理者只需一部手机便可以实时获取便利店的相关信息。这就很好地提高了管理效率，让一个人管理多个无人便利店成为可能。

8.4.3　供应链系统：实现更高的利润空间

供应链系统是指**从商品供应到为终端客户提供商品和服务的整个供应链条的一种运营系统**。无人便利店供应链系统就是通过供应链的建立，保证商品的供应，从而让高价值的商品能够一键到店，让便利店获得更高的利润空间。

无人便利店供应链系统是保证店铺商品供应的一种重要手段，它能够从源头进货，保证商品的质优价廉，而且还能从供应链中获得更多具有高价值的商品，从而在保证利润空间的同时，为便利店带来更高的利益。

8.4.4　O2O 系统：实现更宽的消费场景构建

O2O 系统就是将线上和线下结合的一种运营系统。无论是线上销售，还是实体店销售，销售的范围都是比较有限的，而通过 O2O 系统进行线上线下的结合，便可以让无人便利店实现更宽的消费场景构建。

例如，因为有无人值守系统的支持，所以便利店可以实现线上线下 24 小时营业，通过营业时间的增加，获取更多订单。此时，如果商家通过手机开店的方式配送外卖，那么借助 O2O 模式进行 3km 配送速达，让消费者通过订外卖的方式快速获得商品，便利店的营业额将会大幅提高。

8.4.5　会员运营系统：实现更高黏性的会员消费

会员运营系统就是针对会员的一种运营和管理系统。与传统便利店不同的是：无人便利店中是没有店员的，这虽然可以为无人便利店节省不少成本，但也让无人便利店与消费者之间的关系难以维系。而借助会员运营系统，这一问题便可以得到很好的解决。

无人便利店建立会员运营系统后，可以将便利店的会员信息进行实时记录和分析，让商家可以获知会员的购买偏好。而商家只需根据会员的偏好进行营销，便可以大幅提高会员的忠诚度。

当然，要想让会员运营系统发挥应有的功效，商家还应该吸引消费者注册店铺会员，比如，通过小额福利的赠送让消费者积极主动地注册店铺会员。

第9章

社区便利店：让线下门店经营更智慧

从零售业诞生之日开始，便利就是许多零售店制胜的核心因素。无论是连锁店的铺设，还是将线下店铺搬到线上，都是为了给消费者提供更加便利的购物体验。

而社区便利店可谓是将“便利”两个字做到了极致。这主要体现在，它不仅更加靠近消费者的位置，而且在门店经营上也更加智慧。

- 未来便利店大战将爆发在三四线城市
- 社区溢价：重新发现社区的价值
- 智慧零售：赋能线下门店，重构消费连接

9.1　未来便利店大战将爆发在三四线城市

许多零售商认为一二线城市，人口分布比较密集，而且购买力相对较强。所以未来便利店的发展关键在于占领一二线城市的市场。

我却不这么认为。这主要是因为一二线城市中便利店的数量本身就已经比较多了，在这种情况下，竞争无疑是比较激烈的，并且想要在竞争中占据绝对优势，从而获得更大的市场份额并不是一件容易的事。

相比之下，三四线城市中便利店的密度相对较小，而且随着人们生活水平的提高，三四线城市人群的购买力也不断增强。因此，便利店在三四线城市的发展空间会更大一些，而未来便利店大战，很可能也会在三四线城市发生。

9.1.1　传统社区便利店的运营困境

中国连锁经营协会与波士顿咨询公司联合发布的《2018 中国便利店发展报告》显示，2017 年中国连锁品牌化便利店销售额达 1900 亿元，但除了石油系便利店，全国 260 个便利店品牌近 10 万家门店都未实现全国布局。

受限于加盟管理能力和单店产出水平，30%的品牌便利店选择了保守的自营模式，扩张缓慢。“固若金汤”本地网络，是它们自信的护城河。但这护城河抵挡得了多久的进攻呢？

2004 年，全家在上海开了第一家门店，抢走了好德的日营业额 70%。随着全家便利店这一品牌的发展，它已经成为上海网络最密集的便利店品牌之一，而好德的规模却在逐渐缩减。

9.1.2　普通便利店、无人便利店和贩卖机

相比于普通便利店、无人便利店和贩卖机，以缤果盒子为代表的社区型便利店虽然从当前来看，投资回报率并没有高出很多，但是，因为其占地面积小，可以快速放置，且更贴近消费者。所以，它往往更能满足社区居民的急迫需求，而其毛利通常也会比普通便利店、无人便利店和贩卖机要高一些。

除此之外，缤果盒子还有一大优势，那就是其底部装有轮子。这不仅可以方便运输，还能帮助商家跟随人流调整其设置的位置，寻找销量更大的位置，从而

获得更高的销售量和更大的收益。

与无人便利店和贩卖机相比，传统便利店拥有着明显的优势。

首先，传统零售店通常采取前店后仓的经营模式，这不仅可以节省配送时间，还能保证商品库存，控制店铺的经营成本。

其次，便利店的主要消费群体为普通白领和学生。所以，传统便利店通常会比较注重店址的选择，将店铺设置在消费群体分布相对密集的大型社区、学校或商务场所中。虽然将店址选择在这些地方，意味着租金成本比较高，但这些地方却能为店铺提供持续、稳定的消费力。

而从便利店与贩卖机的关系来看，我认为，贩卖机比便利店的效率更高，但是贩卖机并不能真正替代便利店。当然，一些便利店无法解决的问题，却能通过贩卖机来解决，其原因如下。

1. 效率更高

无论是普通便利店，还是无人便利店，店铺面积都相对较大，消费者的选择空间较大，消费者从进店到选择商品，再到走出店铺可能需要较长的时间。

而贩卖机因为商品品类较少，消费者一看就知道有哪些商品，这样一来，消费者的选择空间较小，能够更快地做出选择。再加上电子支付技术的支持，消费者购买商品可能短短几秒钟便可以完成，其效率无疑要比普通便利店和无人便利店要高得多。

2. 易于管理

普通便利店和无人便利店的商品数量通常比较多，为了将这些商品更好地呈现给消费者，普通便利店和无人便利店中通常会设置货架。但是，消费者在挑选商品的过程中，通常会把商品弄乱，所以需要按时整理货架，而且补货时还需要将商品放置在指定位置，管理上比较麻烦。

相比之下，贩卖机的管理非常容易。贩卖机的商品种类比较少，因为货架在贩卖机内，所以消费者也不会弄乱货架。这样一来，商家要管理贩卖机需要做的就只是及时补货了。

3. 门槛较低

普通便利店和无人便利店的规模小则几十平方米，多则几百上千平方米，甚至更大。而店铺面积越大成本也会越高，这主要是因为店铺面积越大租金成本会越高，而且要在店铺中摆满商品，商家储备商品也需要一定的成本。这就意味着开设一个便利店成本不会太低。

相比之下，贩卖机占据的空间比较小，只需要几平方米便可以放置一台贩卖机。这不仅可以极大地降低租金，而且贩卖机内的商品也比较有限，用于商品储备的资金也不需要很多，商家要想经营贩卖机，主要的成本就是购买贩卖机，而其门槛自然也就比较低了。

4. 坪效更高

一个便利店或贩卖机的坪效是与其占用的空间直接相关的。这不仅是因为计算坪效时，会将占用的空间作为一个重要指标，更关键的是，面积越小，租金也会越低。因此，贩卖机比普通便利店和无人便利店坪效更高就很容易理解了。

例如，日本曾报道其国内 500 万台贩卖机的总销售额达到了 3000 多亿元人民币，而每台贩卖机占地仅为 1～2m^2。也就是说，一台贩卖机的日销售额可以达到 164 元。

9.1.3 中产阶级崛起：新旧门店的分水岭

全家、好德之战，为什么如此没有悬念？与外资或内资没有关系。实际上是新型便利店取代传统便利店的潮流，已经不可阻挡。

2016 年，在武汉快速崛起的便利店黑马 Today 就是内资，它的速度同样源于新型便利店有更强的竞争力。

以杂货销售为主的传统便利店本是商超的补充，是一门“捡钢镚”的生意。在商超渠道增长缓慢，甚至出现负增长的时候，为何唯有便利店保持着两位数的增长趋势呢？根本原因就在于人们的消费习惯变了。

尼尔森数据显示，随着收入增加、生活节奏加快，一线城市的人们越来越习惯定期大采购，且频率在持续降低（过去 5 年，全国购物者光顾卖场渠道的频率下降 19%）。例如，过去一个星期采购一次，可能现在变成两个星期一次，甚至一月一次。

大采购只适合计划购物需求，暴露出越来越多临时性、少量性、及时性的需求，需要新的购物渠道来满足。再加上中产阶级对品质要求高、购物目的性强、时间成本高，以便利为特点的便利店就有了新的市场空间。

相比之下，四线城市的人们习惯日常为家中补货的购物方式，如每天去菜市场购买食材。在这样的购物习惯下，人们的临时性需求不多，便利店的空间就很有限。从这个意义上说，新型便利店是中产阶级崛起的产物。

中国已有近 40 个城市符合新型便利店的发展条件，而刚越过人均 GDP 40000 元的三四线城市，正成为新型便利店的热门市场。

9.1.4　未来便利店到底是什么样的？新在哪儿

新型便利店到底新在哪里？最直观的感受是产品结构。Today 创始人宋迎春提出，（新型）便利店的本质是连锁餐饮，鲜食 SKU 占比要达 50%，毛利贡献占比 65%——这决定便利店的生死存亡。

全家战胜好德的利器同样是鲜食。全家进入上海市场的第一件事，就是总经理带队开发符合本地人口味的便当。

因为鲜食是计划购物无法解决的需求中最高频的需求。尼尔森的调查显示，消费者的便利性需求多围绕食物展开。快节奏的城市生活，让人们无法提前规划就餐，批量采购食物存入冰箱变得不再适宜。当出现就餐需求时，人们就需要一个像“社区冰箱”一样，随时能提供鲜食的便利店。

2016 年年初，Today 和仟吉共同投资 4000 万元设立鲜食工厂，单日产能达 8 万份，除了 Today 便利店，还以 B2B 形式供应一些大学、超市。

相比于真正的快餐厅，便利店鲜食的竞争力在哪里呢？我认为主要体现在如下 3 个方面。

（1）便利：5 分钟可达门店，随时供应（24 小时营业），包装既可堂食也可外卖。

（2）提供一站式的解决方案，顺便解决其他临时性的购物需要（饮料、日化、文具）。

（3）更低价格：无论是 7-11 还是 Today，便当价格都为 10～15 元。便利店场景下，便当对标的是泡面、面包，对口味更宽容，因而低价也能做到好口碑。

9.1.5　掌控供应链的特许加盟，是必由路径

便利店是典型的大公司小门店，模式非常重资产，无论是新进入的玩家，还是现存玩家，加盟都是快速扩张的唯一选择。就算京东这么敢玩重资产的大公司，也明确表示京东便利店不走自营模式。

从国外的发展经验来看，便利店从分散走向集中的过程中，特许加盟是必备的能力。但加盟的意义，绝不仅仅是提高品牌的知名度，而是在供应链的打造上。

罗森便利店中国区总裁三宅示修曾纠正过一个概念：便利店的专业名称是“小商圈制造型零售业”，即每个便利店品牌的成立，背后都有强大的供应链支持。例如，罗森的背后是2200个供应商，7-11甚至有167家专用工厂。

新型便利店以鲜食为主的产品结构从哪儿来？没有现成的厂家和产品，上游配套不足，便利店只能从自营孵化做起。7-11在中国也是这么走过来的，当产业链相对成熟后，可以逐步退出，变成投资入股。

国内某些不掌控供应链，只挂同一个牌子的松散型加盟，都可以断定是传统便利店。因为新型便利店，从全新的产品结构到特许加盟的供应链保障是互为因果的：做鲜食就需要配套供应链；不培育供应链就不可能更新产品结构。

从表面上看，新型便利店的竞争力是满足需求的新产品，实际上，供应链及系统后端这些外人看不到的，才是真正的竞争力。

9.1.6　电商加入，三四线城市成为终极市场

现在便利店概念正在风口上，尤其电商的加入让模式之争成为便利店的热门话题。一些诸如O2O配送、自动结账（无人便利店）、人脸识别打标等未来概念的便利店吸引了不少眼球。

我认为，正是因为新型便利店的路径已经如此清晰，无非就是：更新产品结构，打造支持新产品的供应链，以及特许加盟的管理能力。但这条路并不好走，也非一日之功。

而投资圈是希望快速获得盈利的，风口几个月或半年就过去了，相比之下，为便利店创造几个闻所未闻的模式，吸引眼球，快进快出，要容易得多。事实上，这样强造概念的“未来便利店”，有一批已经倒闭了。

现阶段，还在吹捧的风口思路是：便利店可以成为电商引流的入口。例如，阿里巴巴前CEO卫哲就很看好便利店。因为据他计算，便利店的获客成本是2～3元，线上已经到了近100元。

因为电商在下沉，所以电商看好的便利店的流量价值主要是在三四线城市。而前面说过，中国有近40个三四线城市已经到了便利店爆发的时候——Today就是从南宁、武汉做起来的，同时在激进的扩张中；随着三四线城市的成熟，7-11、

全家等外资品牌也有计划要大规模下沉。

电商便利店从农村包围城市，便利店品牌从城市下沉农村，双方在三四线城市相遇，将会是便利店大战的终极市场。

9.2　社区溢价：重新发现社区的价值

随着零售业的发展，消费者的线下消费半径不断缩短，越来越多的消费者习惯在更近距离的便利店中完成购物。而在这种情况下，社区溢价现象便逐渐凸显出来。正是因为如此，许多零售商开始通过一些举措重新发现社区的价值，如社交公寓、传统菜市场等。

9.2.1　社交零售应该怎样玩

调皮电商第 16 次沙龙在湖南长沙举办，此次沙龙我感触很深，充分感受到了一大批中小零售商在线上线下的艰难探索，但是，也看到了他们摸索出来的新途径。

其中，一位广告出身的朋友 A，有日韩化妆品的跨境货源，现在，除了给武汉当地的一些零售商供货，他自己又做了一个社区店卖化妆品，主要也是因为做品牌出身，有创新情结，想做出不一样的东西，在新零售大火的情况下，想用新理念、新思路做一个社区店。

他们也尝试了各种方法，如美容课堂、社群卖货，甚至轻食外卖也做了，这几项尝试中只有轻食外卖能盈利，虽然不多，但是分担一下房租还是不错的。

只是，作为一个卖化妆品的门店，却需要凭借轻食盈利，朋友 A 觉得，必须得突破一下，需要把化妆品业务做起来。

但他面临的问题是：自己作为一个化妆品门店，开在社区里，面对的用户有限，就算把用户组织到社群里，也很难做好社群零售，原因有以下 3 个。

（1）每个人遇到的问题都不一样，所以需要的产品也是不一样的，组织团购行不通。

（2）化妆品是低频产品，买完之后，很久不下单，等用户再次有购物需求的时候，又被别的商家抢走了。

（3）作为门店，品类单一，怎么才能不断地黏住用户呢？如果想用内容吸引人，如护肤课堂，这就需要招聘一个专职人员来做。但通常情况下，门店是养不起内容人员的。还有一种就是用丰富的品类不断推出优惠商品，但很显然，许多零售从业者又不具备这种能力。

所以，很多人说的社区店做社区团购，其实并不现实，缺乏可持续性。社区店和社区团购是两回事，需要平台来黏合。那么回到朋友 A 的问题上，如何做好社区店？

这里不妨先做一个对比，化妆品的社区店与商场店相比，到底各有什么优势和劣势呢？

从客流量来说，社区店是无法与商场店相提并论的，但商场店的租金要比社区店高很多，这是最基本的对比，但这两点的不同，也就决定了两者的运营手法应该大不相同。社区店不应该、也不可能用商场店那种依靠陈列、动线、炫酷的外观和广告、大量的导购等手法去运作，新时代的社区店应该有自己的一套运营逻辑。

如果商场店靠的是钓鱼模式，那么社区店就应该用养鱼模式，而且应该是精心喂养模式。

社区店的顾客群比较定向，可能就是一两个小区。不要小看这一两个小区，大的社区可以有几万人，小一点的也有上万人，够养活一个门店了。每个人每一家，都会用到洗化用品（朋友 A 有丰富的洗化供应商）。也就是说，其实每个人都可能是你的潜在用户，问题只是怎么让对方转化为你的用户而已。

但是，**如果让别人转化为你的用户，你就得了解别人才行。**

这个社区有多少男用户、多少女用户？用户的收入层次怎样？入住率怎样？年轻群体占比是多少？这是基础信息，一般不难掌握。

在社区用户中，有哪些人皮肤有问题？都是什么问题？她们喜欢什么品牌的化妆品？购买习惯是什么？有多少用户是有孩子的？有多少用户怀孕了？有多少用户存在脱发困扰？有多少用户染发？

这些问题就属于消费问题，比较难解决，但是必须要解决。无论是用门店的 CRM 系统，还是用一个店长的个人微信号，都要一点一点记录、一点一点互动，如利用护肤课堂和朋友圈分享护肤内容。

当然，很多门店都做过护肤课堂，但效果一般；还有的做过社群，效果也一般。其实，不是这些手段效果不好，而是做的方式不对。

一个门店，不要搞宏观的流量手段，不要用公众号中一整篇内容做内容营销，而应该用一对一或一对多的方式去做。直接就说，针对某某的皮肤问题，建议用什么方式去做，把整篇内容拆解了，变成个性化的内容，才能体现出你的服务能力。

互动的次数多了，建立信任了，对方直接在微信上说一声，你就能把商品送到家，这才是高黏性。

用户经常用的化妆品品牌，你这里没有，但是有替代品，通过这种信任关系，不断地给她试用新品，甚至可以扭转用户的品牌偏好。反正化妆品的试用成本很低——试用是化妆品行业的超级法宝。

所以，社区店与商场店、互联网玩法正好相反，用阿里新零售那一套玩法，一定得不偿失，投入太大；社区店的能力就是渗透，它具有超级渗透能力，如果这个社区 50%的用户都是你的客户，商家何须害怕？

有一位朋友，最近苦恼于脱发，从理发店得知日本有一个名为 MUCOTA（沐蔻丹）的洗发护发品牌，对脱发比较有帮助。但是，翻遍中国的电商网站，没有任何平台售卖，只有新罗免税店有，但却要出国才行。

如果他身边有这样的洗化专业门店，能够得到货源，或者可以有其他替代品牌，他都会买单，这不就是反向需求定制吗？

所以，刚开始几个月，你的经营指标可能不是销售额，而是用户连接率；吸引客流的方式不是打折，而是你的专业形象。

只要彻底扭转思路，社区店可以做得很好。一旦一个店做出了成熟模式，扩张起来，也就没那么难了，毕竟产品、内容、模式都轻车熟路了。

9.2.2　社交公寓：提升生活品质

2016 年，日本有一个名为社交公寓的行业火了，涌进几十家创业公司。众所周知，日本的房地产长期低迷，租赁又需求不足（一是人口老龄化；二是年轻人收入低），普通公寓招来住户很不容易。但这种社交公寓，不仅租金可以溢价 20%～30%，年平均出租率也远高于同行，达到 93%。

“优质公寓平价化”是社交公寓的主要卖点。它像高端公寓一样，为住户准备了卧室、客厅、厨房、书房、健身房，甚至办公空间、咖啡厅、餐饮店和洗衣店；而且，书桌灯是 Dyson 的，电视是巨大的 Apple TV，就连不起眼的烤面包机都是一台难求的 Balmuda（价值 200 美元）。

之所以能做到优质平价，是因为除了卧室，其他空间都是住户共用的。共用的资源，客观上为住户之间的社交创造了空间和条件；但更重要的是公寓管理者把创造社区文化（而非常规意义上的物业服务）当成了最重要的工作。这项工作从公寓的设计之初就开始了。例如，他们尽可能减少墙壁，让住户可以邀请朋友、组织活动。另外，管理者会筛选住户，每个申请者都需要通过面试才能入住，以保证公寓里都是价值观相近的人。

因为住户的人群特征清晰，所以管理者又可以与一些有兴趣的初创公司进行合作，让住户只需付很少的钱，就可以作为种子用户测试体验新的产品和服务，为社区持续创造话题。

调查显示，住户选择社交公寓的原因各有不同，但他们有一个共同的动机：提升生活品质。这个品质不仅指物质条件，还指社区生活带给他们的价值。例如，外国留学生在这里可以与当地人交朋友、练口语。毕业生在这里得到了前辈的指点，找到了自己的职业方向。

9.2.3 传统菜市场：社交价值放大

这是台北一家有着 80 年历史的菜市场——新富市场，经过修复改造，重新成为了人来人往的城中宝地，被誉为“台北最美菜市场”。

菜市场公认要被现代连锁商超取代，怎么又“死灰复燃”了呢？其实“死灰复燃”的不只是这一家，还有北京三源里菜市场，号称北京格调最高的菜市场，连华谊集团老板王中磊都喜欢在这里买菜。每逢节假日，想挤进去都得费点工夫。

相比现代卖场，传统菜市场的魅力是热情的菜摊大姐传授你的时令菜肴、熟悉的鱼贩给你留着今早最鲜的鱼，以及肉铺大叔一刀下去分毫不差的准头。

这些熟悉的人，不仅为你提供蔬菜食材，还是社区生活的“活智库”。所以，一个城市的纪录片，常常会有菜市场的片段，大家公认这是最好的观察当地人生活的渠道，有本地商品、有人、有故事。

但传统菜市场的运作方式，以及带来的交通、污染、噪声问题，都不再适合放在中心城区。所以，改造后的这家菜市场淡化了食品销售功能，把其承载的社交价值放大，并根据居民需求引入跨界工作室、餐饮教室、咖啡厅等灵活业态，变成社区活力的新象征。

你会发现，过去，**购物是人们生活的主题，社交依附于购物存在；现在，商品非常丰富，随手可得，社交变成了生活的重心，销售反而要向社交借流量了——这在线上已经是常识，但线下很多人还没有意识到。**

9.2.4　先有社区，后有社交

大零售强调情境创造，很多人会惯性地理解为需求情境，就是让顾客产生需求时想到我。

但既然购物已经不是人们的生活重心，主动意识到需求的时刻在减少，迫切度也在降低（除非是必需品的短缺，如到饭点时发现冰箱没有食材）。那么，重回人们的生活重心，在社交情境中找到销售机会就会有更大的空间。

怎么制造或者发现这个社交情境呢？**必须先有社区**。社区的出现，与城市化的进程有关，也与需求、人群的分化有关。随着社会经济的发展，中国一定也会像其他发达国家一样，形成以社区为基本单位的现代化城市结构。

社交一定是在有一定共性（且这个共性区别于其他族群）的人身上发生的，社区就是这个社交圈的范围。

你从街上随机邀请 100 个人免费参加 Party，把他们放到一个空间里，他们就会形成社交吗？显然不一定，可能有人只顾着吃东西，有人忙着抢麦，还有人觉得太吵要走。

这个社区可以是你创造的，也可以是原本就存在的。例如，上面讲的社交公寓，是运营者创造了一个用户社区；而改造菜市场的业态，是根据本来就存在的社区需求引入的。

有了社区，社交情境自然也出来了，就是与人群共性相关的生活。例如，100 个养宠物的人组成的社区，社交情境一定与宠物相关，如宠物的喂养、护理、陪伴，以及与宠物的故事。如果让这 100 个养宠物的人去 K 歌，那就是不正确的。

9.2.5　新零售重构产品逻辑

传统的产品研发逻辑是功能性的。公寓解决住宿需求，那就给租户提供大大小小的房间，最多加上物业服务；社区空间解决聚会需求，那就按居民兴趣爱好分出乒乓球室、舞蹈教室、麻将室。

社区是社区，产品是产品，只要在社交情境里导入产品是否就可以了？这是常见的误区。就像在热门电视剧结局前 5 分钟强插一段广告一样，**在不得已时，用户能忍你一时，一旦有别的选择他们会迅速甩开你。**

成功的社交情境产品，必须从社交出发，重构产品逻辑。就像社交公寓，从设计到运营都以社交情境为导向，包括打通墙壁，物业无论如何都要留出户外空间（BBQ、露天酒会、下午茶需求）。

台北菜市场的改造，也不是按功能区划分，所有空间和内容都根据需求灵活变动。例如，有针对社区孩子的培育计划，让社区的孩子就像可以在菜市场玩耍成长一样，在这个新的社区空间与玩伴度过愉快的童年。这不是 K12 教育机构的标准化菜单可以替代的。

你会发现，运营的核心变成了人、社区，而不是产品。产品只是恰如其分地嵌入了社区生活，在外部也找不到更好的替代品。能做到这样的产品就成功了。

9.2.6　构建社区场景的微循环

有一个给中小学提供午餐的智能设备项目，也可以说是做盒饭的项目，但与做盒饭的项目的解决思路不同，它具备智能互联网和餐饮供应链能力。我把它推荐给了某互联网巨头的投资部门，遗憾的是，对方认为这一项目与自己无关。

我忽然觉得，自己想了很久的互联网微循环概念应该进行系统梳理，因为这个项目其实就是典型的互联网微循环。

大家是否还记得，互联网刚开始发展的时候，大家对于互联网的感觉是什么？可以更方便地与远在他方的人交流。

这是基于信息层面的沟通范围扩大了；到了最近 10 年，电子商务发展得很快，人们坐在家中就可以买到全国各地的商品，而一个山东果农的苹果在北京也可以轻易买到，中间省去了很多渠道，所以，人们都觉得互联网是便利的。

这就是互联网加速了信息和商品在全球流通的大循环，毋庸置疑，这种大循环打破了传统商业体系中很多不合理的地方，在某些节点上提高了效率。

这种提高一定是有限度的，当到了某种限度的时候，流量模式就不靠谱了，因为流量太高了，于是纷纷往线下走。

但是，你会发现线下的日子其实也并不怎么好过，百货业出现了颓势，品牌连锁几乎都在收缩，商超基本上都没有缓过劲儿来，普遍被看好的是便利店。只是，在便利店的风口，又被无人零售给抢走了，只有个别购物中心还算不错，它们毕竟是城市的社交中心。

之所以出现这种情况，关键的一点就是在做线下时，还是用了互联网大循环的思路和流量思维，而不是用户运营思维，也并没有做场景改造。

我曾在一篇文章中提到，用户已经到店消费，商家还在分析怎么导流，不是舍近求远吗？

例如，给中小学生提供午餐服务，我就很看好。因为他们就是在解决某一个具体场景的问题，学校这种场景用餐是很有规律的。有规律的场景，商家设计好一个解决方案就可以广泛复制。

这一套解决方案其实实现了一个信息和商品的微循环，他们不考虑流量的问题、不考虑全球商品便利成交，他们只考虑让学生在放学后半小时内吃上热乎乎的饭；否则学生不是从家里带饭，就是在食堂吃，抑或是父母点了餐后快递给孩子，但都有很大的痛点，而且价格比较贵。

这就是场景改造的价值，它改善了这个场景的商业循环，尽管很小，但是很有价值。

除了学校，还有社区，社区也是一个特定的场景。要知道，场景大于品类，在社区做零售、做服务、做综合品类更划算。

这个思路也是基于特定场景做微循环，当然，微循环的目的还是提供更好的体验、更低的成本、更高的效率。但是，具体做法可能就不一样了，如以前京东是要做中心仓的，但是，在中心仓模式下，社区场景的微循环永远都做不好。

天猫超市依托好邻居做一小时送货，把好邻居门店作为前置仓和便利店，发挥双重功效，获得了点滴进步；否则，依天猫超市以前的“空军”玩法，怎么做都做不好社区场景的微循环。

那盒马能做好微循环吗？盒马是定位社区店的，但离真正的社区还差一点，它的对手——那些社区便利店还太落后了，这给了盒马崛起的机会。当然，盒马作为大型商超，有自己特定的价值，这是挺好的。

总体来说，所谓微循环，其实就是针对部分用户的需求提供特定的解决思路，这与大零售的第四点——渗透，一脉相承。

对于中小型企业来说，把一个区域做透彻是唯一的出路。那些巨头并不可怕，根本顾不上你。试想一下，如果一栋楼一共 100 户，80 户都是你的客户，还有什么可怕的呢？一个学校 1000 个学生，800 个学生都吃你的盒饭，又有什么可怕的呢？

所以，**转变思维模式，别怕巨头会吃掉你，也别盲目上线商城，更不要陷在社群运营里。用微循环的思路来做，方能立于不败之地。**

9.3　智慧零售：赋能线下门店，重构消费连接

什么是智慧零售？在我看来就是通过线下门店的赋能，重构消费连接，增强消费者的购物体验。那么，如何做智慧零售呢？下面通过一些案例，从中寻找成功的经验。

9.3.1　电商布局：京东便利店

随着线上电商平台竞争力的加剧，许多电商平台都开始布局线下实体店。于是，大家可以看到许多电商平台都在线下设置了便利店。下面要介绍的京东便利店便属于其中之一。

2017 年 4 月，京东集团董事局主席兼首席执行官刘强东表示，未来 5 年内，要在全国开设超过 100 万家京东便利店，并且其中大半要开设在农村。京东便利店的开设也由此揭开了序幕。

1. 第一家京东便利店

2017 年 6 月 20 日，第一家京东便利店在河北省任丘市辛安庄正式开业。可能谁也没有想到，不足半天，消费者却将店主准备了半个月的商品库存抢购一空。其实，这不过是一家装修普通的便利店，除了店铺上面的“京东便利店”，它似乎也与一般的便利店没有太大的区别。

那么这家便利店为什么就能够出现如此火爆的销售场景呢？这主要是因为在这个店铺门口放着一块牌子，牌子上面写着：保证 100%商品是来自京东自营，保证正品，假一赔十。

刘强东出席 2018 年电子商务大会时表示：“村里如果用严格意义来区分，还有 30%的商品几乎可以说是假货。”他还举了一个例子，“娃哈哈矿泉水，包装和娃哈哈一模一样，但是叫做妈哈哈。”

正是因为看多了质量堪忧的假货，所以，当农村消费者看到该便利店门口牌子上的字后，一方面是基于对京东这个品牌的信任；另一方面也是希望自己能够买到正品，哪怕稍微贵一点也无所谓，毕竟一分钱一分货。因此，该便利店的商品很快就被抢购一空也就不难理解了。

刘强东表示："我们要彻底消灭农村价格的歧视！农民本身赚钱就不容易，却要花费比城里人更多的价格才能买到商品，并且还要冒着遇到假冒伪劣产品的巨大风险！"

2. 京东便利店的优势

其实，京东便利店与普通便利店有着明显的不同，它是京东线下的智慧门店，京东不仅为店铺提供了优质的货源，还将自身商业理念赋能店铺，将京东的品牌、模式和管理方法全情输入。

京东便利店的进货方式主要有两种：一种是 100%从京东进货；另一种是部分从京东进货。在与京东合作后，店主只需在京东掌柜宝 App 中下单，京东物流便会自动将商品配送到店中。而对于 100%从京东进货的便利店来说，还将获得多方面的支持。

（1）货源：店主只需在京东掌柜宝 App 中下单即可，下单完成后，京东物流会自动配送到店，而无须再为货源担心。

（2）质量：京东一直以来就是以商品质量取胜的，所以，京东为便利店提供的商品都会 100%保真，其质量都是比较有保证的。甚至京东为了保证便利店的口碑，还会要求店主承诺销售的商品都是正品。

（3）合作：京东便利店采取的是一种共赢的合作方式，店主只需交一定的质保金即可，而无须交任何的合作费、管理费和培训费。而在合作完成后，京东客户经理还会上门进行服务和指导。

（4）品类：京东便利店规划的主营品类为快消品，但是，除此之外，对于其他品类还支持部分摆样和代下单付佣模式。这便很好地保证了京东便利店商品品类的多样性。

9.3.2　社区超市：华联综超

北京华联综合超市股份有限公司于 1996 年 6 月成立，5 年之后的 2001 年 11 月它在上海证券交易所挂牌上市。其主营业务包括超市和百货等零售商店。

1. 扭亏为盈

2017 年 4 月 16 日，华联综超发布 2017 年度报告，报告显示，相较于 2016 年 2.6 亿元的亏损，2017 年在取得母公司股东净利润之后，不仅成功扭亏为盈，还实现了快速增长。

然而，即便如此，2017 年华联综超的营业收入实际上仍旧呈现下滑的趋势。而其之所以能够成功扭亏为盈，也是得益于出售全资子公司华联精品所获得的 3 亿多元投资收益。

其实，华联综超的业绩在还未卖掉华联精品时，是不太景气的。从财报数据来看，华联综超 2015 年、2016 年扣非后归属母公司股东净利润均为亏损，甚至 2016 年归属于母公司股东的净亏损额达到了 2.6 亿元。

而 2017 年 6 月华联综超将华联精品的 100%股权成功转让后，获得了 2.94 亿元，并且 2017 年 8 月股权收购方也将相关款项全部打到了华联综超的账上。这才让华联综超真正地实现了扭亏为盈。

2. 模式探索

作为国内较早就对业态进行细分的企业，华联综超一直以来都比较重视高端超市的打造，所以其旗下的精品超市 BHG Market Place 仅在北京地区的门店便达到了 10 多家。

因为有精品超市 BHG Market Place 的助力，华联综超在北京高端超市领域中走在了前列。但是，华联综超却认为高端超市未来的发展前景可能不大，这主要是因为它要求消费者具有较高的消费力，所以，客流量相对有限。

华联综超在分析营业收入下滑时，认为主要的原因就是客流量的下降。普通超市尚且如此，更不用说消费门槛较高的高端超市了。

其实，消费者很多时候只是图新鲜，高端超市刚出现时，店铺内的高端和进口商品，对消费者具有较强的吸引力。可是，随着网购的发展，消费者很容易就能买到高端和进口商品。这样一来，高端超市原有的优势便逐渐消失了。再加上高端超市为了更好地吸引消费者购物，需要布局在中高端商圈。而这些地区的租金和人力成本通常是比较高的。而在这种情况下，高端超市要想获得正收益便比较难了。

CIC 灼识咨询执行董事朱悦认为："对于消费者来说，常规的食品、日化类商品的可替代程度较高，各个精品超市之间的差异化并不明显，精品超市在特色商品挖掘和商品陈列等方面很费力。"

因此，华联综超也开始明白高端超市并不是这么好做的，企业要想获得更好的发展，还需要探索更适合的经营模式。

3. 社区突破

在高端超市看不清未来、精品超市成功出售之后，华联综超开始探寻更适合的经营模式，开始把经营的重点放在了社区零售上。华联综超认为近年来社区的价值日益凸显，越来越多的人开始将社区零售场景作为争夺的重点，社区或许会成为自己突破的一个切入点。

因此，在出售华联精品之后，开始做出了业务调整，将社区生活超市的打造作为发展的重点。华联综超表示，将在现有超市业态的基础上创新，增加满足社区多样化需求的新业态，借助互动提高客流量，提高自身在社区零售方面的竞争优势。

其实，随着零售业的发展，消费者的急切性需求开始凸显，而能够解决“最后一公里”消费需求的社区零售场景自然而然地就成为未来零售业的发展目标。从这一点来看，华联综超从社区方面寻求突破的大方向显然是正确的。

当然，随着大量零售品牌加入社区零售场景的争夺，一个品牌要想获得成功也不是一件容易的事。这要求零售店铺不仅要提供价格低、品质有保障的商品，还要拥有较强的店铺运营能力，通过采购和物流成本的控制，保证利润空间，实现店铺的可持续良性发展。

9.3.3　商超便利：大润发布局社区店

“大润发”（RT-Mart）是由润泰集团于 1996 年创立的一个连锁超市品牌，1998 年 7 月在上海开设第一家大型超市。大润发作为国内知名的超市品牌，想必大家对它都不陌生。

2017 年 11 月 20 日，阿里巴巴与欧尚零售、润泰集团达成新零售战略合作。阿里巴巴集团投入约 224 亿港币（约 28.8 亿美元），直接和间接持有高鑫零售 36.16%的股份。这不仅增强了大润发的整体实力，也为大润发在新零售环境下寻求突破提供了有利的条件。

1. 转型迫在眉睫

近年来，线下实体大型商超已渐趋饱和，线上电商的发展进一步加剧了商超行业的竞争。在这种情况下，大润发开始转型寻找新的出路，而更贴近消费者的社区便利店就成为它的选择。

其实，大润发转型决定做社区零售店的直接原因是客流量的降低。2017 年 7 月 4 日，大润发某店的来客数量为 7211 人，而 2018 年同日的来客数量却只有 6335 人。不过短短一年时间，来客数量便减少了近千人。面对这种情况，大润发明白如果不通过新的零售模式进行转型，未来可能会越来越难做下去。

此时，摆在大润发面前的选择有两个：一是通过入驻电商平台，打开线上市场；二是通过开设社区便利店，让店铺更贴近消费群体，方便消费者前来购物。

面对摆在面前的两个选择，大润发 B2B 课长毕政闻表示："我们做了梳理，消费群体主要是年轻人，但年轻人很少有时间去门店，反而是家门口的社区便利店他们更愿意光顾。"

于是在分析过后，大润发便决定将转型的重点放在社区便利店的打造上。大润发的社区便利店其实和普通便利店没有很大区别。它可能只有数十平方米，店内的商品可能只有饮料、零食、生活用品，再加上生鲜产品。但它却比一般的便利店更具优势，这不仅是因为它更贴近消费群体，更在于它的品牌优势。

2. 发挥品牌优势

在消费者看来，社区便利店其实还称不上是什么创举，许多小区门口都能看到便利店。不过这些便利店通常都是比较小的店铺，那么像大润发这种大型商超开社区便利店又有什么优势呢？

一位大润发社区便利店店主表示，这是她首次创业，所以比较谨慎。但是因为看到是大润发这个大型商超品牌，所以她在看到加盟信息后，立即报了名。

这位便利店店主认为，随着零售业的发展，消费者的选择空间不断扩大。对于大多数消费者来说，并不是买不到商品，而是难以买到质量有保障的商品。而大润发的优势就在于商品的质量都有保证。再加上大润发的品牌影响力，其社区便利店模式的优势便显而易见了。

3. 重点是要便利

为什么被称为"便利店"呢？主要是因为这类店铺的重点就在于为消费者提供便利的购物体验。而布局在消费者小区附近的社区便利店，其便利性可以说是不言而喻的。

在社区价值日益凸显的今天，社区零售成为许多商超品牌的一个竞争点，而这很可能迎来的会是商超便利行业的一次重新"洗牌"。而在这次洗牌过程中，大润发这一类知名商超品牌，借助品牌效应显然是具有明显的优势的。

当然，大型商超便利店的布局，对于消费者来说也是一个好消息。这不仅意味着购物将会变得更加便利，而且这些大型商超品牌的商品通常都会比较有保障。这样一来，消费者购买商品也会更加放心。

9.3.4　跨界小店：顺丰优选

有这样一家社区店，面积不大（六七十平方米），员工不多（最多 3 个），一个月 20 万元左右的营业额。这个社区店的名称就是“顺丰优选”。

1. 顺丰优选的前世今生

还记得那个被业内人士骂为“伪需求”的顺丰嘿客吗？市场证明，它确实非常失败，据说当时一家嘿客店月收入只有几百元，让顺丰巨亏。当时不少路人看店名都觉得那是一家修电脑的店，还真有人抱着坏电脑登门。

去后才发现，那是一家卖“图片”的店，顾客看上哪张图片，店员就会帮助下单，实物到了，顾客还要再来嘿客取快递。其定位是喜欢潮流的年轻人，然而年轻人需要嘿客来指导网购吗？最终嘿客被载入了顺丰商业的“黑历史”。

顺丰嘿客之所以没有再出现过，其实是转型了。摇身变为“顺丰优选”社区店——变的不仅是外表，还是从里到外的大变样。

不再是科技风的黑门头了，而是变成了亲和力很强的新店面；店里不再卖图片，取而代之的是 500 多个热卖商品 SKU；不再是一副程序员样子的店员，而是有着邻家哥哥姐姐面庞的热心导购；没变的是店里依旧保留了顺丰快件收发点的功能，只不过是藏在店铺最里面的小角落。

2. 取一个快递引发的消费

除了这些眼睛能看到的变化，顺丰优选还有哪些软实力？大零售方法论中的专业导购，在这里有新体现——导购为我免费普及了一套牛排知识。

故事的开始要从帮出差的室友拿一个顺丰快递说起。那是我第一次进那家顺丰优选，就在小区门口。进店之后，店员们很热心。店员 A 在帮助自己找快件，店员 B 在与自己聊天气，我倚在冰柜旁无意地往冰柜里看了一眼，然而只是因为在冰柜旁多看了一眼……

店员 B：“这是店里刚到的牛排，一箱中有 10 片，各个部位都有。现在搞活动，买一箱送一箱，平均一片不到 20 元。还送刀叉哦。”

作为一个“资深”电商人，看惯了各种营销、推销，我立刻机智地说：“前几天刚在京东买了一箱，还没吃完。”

“其实我们这个与那些网上买的不一样哦。”顺势，店员 B 打开冰柜拿出产品，“没事，你可以先了解一下，等家里的吃完，以后就来我们这里买吧。”

然后很自然地跟自己讲起了牛排的分类，各个部位的肉会有怎样的口感，小孩子喜欢哪个部位，女士喜欢哪个部位，几分熟会有怎样的口感，配什么样的红酒，说实话，是真的很专业。网购时，这些知识也会在产品介绍中体现，但是消费者不会特别留意，平时去超市购物，也不会有导购这么细致地介绍这些。

我当时有点受宠若惊，很少有人专门给自己普及牛排知识的。感动之余，我觉得应该买点什么才行（心里想着买瓶矿泉水赶紧逃掉）。但最后，我抱了一盒 98 元的深水虾，也是搞活动的，送了一袋鳕鱼片。我当时心里还美滋滋的。

出了店后，我摸着脑门一头雾水：自己明明只是来拿一个快递而已。如果你怀疑是我的抵御推销能力比较弱，为了证明自己的智商和情商属于年轻人的正常水平，我毅然决然地去他们店里蹲点了。

3. 蹲点考察：好厉害的导购

2018 年 7 月 3 日 11：00 左右

坐标：北京的一家顺丰优选

一位小年轻走进店里，买了几包零食和一瓶 9.9 元的啤酒，目测有几十元。但在结账的时候：

小 B：“这款啤酒买 5 瓶，可以赠送你一个猫山王的榴莲冰激凌，单独买 35 元一个。要不要再多拿几瓶？”（机智地为顾客推送促销信息）

小年轻：“可以啊。”

小 B：“刚好这款啤酒另外还有两种口味，都参与活动，您可以每一种口味拿一瓶。”

小年轻：“可以啊。”

小 B：“新来的麻辣小龙虾，要不要来一盒，烹制好的，拿回家直接加热就可以。”（关联产品推荐）

小年轻：“额……”（迟疑中）

小 B：“今天搞活动，两盒一起买可以减 30 元，单买一盒 69 元。”（再次用促销打动）

小年轻：“好啊。来两盒。”

最后，小年轻总计消费了 200 多元。

一开始，小年轻选购的东西也就几十元，但是经过导购这么一说，客单价立刻翻了几倍。

小 B：“有没有我们店的会员卡？”

小年轻：“没有。”

小 B:“会员可以买会员商品，积分可以抵现，网上商城和线下店铺通用的。您把手机号码给我。”

小年轻：“18*********。对了，你们这边平时可以送货上门吗？”

小 B：“可以啊。一小时内送到家”。

小年轻：“挺好。”（他入会员这场景简直和我当时一模一样）

离店的时候：

小 B：“等一下，还有东西送您，有可爱的餐具和剪刀，您喜欢哪一个？”

就这样，小年轻一脸幸福地揣着一把剪刀回家了。（同时，小 B 给小年轻发了群邀请）

与便利店的低客单价、高客流量不同，店员小 B 告诉我，这家店平均每天的进店顾客只有 40～50 人，然而客单价平均却都在 100 元以上，这当然与店内的品类有关系。

店内卖得最好的就是酒类和冷冻生鲜。酒类多是进口啤酒、红酒、香槟等。而冷冻生鲜也都是一些深海水产、牛排之类的。比起便利店的十几二十几元，这样的客单价着实不低。

店内的各种促销活动让用户觉得这就是家门口的“实惠”，而且很多品类是进口食品，且店面与那些夫妻老婆店的装修相比又很“高大上”。

4. 用户群的深度运营

小 B 告诉我，进店销售额只占他们销售额的 70%，另有 30%的销售额来自用户的线上消费。在此，我需要引出第二个软实力——深耕社群的能力。

很多人都知道要把社群玩起来，但是究竟怎么玩呢？或许顺丰优选深耕用户群的玩法可以供你借鉴。

每个顺丰优选点都运营着自己的用户群，500 个人的微信群，每个店铺拥有 2～10 个。那种 10 个群的店线上销售额占大部分。而小 B 所在的这家店就运营了两个群，但也非常热闹。

那天我先是成了他们的会员，然后店员小 A 加了我的微信，把我邀请进一个微信群。除了每天看到小 A 在朋友圈刷着各种各样的产品促销、拼团信息，还在群里看到店员们发布的十几款价格让人心动的促销产品，包括吃的、喝的、用的，甚至面膜、防晒霜（还经常是明星产品的那种）……

这些产品有些线下店有存货，有些来自顺丰优选的网上商城，网上下单的产品一般第二天会送上门，或者顾客去顺丰优选线下店取货。用户与导购都比较熟络，对用户的购物习惯也有把握。

群里的活跃度很好，不少人互相都很熟悉。每发布一个产品，就会有体验过的用户出来“口碑”背书，有说“用着挺好的”，有说“哎呀，早说啊，我昨天买贵了”，也有用户把自己买回家烹饪好的食材“秀图”比拼厨艺。在这样的氛围下，大家似乎消费更积极了。

群里的人不仅仅是年轻人，也有一些大爷大妈：他们更多的是直接把需求抛在群里。例如，某天上午 10 点，一位 50 多岁的大妈走进店里：“昨天咱们群里的小 A（隐名，顺丰优选店里的一名员工）帮我下单了一个净水滤芯，说是到了，我过来拿一下。”

“原来是您订的呀。阿姨，您看是这个吗？”店里的小 B 问道。（一副老熟人的样子）

“是的是的，就是这个。我昨天给过钱了哈。谢了。”

“不客气，老样子，以后您有什么需要的，就在群里说一声，我们帮您下单。”小 B 说。（继续强调服务，加深用户习惯）

是不是有点像之前嘿客的做法，只不过，这个玩法搬到线上微信群里，就变得聪明多了。除了岁数大的，也会有年轻人问“我想买×××，你们有没有卖啊？”

无论是来自线上的订单，还是线下门店的订单，只要该会员是在这家店里注册的，那么他之后所有的订单都属于这家店的业绩。

这样的店在全国有 1600 多家（来自官网），遍布 21 个省，重点分布在北上广深等一线城市。仅北京就有 60 家店。

有人会问，为什么有这么多促销产品呢？这也是顺丰优选依托顺丰集团的优势，顺丰目前的主营业务仍然是物流，正是因为自己是物流老大哥，所以有机会与很多原产地的供应商合作。

例如，樱桃季节来临的时候，顺丰直接自己“吞下”产地所有的樱桃再卖给用户。直销和包销两种形式都有。有些是厂商愿意提供促销让利。并且，顺丰优选卖得最好的冷冻生鲜品类都是用顺丰物流运出来的“老交情”。就像前面送的猫山王冰激凌，想通过电商渠道卖货，需要依靠顺丰冷链运输给卖家，一来一往也就达成合作了。

5. 顺丰优选存在的问题

顺风优选每天的进店人数只有 40～50 人，这似乎是一个比较难突破的瓶颈。为什么人数这么少呢？目前进店消费的人分为两种：一种是附近住户，还得是路过的，知道这家店的；另一种就是取件寄件的人，就以我来说，若不是去拿快递，也不会光顾他们的店。顺风优选的引流方法比较单一，也比较有局限。

另外，高客单价意味着低频，产品好、服务周到会有复购，但是购买频率不会太高。导购能力再强，也必须要接触用户才能施展，所以怎么提高进店客流量或许也是顺丰优选头疼的事情。

尽管亏得不少，但还是要干！为什么？据说顺丰商业在转型的过渡期里也亏损了不少。但顺丰并不急于在商业这个板块尽快实现盈利，如果说顺丰商业是"小儿子"，那么当下有顺丰物流这个"大哥"先赚钱养着，顺丰当下的目的是想靠着"小儿子"抢占地盘铺"最后一公里"。

9.3.5 连锁便利店：便利蜂智能便利店

便利蜂是一个自诞生以来就备受关注的连锁便利店品牌，这主要是因为它背后的团队实在是太吸睛了，它不仅有从 7-11 北京大区经理职位离职、创建邻家便利店的王紫，更有去哪儿网的创始人庄辰超。而当便利蜂宣布做智能便利店时，自然而然地也就成为关注的焦点。

相比于普通便利店，便利蜂智能便利店的主要优势在于扫码便可以完成购物，而无须排队结账；店内提供贴心的服务，不仅提供了免费 Wi-Fi，还提供了 24 小时服务；而店内商品经过严格的挑选，质量都比较有保障。除此之外，消费者在办理会员后，还可以享受会员优惠。

1. App 为智能助力

可以说，便利蜂智能便利店的智能和便利与其开发的便利蜂 App 有着很大的关系。通过便利蜂 App，消费者可以在便利蜂智能便利店中开展许多便利化的业务。

（1）**自助购物**。消费者在连接便利蜂智能便利店内的 Wi-Fi 后，打开便利蜂

App，通过“扫码购物”功能扫描商品上的条形码，便可以通过微信和支付宝进行线上支付。而支付完成后，消费者只需将交易凭证用机器进行再次扫描，便可以提着商品离开了。

当然，便利蜂智能便利店中自助购物也是有一定限制的，那就是只有在商品不超过 9 件的情况下，才能够进行自助购物，而超过 9 件的部分，则需要进行人工结算。虽然对于商品的结算数量有限制，但是不得不说这给消费者带来了极大的便利。毕竟，很多人在购物时选购的商品可能不会超过 9 件。

（2）**预订自提**。便利蜂智能便利店采取的是线上线下融合的经营模式，消费者在便利蜂 App 上购买的商品可以选择预订自提，下单后，当有空闲的时候，去店铺领取商品即可。

不仅如此，当消费者打开便利蜂 App 之后，该 App 还会根据消费者的定位，推荐附近的门店，方便消费者选择就近的店铺，甚至 App 中还有内置导航，消费者可以根据导航寻找店铺位置。而在商品打包完成后，App 中还会显示提货码，消费者到店后，只需出示提货码便可以领取商品。

（3）**配送到家**。便利蜂 App 上为消费者提供了配送到家服务，消费者只需打开便利蜂 App，在 App 内选择商品，并填写收货地址，下单完成后，便可以等待配送员送货上门。而且如果对收到的商品不满意，消费者还可以当场进行退货。

配送到家服务，对于不喜欢去实体店购物却急切地想要获得商品的消费者来说，在家里就可以快速获得商品，这无疑是非常便利的。而对于喜欢去实体店的消费者来说，配送到家服务会增加店铺的销量，减轻店铺的库存压力。这样一来，同样大小的店铺，货架上可以放置更多的商品品类。

2. 便利蜂的发展前提

任何事物的发展都是有一定前提的，而便利蜂智能便利店之所以能够发展主要有三大前提。

（1）**消费能力的增长**。一般来说，便利店的发展与消费者的消费能力是有直接关系的。只有当消费者具有稳定收入时，才有可能创造 GDP，有足够的收入用于便利店购物。

从国家统计局的数据来看，我国 2016 年人均 GDP 为 7900 美元，2017 年人均 GDP 为 9482 美元，而 2018 年则达到了 9780 美元。一般来说，当人均 GDP 处于 5000～10000 美元时，消费者对便利店的需求将会快速提升，而身处其中的便利蜂智能便利店自然而然地迎来了发展的机遇。

（2）**便利店饱和度低**。虽然近年来便利店行业发展快速，但是，多数城市饱和度仍相对较低，24 小时便利店普及率明显偏低。在这种大环境下，“小而美”的便利蜂智能便利店的发展空间是非常巨大的。

（3）**线上线下日渐融合**。从尼尔森的调查数据来看，使用手机购物的消费者超过了八成。移动端随时随地下单、商品种类多样的巨大优势，让越来越多的消费者将线上作为主要的购物渠道。

在这种情况下，便利蜂通过独立 App 和小程序的开发，为消费者提供了便利的线上购物渠道，而且因为便利蜂靠近消费者布局了大量便利店，消费者下单后可以快速获得商品，其线上销售的优势自然而然地就凸显出来了。

虽然线上购物的优势明显，但是，线下实体便利店却具有线上无法具备的优势。例如，整洁的商品陈列、干净卫生的环境和服务良好的店员等，而这一切都能为消费者带来愉快的购物体验。

而便利蜂的线下优势就在于：不仅具备上述普通便利店的优势，还有与线上结合的智能化经营，以及线下更贴近消费者的便利店，能够让消费者获得更加便利的购物体验。

9.3.6　外卖平台：饿了么商超便利业务

不管是经常订外卖的人，还是基本上不订外卖的人，对于饿了么这个品牌一定不陌生，毕竟这是一个能和美团外卖“平分天下”的品牌，而且只要你在城市的道路上站上一会，总是会看到那些一身蓝色的饿了么外卖配送员。

虽然在许多人的观念中，外卖平台就应该是专门卖快餐的，但是，现在绝大多数外卖平台的商品种类都是十分丰富的。而在饿了么平台中，商超便利便属于其中的主要业务之一。

1. 配送成绩

2018 年 9 月 16 日饿了么旗下“蜂鸟配送”展示了客户名单，并表示全国千余个商超品牌都是其服务对象。其中，大家熟悉的大润发、屈臣氏、千惠和新佳宜等赫然在列。

随着生活节奏的加快，越来越多的消费者习惯通过外卖平台来购买商品，而作为外卖业的巨头，平台骑手众多，配送速度快，饿了么自然而然地就成为了许多消费者的选择。

目前，饿了么已经拥有300万“蜂鸟”骑手，借助庞大的骑手团队，饿了么平台的交易额不断创造新高。阿里巴巴集团副总裁与饿了么 CEO 王磊表示：“2018年二季度饿了么平台新零售交易额新增45%，三季度有望超过50%。”

正是因为看到了“蜂鸟”骑手团队的巨大能量，王磊表示将把“蜂鸟配送”建立为独立的品牌，为整个阿里新零售生态体系更好地服务。这也为“蜂鸟配送”和饿了么的未来带来了更多的可能性。

2. 更多可能性

虽然目前与饿了么合作的商超便利品牌已经比较多了，但是，仍有部分商超品牌在与饿了么商讨合作事宜，其中甚至不乏一些“重量级”品牌。另外，“蜂鸟”的发展潜力及饿了么在商超流线方面的改造，也为饿了么的商超便利发展创造了更多的可能性。

王磊表示：“你拿一瓶可乐，再拿一瓶洗发水可能就要去另一层了，传统商超整个的动线设计是为了让消费者多逛，而不是为了一个高效的理货过程。我们希望对商超的线下流线，配合线上配送的仓储系统，提供一个整体的改造方案。”

这个改造方案看似是一个巨大的工程，但是对于饿了么来说却并非不可实现。毕竟，饿了么拥有巨大的用户量，而且阿里在做盒马鲜生等新零售项目时也积累了大量经验，这一切都可以为商超便利流线的改造提供助力。

除了这些，饿了么还会通过和其他品牌合作的方式，寻找外援。例如，和闪电购签署协议，在资源、技术、商务等方面进行合作，就连锁商超便利店新零售提供解决方案，从而扶持饿了么平台上商超便利店的发展。

9.3.7 B2B 供应链：中商惠民社区 O2O

中商惠民成立于2013年，作为国内知名的社区 B2B 品牌，其一直注重通过互联网服务实体，将以虚拟和实体相结合的模式，更好地为消费者提供社区运营服务。

经过近6年时间的发展，目前中商惠民已经覆盖了北京、上海、广州、深圳等全国20多个省市，社区会员超市规模超过50万家，拥有近30多个现代物流配送基地，配送车近1000辆，市值超120亿元人民币。虽然中商惠民作为国内知名的电商品牌，在电子商务方面做得比较好，但是，它对线下实体店的经营也非常重视。

中商惠民创始人表示："中商惠民要做到线上有多少家店，线下就有多少家实体店，要做'互联网＋社区'，进而真正做到'互联网＋便民'。"

中商惠民采取的是合作加盟的方式，在达成合作意向后，中商惠民会负责货物的配送，其他的工作加盟商可以自己做主，这也让加盟商有了更多施展的空间。这也是许多人加盟中商惠民线下实体店的重要原因。

1. 社区 O2O 的探索

中商惠民一直以来的定位就是一家社区 O2O 公司，其实，中商惠民成立时，甚至连 O2O 的概念都还没有，这也让这家第一个吃螃蟹的公司不得不摸着石头过河，慢慢地在 O2O 方面进行探索。

创立初期，中商惠民为了让线下便利店理解自己的商业逻辑，会让 300 人的地推团队到社区便利店中进行沟通，让店主了解自己的运作模式，并承诺免费进行店内的系统改造，对店主做相关指导。

但是，因为当时 O2O 模式相对来说是比较超前的，大多数店主不太理解，甚至会认为它在骗人。所以，这也让中商惠民的发展一度遭遇了诸多阻碍。

而中商惠民之所以能够取得成功，除了坚持，还在于经营模式方面的过人之处。一般便利店的老板在店铺需要补货时，可能有两种选择：一是自己去进货，这样虽然能够比较快地拿到货品，但是整个过程可能会比较麻烦，也比较浪费时间；二是通过分销商补货，这虽然可以省去许多麻烦，但是有时候需要等待的时间比较长，而且商品经过分销商之后，利润空间就已经被大大压缩了。

而加盟了中商惠民之后，情况就不同了。加盟商只需在当天结束营业之前，对货物进行清点，然后再登录中商惠民的订货系统，选择对应的货品，第二天便会有配送员将货品送上门。

这不仅可以让加盟商省去补货的种种麻烦，将更多的时间放在店铺的经营上，而且因为这种模式没有经过供销商，所以货品的进价通常都比较低，这也保证了加盟商的盈利空间。

中商惠民为了给加盟商提供更好的服务，也为了增强自身吸引力，实现了 4 个对接。

（1）**虚实对接**。将线上的虚拟店铺和线下的实体店铺进行结合，把线上的便捷优势和线下的良好体验进行结合，通过"互联网＋视野"达到"互联网＋惠民"的目的。

（2）**厂超对接**。中商惠民直接与统一、双汇和雀巢等数十个知名品牌对接，可提供的商品有 2000 多种，这基本上能够满足所有社区便利店的商品品类要求，而且商品的进货价格方面也得到了降低。

（3）**农超对接**。中商惠民通过直接与农产品提供商对接，从源头上对农产品的安全问题进行把控，甚至可以通过分析进行定制化的生产。

（4）**厂金对接**。中商惠民开发的惠付通具备收银、进销存管理、商品促销等功能，不仅能够让加盟商更好地收集数据，还能帮助小微企业提供便捷化的贷款服务，让加盟商的资金可以更好地周转。

另外，加盟商对中商惠民比较满意，也与中商惠民重视与加盟商关系的维护有一定的关系。张一春表示："我们的地推人员都会上门给便利店老板讲解模式、处理客户投诉、介绍总部开展的活动等，我们对员工的要求就是从日常生活的细节上关心便利店老板。"

2. 领先平台的打造

随着越来越多的品牌加入社区零售的争夺，中商惠民充分意识到领先 O2O 社区便利店平台打造的重要性。为此，它从两个方面做出了努力。

（1）**融资**。中商惠民进行了多次融资，其中，2017 年的 B 轮融资便达到了 13 亿元人民币。这无疑使中商惠民的实力，特别是资金实力得到了大力加强。

（2）**扩张**。在获得多次融资之后，中商惠民并没有满足当前所取得的成绩，而是进行扩张。这不仅体现在线下加盟店的增多，还体现在对其他品牌的控制上。例如，2017 年年初便对社区 O2O 公司爱鲜蜂进行了控股。

9.3.8　生鲜前置仓：食行生鲜

食行生鲜是江苏随易信息科技有限公司在"菜篮子办公室"的指导下成立的一个项目。它通过在社区设立智能自提保险柜，将农产品生产基地与社区消费者直接相连，从而 24 小时为消费者提供便捷、新鲜和安全的生鲜农产品。

截至 2018 年年底，食行生鲜已经将业务覆盖了上海、苏州和无锡这 3 个城市的 3000 多个社区，服务的家庭接近 270 万户。

1. 改变买菜方式

每到冬天，许多城市便会下雪，一些风雪比较大的城市甚至连买菜都成了问题。而 2018 年 1 月底，上海在遭遇大风雪之后，却能保持菜品的不间断供应，食行生鲜可谓是最大的功臣。

与其他生鲜品牌走“快”的途径不同，食行生鲜显得要“慢”得多，它并不会承诺将菜品快速送到消费者手中，而是通过 24 小时全程冷链、全程追溯的供应链打造，确保消费者能够便捷地享受新鲜的菜品。

食行生鲜 CEO 张洪良表示：“我们希望改变中国人的买菜习惯。与当前市面上的生鲜电商不同的是，我们没有选择生鲜到家的模式，而是选择了生鲜到柜。市民通过手机 App、微信等多种途径，来体验食行生鲜的 24 小时生鲜订购服务，从‘菜箱’刷卡取菜就像信箱收信一样简单方便。”

食行生鲜会将收购的生鲜产品通过冷链车配送，对车厢温度进行控制，分拣作业也会在分温冷链环境中进行，保障菜品全程不脱冷。而社区中的菜箱分为保鲜柜和冷冻柜，食行生鲜会根据菜品品类分类，将菜品放置在更合适的环境中，从而为社区居民提供更加新鲜的菜品。

除了新鲜，食行生鲜还有一大优势，那就是便宜。通常来说，食行生鲜中同类商品的价格会比传统菜市场低一成左右。

便捷的购买渠道、新鲜的食材，再加上便宜的价格，为食行生鲜塑造了良好的口碑。根据相关统计，食行生鲜的综合好评率达到了 97%。

张洪良表示：“我们希望成为消费者更好的买菜方式，性价比更高、食材更安全，也更懂消费者的心。”

2. 把关食品安全

食行生鲜对食品的安全非常重视，消费者只要使用食行生鲜 App 扫描包装上的二维码，便可以对每件商品进行全程溯源。该商品是什么时候入库的、什么时候完成分拣的，又是由谁来配送的，都可以看得一清二楚。

张洪良认为，把好食品安全这道关就是要做到“确保每份食材在系统中来源可跟踪，去向可查询，责任可追究，问题产品可召回，无论哪个环节出现问题都可以找到相应的责任人”。

对于企业来说，食品安全绝对是生存的根本。随着消费者对于健康的日益重视，食品安全逐渐成为消费者的关注重点。而食行生鲜要做的就是把好食品安全关，让消费者放心地购买自己的商品。那么，如何把好食品安全关呢？针对这个问题，食行生鲜是分为 4 步来进行的。

（1）**源头严选**。食行生鲜借助政府的力量对供应商进行选择，只有基地规模较大、检测设备完善的供应商才会成为备选项，这便很好地保证了源头食品的安全和供应稳定。

（2）**严格检测**。食行生鲜建立了自己的安全检测中心，并且将所有商品分批进行检测，将检测数据与食药监局进行共享。而借助食行生鲜 App，食行生鲜只需将数据输入，消费者便可以通过扫码进行获取。

（3）**制定标准**。食行生鲜形成了“生鲜电商农产品质量标准化、食品安全管控标准化、农产品冷链流通标准化”的食品标准化体系，并根据标准对商品进行检测和验收，以及根据标准严格进行分类。

（4）冷链流通。食行生鲜建立了生鲜冷链流通标准化作业流程，并制定流通和管理标准，根据标准进行组织生产。另外，食行生鲜还对冷链流通进行全程监控、记录和管理，从而实现商品质量的可追溯。

张洪良表示：“我们为农产品建立起了全品类、全区域、全覆盖和全流程的一站式追溯体系，为每一个产品赋予独一无二的‘产品二维码’，真正做到让每一件产品生产可记录、安全可预警、源头可追溯、流向可跟踪、信息可存储、身份可查询、责任可认定、产品可召回。”

9.3.9　线上电商：爱鲜蜂

爱鲜蜂是 2014 年 5 月上线的一个以众包微物流配送为核心的 O2O 运营服务公司。它对于社区生鲜“最后一公里”配送非常重视，主打的就是 30 分钟闪电送达业务。在产品上以生鲜为主，而消费的主要群体则为年轻白领。

目前，包括哈根达斯、星巴克在内的许多品牌都与爱鲜蜂达成了合作，无论是水果、海鲜，还是各类卤味，爱鲜蜂中都应有尽有。对于一个经营生鲜类商品的平台来说，食品的新鲜可谓是重中之重，而借助闪电送达业务，爱鲜蜂提供的生鲜都是比较新鲜的。

爱鲜蜂上线两个月后，面向社区便利店开发了一个 App。通过该 App，消费者可以查看所在位置附近的便利店，而在 App 上下单，则会根据就近原则，由最近的门店进行配送，让消费者在第一时间就能拿到商品。

爱鲜蜂创始人张嬴说：“这是社区便利店数字化进程的开端。”“鲜果、鲜食和乳制品的消费频次较高，这类商品能够在 30～60 分钟内送达。与此同时，社区便利店的数字化进程开启，为行业的爆发酝酿了机会。”

1. 线上电商爆发

什么事情的爆发都不是偶然的，而其之所以会爆发，也是因为在不断积累的过程中出现了一定的条件。而线上电商的爆发，最主要的就是移动端，特别是智能手机的快速发展。

为什么这么说呢？首先，从消费者的角度来看，移动端和智能手机生产技术的发展，让越来越多的人都拥有了属于自己的智能手机。而智能手机上基本都可以登录各大线上电商平台，这便为线上电商的爆发提供了坚实的用户基础。

其次，对于线上电商的运营者来说，移动端和智能手机的发展也让管理变得更加便利。张赢说："通过订单监控，我们能查找用户订单，追踪用户行为。我们能知道商家是不是在 5 分钟内接单，15 分钟内发货，30 分钟内到达。"

作为社区 O2O 的领先品牌，在线上电商的爆发过程中爱鲜蜂也享受了一波福利。2014 年爱鲜蜂在一片掌声中获得了资本市场的青睐，通过 A 轮获得了 2000 万美元的融资。

2. 陷入发展困境

在 A 轮融资完成后，爱鲜蜂又进行了 B 轮和 C 轮融资。连续 3 次融资，让爱鲜蜂的实力大幅增强。而张赢因为担心电商巨头的介入，便选择了乘势追击，快速扩张。

2015 年爱鲜蜂完成 C 轮融资之后实力雄厚，再加上利用了社区便利店的冰箱和小店的库存，不用租库房，也无须担心库存压力，而且消费者下单之后商品的配送工作也无须爱鲜蜂来分心管理。因此，爱鲜蜂便全身心投入了扩张。

于是，爱鲜蜂便迎来了快速扩张时期。甚至在巅峰期，爱鲜蜂的业务拓展至十几个城市，服务的便利店接近 1 万家。

然而，快速发展之后，紧接着的就是各种问题。可能连张赢也没有想到，公司在负毛利的情况下，扩张越快，规模越大，亏损就越严重。于是，爱鲜蜂很快便出现了资金链断裂的现象，而这也让爱鲜蜂几乎要面临灭亡。

3. 重塑便利店价值

在陷入发展困境之后，张赢进行了一番思考。互联网式的疯狂扩张虽然能够快速实现规模化的经营，但是，这种扩张通常是以"烧钱"为代价的。而爱鲜蜂的扩张之所以溃败，主要还是因为没有看清自身的本质。

张赢认为，爱鲜蜂的本质并不是电商或生鲜电商，而是便利店。既然爱鲜蜂是便利店，那就应该重塑便利店的价值，将自己的经营主力向便利店靠近。

张赢说："在传统零售行业，并没有看到 7-11 这样的巨头让谁彻底倒闭。任何一个便利店连锁品牌，只要线下有积累、有成熟的供应链，现金流良好，能满足顾客的需求，就能爆发出旺盛的生命力。"

虽然明白了爱鲜蜂的本质，但是，要做起来并不是一件容易的事。毕竟，爱鲜蜂要做的并不只是将线下的便利店搬到线上，而是要通过线上线下的结合，为消费者提供更便捷的购物体验。

接下来，张赢便带领团队开始了对爱鲜蜂的调整。此次调整主要分三部分进行。首先，全面暂停扩张，对方向进行调整；其次，通过大幅裁员、降低办公费用等方式对经营成本进行控制；最后，通过对供应链的构建，缩短配送时间，让消费者更快地获得商品。

以北京地区为例，在此次调整之前，爱鲜蜂 App 的配送速度虽然也算是比较快的，但是，也只敢承诺在一小时之内送达。而经过调整之后，配送速度加快，消费者下单之后 30 分钟内便可以拿到商品。

这一改变，大大缩短了消费者的等待时间，也正是因为如此，爱鲜蜂获得了许多消费者的青睐，而爱鲜蜂也由此开始了稳步的发展。

9.3.10　线下实体：百果园

百果园是一家以水果源头采购、保鲜、物流、仓储、零售和品牌运营为主的大型零售企业。与一般的水果零售企业不同的是：百果园向消费者推出了"不好吃三无退货"的承诺，只要是不好吃，即使没有小票、没有实物，甚至没有其他理由，皆可享受退货服务。

可能也是因为如此，从 2001 年成立以来不过 10 多年时间，百果园发展快速，截至 2018 年年底，已经建立了 10 多个仓储配送中心、200 多个水果种植基地，并在全国 40 多个城市布局了 3000 多家实体水果零售店，为国内 3000 万家庭提供了来自全球的果品。

1. 从亏损中崛起

百果园的创始人余惠勇起初只有 400 元资金，可即便如此，他却通过自身努力在 2001 年积累了 200 多万元的财富。虽然此时水果店也不少见，但是，余惠勇却发现了一种现象，那就是市面上批发超市不少，但是却没有一家水果连锁店，于是便萌生了开水果连锁店的想法。

余惠勇说："这是一个很大的机会，如果做成了，那就是一个没人做过的事，我这个人就是喜欢做有挑战性的事。"

很多时候当你有某一种想法时，说不定别人已经准备行动了。就当余惠勇想要开店之际，却已经有人开始了水果连锁店的尝试。而且这家公司还在短短一周之内就开了 6 家分店。

在看到这种情况之后，余惠勇知道如果还不赶紧行动，很可能就会被人远远抛到身后。因此，2002 年 7 月，在没有零售经验，也没有人支持的情况下，余惠勇毅然开设了第一家属于自己的水果店。

因为极具吸引力的加盟方式，百果园的分店快速扩展，短短 7 年时间，便在国内开设了超过 100 家分店。虽然扩展快速，却有一个问题开始凸显出来，那就是公司亏损明显。以 2008 年为例，公司年底结账时便发现亏损超过了 2 亿元。

在这种情况下，余惠勇开始思考了一个问题，那就是怎样扭亏为盈。为了解决这个问题，他甚至曾向香港中文大学的经济学教授求教，然而得到的回答却是：这种模式根本不可能成功。

即便被泼了冷水，余惠勇仍然坚定自己的道路：一心一意做水果。而为了让自己的事业继续下去，他开始了一系列的改革。

改革主要分为以下两个部分。

首先，将所有的加盟店收回，进行了改革和调整。在此之前，加盟店的水平总体是参差不齐的，甚至有的店主还会在国产水果上贴上进口水果的标签欺骗消费者。这种做法，曾让百果园多次出现负面报道，直接导致了大量消费者的流失。

其次，建立"四度一味一安全"的水果考核标准，对水果的鲜度、糖酸度、细嫩度、爽脆度、香味及安全性都进行了严格的考核，确保线下零售店中的水果都能达到标准。

经过这一系列的改革，百果园开始了飞速发展，并借此迅速成为国内的知名水果连锁品牌，以 2018 年为例，年销售额便突破了 100 亿元。

2. 百果园的成功秘诀

说到百果园的成功秘诀，余惠勇认为其中有一个词很关键，那就是"利他"。余惠勇认为，只有你做的事对他人更加有利时，别人才会更支持你。为此，百果园重点从两个方面进行了让利。

首先，让利农民。在海南地区，许多农民都靠种植蜜瓜为生。一般情况下，一根蜜瓜藤有 30 个“结位”（即结瓜的位置）。而因为百果园对水果有着严格的标准，因此只会选取一根瓜藤中某个特定位置结出来的蜜瓜。

在这种情况下，就相当于在 30 个瓜中，百果园只会要一个。为了让农民更好地和自己合作，百果园进行了一些让利。因此，即便百果园选果严苛，却仍有许多农民愿意合作，甚至有的农民为了更好地进行合作，还对种植方式进行了自发的改进。

其次，让利消费者。在百果园线下零售店开设之初，余惠勇便提出了“不好吃无理由退货”。然而，在实施过程中，却发现许多消费者因为没有小票，最终无法完成退货。

为了解决这个问题，余惠勇直接将“无理由退货”改成了“三无退货”。于是，除了无理由，无小票、无实物也可享受退货服务。这种做法大大提高了消费者对于品牌的信任度，而百果园的整体销售量也因此出现了明显的提升。

9.3.11 技术方案：火星盒子

目前社区新零售的重点主要停留在通过什么方式获取消费者，其实，技术在新零售中的价值是难以估量的，只是因为重点不在这里，所以，大部分零售企业对技术价值的挖掘还不够。

当然，也有一些零售企业通过社区新零售解决方案的提供获得了发展的机会。下面重点介绍属于这一类的火星盒子。

1. 技术赋能

火星盒子主要是通过对传统零售便利实体店的技术化改造，借助 C 端的火星兔子及面向 B 端的火星惠，借助店内消费者自助扫码购物，实现店铺的无人收银、快速结账。

基于 LBS 的火星兔子 App，为消费者的进店消费提供了极大的便利。消费者在选择好商品之后，只需通过火星兔子 App 一物一扫，进行线上支付之后，便可以通过专用的通道完成无人快速收银。

搭配 App 带来的无人快速收银技术主要有两大优势：一是可以节省购物时间，带来更便利化的购物体验。相关数据显示，借助该 App 的无人收银功能，消费者出店的时间可以节省 60%左右；二是可以节省人力成本。通常来说，大部分实体零售店中为了方便消费者结账，都会设置至少一个收银位，且收银员一般都是两班倒。按照收银员每月 3000 元的工资来算。收银员一年的工资就需要 72000 元。这还不包括各种福利和奖励。许多大型超市的收银员往往有 10 余个，而收银员的人力成本一年便可以达到几十万元甚至上百万元。而通过无人收银技术这笔成本便可以极大地降低。

新零售讲求的是人、货、场的重构，但是作为货品提供者的品牌方要想真正参与进来却并不是一件容易的事。而火星惠作为一个品牌自主营销管理平台，可以让品牌方更好地触达消费者，通过对消费数据的掌握，制定更具针对性的营销策略，从而让品牌方可以更好地参与进来。

除了火星兔子 App 和火星惠，火星盒子还有许多其他尝试。一方面借助人脸识别等技术，在融入科技因素的同时，更好地绘制用户画像；另一方面是通过微信小程序等新市场、新生态，在为火星兔子设置更多流量入口的同时，为自身的发展带来更多可能性。

与其他新零售企业的改造方案相比，火星盒子主要有两方面的优势：一是无须伤筋动骨，改造便利，且成本低廉、速度快速；二是通过互动化的营销将流量向线上引导，用户的黏性强。

2. 融资与扩张

融资与扩张是一个零售品牌做大做强的重要手段。融资是为了借助外界的力量，进一步提升自身的实力。而扩张则是为了扩大自身势力范围，进一步提升自身的影响力。

火星盒子早在 2016 年成立之初便获得了 330 万元的种子轮融资，同年还获得了 1400 万元的天使轮投资。2017 年则获得了数千万元的 A 轮融资。而 2018 年的 A+轮融资也是达到了数千万元。经过这 4 次的融资，火星盒子的实力无疑是得到了大幅增强，也为其接下来的发展带来了更多的可能性。

融资带来的实力增强，也给火星盒子的扩张提供了足够的底气。火星盒子的扩张主要体现在与连锁商超的合作上。目前，火星盒子达成合作的连锁商超超过了 3 万家，世纪联华、罗森和苏果等都在其列。

据相关数据显示，火星盒子签约合作的商超数已超过同类企业的总和。而从地域来看，则主要集中在长三角和珠三角地区。当然，随着实力的进一步增强，火星盒子也会扩张到其他地区，而其影响力也将随之提高。

9.3.12 物业参与：绿城社区零售店

也许许多人认为物业和社区零售之间风马牛不相及，其实，在社区新零售中物业可以说是一股不可忽视的力量，它可以以直营、合作和投资的方式参与到社区零售中来。而下面要重点介绍的绿城便是通过物业参与做社区零售店的一个典型。

绿城是绿城中国控股有限公司的简称，它原本是一个领先的房地产开发及生活服务提供商。不过，随着自身的发展，它也开始寻求更多可能性，其中的一个尝试就是社区零售店。

1. 绿城的发展

绿城于 1995 年在中国杭州成立，2006 年在香港联合交易所完成上市。经过 24 年的发展，绿城在中国的员工总数超过 1 万人，而其成员企业更是超过了 300 家。从资产上来看，绿城的总资产规模达到 2500 亿元，净资产达到 500 亿元，甚至就连“绿城”这个品牌的价值也将近 400 亿元。

作为一个走在房地产行业的品牌，绿城也创造了许多不俗的成绩。例如，连续 14 年获得“中国房地产百强企业综合实力 TOP10”、连续 15 年获得“中国房地产公司品牌价值 TOP10”等。

2. 进军社区零售

大多数企业在自身的主要业务做出一定的成绩之后，通常都会通过业务扩张来增强其整体知名度和影响力。而绿城的选择则是在做房地产之余，通过线下布局，进军社区零售。

其实，房地产企业进军社区零售并不是绿城的首创，像保利、万科和宝能等许多知名的房地产企业都开始进行社区零售的布局。例如，宝能地产便在 2017 年进行了社区无人便利店的铺设。

为什么房地产企业纷纷入局社区零售、无人零售呢？其中，最主要的还是它们背后的巨大市场潜在价值。从中商产业研究院的数据来看，目前无人零售的市场规模超过了 100 亿元，预计 2022 年将达到 9500 亿元。

正是因为同行的入局和市场的巨大潜力，让绿城决定进军社区新零售，这其中比较具有代表性的尝试当属以“地产+社区便利店”模式打造的“绿橙 Pro”

无人值守便利店。

和许多无人便利店相同，“绿橙 Pro”通过科技因素的融入也实现了拿了就能走。具体来说，消费者首次进店只需通过微信扫码完成注册后，便可以进店。而商品选购完成后，只需按照提示操作便可以快速完成支付。

作为一个面向社区消费者的实体零售店，“绿橙 Pro”力求满足消费者的各项需求。无论是食品、饮料、生活用品，还是进口商品、网红爆品，都能在“绿橙 Pro”中找到身影。

对于传统实体零售店来说，店址的选择可谓是至关重要。许多零售店为了获取充足的货源甚至不惜花费大量的租金，将店铺设置在中心商圈。可即便是如此，也不一定能获得预期的效果。

而作为房地产起家的一个企业，绿城在这方面显然是具有先天优势的。一方面，它在租金方面没有压力；另一方面，因为零售店就设置在消费者的楼下，也为它带来了较为可观的客流量。这或许也是绿城的社区零售能够获得发展的一个重要原因。

第 10 章

跨界集合店："店铺 + 场景"的思维结合

100 年前就有新零售了。但是，零售的竞争依然空前激烈。整个零售业都需要有一个新的进化方向，这个新方向，马云认为是新零售，而且用尽了各种词汇解释新零售。但最终，大家对新零售的了解还停留在知道需要技术和大数据去支撑，还需要线上线下结合。

通俗地说，线上线下结合还是要做的，但是不能解决根本问题，解决根本问题的是大零售，是业态融合、情境创造、分解和渗透的一系列做法，线上线下结合只是业态融合的很小一部分。

- 风潮正盛的集合店
- 集合店的 4 种类型
- 重构业态组合的集合店

10.1 风潮正盛的集合店

说起集合店，不得不说，在如今的商场中，单一的业态似乎再也不能吸引更多人的关注，服装＋咖啡＋甜点＋零食、艺术＋书店＋音乐、餐饮＋生鲜＋书店……无论是不同领域的跨界混搭，还是各种多品牌集合店、精品集合店的火爆，似乎都在无形中提醒人们：不集合，不成活。

10.1.1 集合店：不同领域的跨界混搭

这里所说的集合店，其实就是**把多个品牌的产品集合在一个店铺内进行统一经营，产品和经营完全由店铺方操作的商店**。在这种集合店里，品牌方则以被买断、寄卖或被代理的形式和店铺方合作。

例如，Chauvoir 享未集合店就将服装店、咖啡店、餐饮店 3 种消费场景融合在一起。消费者在该店内既可以挑选服装，还可以喝咖啡和进餐。这便让一个店铺具备了满足消费者 3 个方面消费需求的能力。

相比于之前的独立门店，集合店这种业态的商品品类更加丰富，格调也比较雅致，因而深受白领阶层及 80、90 年青一代的喜爱，他们的选择多了，驻足的时间自然也就长了。

有调查显示，一家集合店的平均客流通常为附近门店的两倍，消费者在集合店里停留的时间超过传统单店的 3 倍以上，加之采用集合店模式能够让店内每平方米的租金压力、人员成本减少，成本上估计比单品店下降 15%。

集合店不只是消费，更承载着一种生活方式与文化理念——无论是打造时尚生活还是创意空间，它们是慢文化，也是新美学。

集合店场景的任意切换不仅满足了消费者的各种需求，而且环境、灯光、色彩、景观设计等不同的场景美陈也让他们得以暂时忘记繁杂的生活，享受当下稳稳的安定感和优越感，他们会不由得发出感叹："生活，原来可以这样美好"。

10.1.2 买手店：强调门店的"体验"功能

买手店最近几年很火，但并不是才出现的新业态，其历史源于精选店（国外称为 BOUTIQUE，日本称为"select shop"），也被称为买手制精品集合店、高端买手式经营，是一种由欧洲人开发的商业模式。

买手店通常会以目标客群的时尚观念和个性趣味为基准，挑选不同品牌的服饰、饰品、珠宝、皮包、鞋子等商品，并将之融合在一个店面内。例如，摩树诗 moimoins 买手集合店便融合了服饰、书店、咖啡馆、家居、婴童和摄影画廊 6 种业态。

买手店的兴起，可以说是应运而生。一直以来，传统零售业、百货业因品牌重复率高、体验感差而饱受诟病，不少消费者感慨“不管走到哪里，几乎都是那几个品牌，感觉在哪里逛都差不多”。

尤其在电商的迅猛冲击下，实体业无论在价格、品类、便捷性上都难以与之匹敌，这样的困境也倒逼实体业回归商业最初的本质，真正站在消费者的角度考量，他们更想要什么？于是，休整过后，创设更精致的购物环境、打造更丰富的场景体验，以及提供更人性化的服务成了实体业再度出击的利器。

此外，这类消费人群具有一定的购买力，在消费过程中更加注重感觉，而不过于看重品牌，自己喜欢就买。如此一来，在一些买手集合店中，一些刚刚起步、知名度还不高的设计师品牌和小众品牌也很有市场。

10.2　集合店的 4 种类型

通过 10.1.1 节的内容不难看出，集合店的实质就是将多个品牌集合在一个店铺内。其实，经过多年的发展，实际意义上的集合店是非常多的。为了更清楚地了解集合店，我将它细分成 4 种类型，即多品牌集合店、买手制精品集合店、生活方式类集合店和百货式多品牌集合店。本节将分别进行简单的说明。

10.2.1　多品牌集合店

多品牌集合店，顾名思义，就是把多个品牌集合在一起的店面，该类集合店目前以服装领域为盛。其中，比较具有代表性的品牌是 I.T。该品牌的店铺与品牌之间并不是铺位租赁关系，而是买货、代理或代销中的一种，入店货品的类型选择权多在店铺方，而不是品牌方，因此在货品的选择上店铺的自主权是比较高的。

多品牌集合店的主要优势在于可以在同一个店铺中同时销售多个品牌的货

品，不仅店铺对货品具有较高的自主选择权，而且消费者在选择货品时往往能够拥有较大的选择空间，甚至在一个店铺中能够同时满足消费者购买多种不同类型产品的需求。

10.2.2　买手制精品集合店

买手制精品集合店，从字面上的意思可以理解为由买手挑选各种特色商品集合在一起的店铺。

买手制精品集合店的一个代表品牌是 JOYCE。在该品牌的店内商品通常并不是以品牌分区的，而是以产品的品类进行分区的，其陈列的出发点是产品与产品之间的关联性。

买手制精品集合店的主要优势在于店铺中的货品大多是买手推荐的，具有较强个性，这些货品借助买手的宣传和影响力，往往能够更快地成为消费者争相抢购的爆款。因此，其销量通常来说都是比较有保障的。

10.2.3　生活方式类集合店

生活方式类集合店，就是以某种生活形态为店铺定位，产品全部围绕这类形态组合而成的店铺。其中，比较具有代表性的品牌是 Dover Street Market。在该品牌的店内不止售卖一种产品，而是锁定某种生活形态，还推出如食品、化妆品、文具等生活杂物，有些店甚至推出酒店、咖啡店。

生活方式类集合店的主要优势在于店铺中以某种生活形态为定位，而店铺中也会围绕该定位选择货品。因此，店铺内很容易通过某一主题为消费者制造某一特定的场景，达到刺激消费的作用。

10.2.4　百货式多品牌集合店

百货式多品牌集合店从规模上来看可以说是"小型百货"，但主体性较强、货品精选，在商场中往往以"店中店"的形式存在。其中，比较具有代表性的品牌是 NOVO。该品牌店铺在经营模式上有百货的特征，如入驻品牌的店员由品牌方而不是店铺方提供。这类集合店具有很强的推动新品牌市场化的作用。

百货式多品牌集合店的主要优势在于不仅店铺中的货品集合了多个品牌，而且在经营上也具有百货的特征。这既保证了店铺的整体规模，也让消费者在购物时具有更大的选择空间。

在这 4 种集合店模式中，生活方式类集合店是目前更为流行的，很多品牌集合店、精品买手店也纷纷根据自身的格调和定位，在单一业态中引进更多商业场景。可以说，一些生活方式类集合店与其他类型集合店之间的界限已经消融，不再是非此即彼的关系。

10.3 重构业态组合的集合店

随着跨界集合店的兴起，越来越多的企业开始进行集合店业态的组合重构。本节就选择其中比较具有代表性的品牌和企业进行重点说明。

10.3.1 Maison IÉNA：把 16 种场景做成集合

近日，在日本代官山，一家号称以女性的 16 种生活场景为模式的“一站式女神集合店”走红网络。我在最早看到这条消息的时候想：把场景做成集合，还是 16 种，听起来非常有意思。于是，迫不及待地往下看，但是，它和我想象的似乎不太一样。

在此详细说明一下，这家 Maison IÉNA 集合店的想法是：它要将女性的生活场景分为 16 种，包括从早上起床、烘焙蛋糕、煮咖啡，白天交友、看电影、约会，一直到晚上沐浴更衣，进而把商品品类按照这 16 种场景去分配。具体来说，这 16 种场景分别如下。

场景 1：BAKERY（面包房）。它展示的是一个放置了大量面包的画面。Maison IÉNA 认为美好的一天是从早餐开始的，而面包作为早餐中具有代表性的一种食物，放在这里也很能让人想到一个美好的早晨。

场景 2：BASIC WEAR（基本穿着）。它展示的是一个穿着装束简单的女士。Maison IÉNA 认为即便是用简单的基本穿着，只要是穿着合适、得体，人们也能够凸显出最美的自己。

场景 3：FLOWER SHOP（花店）。它展示的是一些鲜花和一位手拿鲜花的女士。Maison IÉNA 认为花不仅是一种美好的事物，还代表着女人的智慧。花的搭配是一门艺术，更是一种智慧的产物。

场景 4：FRAGEANCE（香味）。它展示的是一位正在喷香水的女士。Maison IÉNA 认为香水是一种神奇的东西，它能够让人更有味道、更具吸引力。

场景 5：LITTLE BLACKDRESS（小黑衣）。它展示的是一些形态各异的小黑衣。Maison IÉNA 认为小黑衣，特别是黑色的迷你裙，穿上就能让人变得更加可爱和妩媚。

场景 6：TRAVEL（旅行）。它展示的是一些旅行用品，如衣物、袋子和其他小物件。Maison IÉNA 认为人人都可以，也应该去旅行，因为眺望美丽的景色本身就是一种享受。

场景 7：BASQUE SHOP（巴斯克店）。它展示的是一个手拿相机的小女孩。Maison IÉNA 认为爱大海你就得增加与大海的接触，除了直接去海边，还可以通过照片把大海带在身边。

场景 8：POP-UP/NEWS（弹出/新闻）。它展示的是一个穿着风格各异的小男孩。Maison IÉNA 认为相遇是最珍贵的，而通过独特的个人穿着，很容易便能给他人留下深刻的印象。

场景 9：GIFT（礼物）。它展示的是一些礼物盒。Maison IÉNA 认为感恩的重点不在于语言，而在于自己的心意。因此，在为他人挑选礼物时，关键还是要用心。

场景 10：STATIONARY（静止的）。它展示的是一位仿佛正在做瑜伽的女士。Maison IÉNA 认为人有时候要让自己慢下来，可以通过做瑜伽让自己的心境平静下来，也可以通过将心中的想法写下来，让自己得以平静。

场景 11：SPORTS WEAR（运动服饰）。它展示的是一个满是运动服饰的画面。Maison IÉNA 认为每个人都应该适当地放下工作状态，把高跟鞋换成运动鞋，在放松的状态下，去看一看这个美丽的世界。

场景 12：BAG、SHOES、ACCESSORY（袋子、鞋子、配件）。它展示的是一个手上戴着多枚戒指的个性女孩。Maison IÉNA 认为袋子、鞋子和配件这些小物件，人们可以适当地奢侈一下。

场景 13：TRED WEAR（车胎纹）。它展示的是各式各样的照片。Maison IÉNA 认为和自己约会可以让人获得更多灵感，而与自己约会的一种方法就是通过照片想起过去的点滴。

场景 14：DEMIN BAR（德明酒吧）。它展示的是一些牛仔风格的服饰，这其中不仅有牛仔裤，还有一些牛仔帽。Maison IÉNA 认为牛仔是一种极具风格的穿着风格，而在酒吧中更是有许多身着牛仔风格衣物的人群。

场景 15：ROOMWEAR INTERIOR（客房内装）。它展示的是一个在灯下阅读的年轻人。Maison IÉNA 认为人应该做自己想做的事，充分享受自己，而客房内装也应该按照自己的心意进行规划。

场景 16：KIDS WEAR（孩子们的穿着）。它展示的是一些孩子穿的衣物。Maison IÉNA 认为父母对孩子是无条件的爱，而作为父母的幸福感，则可以通过孩子的穿着分享给他人。

Maison IÉNA 认为场景代表的是一种生活态度，也能给人带来不同的心情和感受。而当店铺为消费者提供诸多场景之后，其吸引力无形之中也增强不少。

我觉得通过场景思维做零售确实是一种不错的思路，毕竟，通过不同场景，针对不同的需求，能够让消费者看到自身的特定需求，从而让消费者在看到特定场景之后，增加购物的欲望。

但是，看完 Maison IÉNA 集合店的感觉是怎样的呢？我个人觉得这分明还是店铺思维，而不是场景思维啊！一瞬间我就感觉自己明显被骗了，不知道其他人是否也有这样的感觉。

10.3.2　miss 花间：从花艺衍生的生活美学集合店

miss 花间是从花艺中衍生的生活美学集合店，2016 年它作为北京首家花主题跨界生活体验空间入驻朝阳大悦城。虽然 miss 花间看上去不过就是一家花艺店，但是店内却与家居饰品零售、手工集成学堂和花艺教室等进行了一些结合。

为了增加客流量，miss 花间做出了许多尝试。一方面，在店内布置大量家居饰品，在提高店铺美观度的同时，为消费者提供这些家居饰品的销售渠道；另一方面，在店内提供手工相册、首饰制作和手绘插画等个性化的体验。除此之外，不定期的沙龙活动也让消费者对 miss 花间更加向往。

miss 花间认为人们经常会因为繁忙而忘记生活本该拥有的美好，所以，miss 花间希望通过慢下来享受生活，从而增加生活的仪式感，让原本看似没有色彩的生活也变得丰富起来。

对此，miss 花间认为，生活的仪式感不一定要刻意去营造，有时候只是一些特别的情绪和事件，便可以带来生活的仪式感。例如，偶然得到某个物件，或者一个特别的节日，有时候也能让人从仪式感中享受美好的生活。

那么，如何增加生活的仪式感呢？miss 花间为此做出了许多尝试，其中比较具有代表性的当属通过特定的课程让消费者亲自动手营造仪式感。

例如，2018 年 12 月为了迎接圣诞节，miss 花间便举办了 12 场圣诞课程。这其中既有花草系“锦鲤”的文艺复兴系永生圣诞花环、欢乐树和萌幻树，也有圣诞挂毯和传统经典款圣诞花环。

正是这一系列的圣诞课程，让消费者在感受圣诞节日气氛日益迫近的同时，通过亲手制作与之相关的物件，增加自身在圣诞节中的参与感，用双手传达出节日的温度。

10.3.3　苏宁投资辣妈帮：平台电商与内容电商的携手

以苏宁投资辣妈帮为开端，平台电商与内容电商的携手，将是电商圈的一大潮流。移动母婴社区辣妈帮完成 D 轮融资，苏宁云商为独家战略投资方，因双方涉及资金、电商等多个层面的合作，投资金额和股权结构暂未对外公布。

在电商层面，目前可以确定的是，辣妈帮将与苏宁红孩子业务对接，完整接入后者的网上商城，弥补此前辣妈帮在 SKU 上的短板。

对苏宁红孩子来说，牵手辣妈帮，也完成了其从零售到社群的母婴生态版图。根据张近东的“用户聚焦”战略，这是苏宁继以男性为主的体育人群后，再次将以女性用户为主的母婴人群收入囊中。

我认为，这个电商圈新年第一投，既有双方拥有共同价值目标的偶然性，也有当前平台电商和内容电商走向融合的必然性。

1. 纯粹的内容电商，“天花板”太低

无论什么时代，零售都有两个关键词：顾客和效率。在电商环境下，对应的就是流量和供应链。

内容之所以会把电商作为出口，往往是发现在流量获取上有优势，相比传统零售的获客成本大为降低。被流量推着走的内容电商，开始往往不难。但深入走下去，问题很快就出现了。

诞生于 2012 年的辣妈帮，以社区起家，其发展史就是一部内容创业的进化史。2014 年，辣妈帮推出跨境母婴电商平台“辣妈商城”，与蜜芽、贝贝网同时起步，打造面向母婴人群的移动垂直电商，这 3 家最后走出了完全不同的路径。

母婴，是目前内容电商中走得最远、最被看好的一类，从辣妈帮、蜜芽和贝贝网的发展路径，可以清晰地预见内容电商的整体走向。

前面说过，内容电商的起步是源于流量优势，但很快就会遇到供应链的瓶颈：短缺的 SKU、没有价格优势的商品、物流的短板等。要想解决这些电商的基本问题，就面临一个抉择：是以内容业务为重，还是以电商业务为重？

蜜芽和贝贝网选择了后者，在完善供应链的过程中，逐渐蜕变为真正的电商公司。但两者构建供应链的逻辑又有不同。蜜芽在标品上死磕，与大平台直面竞争价格；贝贝网围绕母婴人群的需求，做非标品的开发。然而在变成真正的电商公司的过程中，内容被边缘化，靠内容低成本获取流量的优势，也逐渐丧失。

辣妈帮则选择坚守内容定位，这就注定了，其电商业务的“天花板”会很低。辣妈帮创始人兼 CEO 金赞在经过几番摸索后总结，垂直母婴电商面临留客、转化率、利润率三大问题，这些均指向零售的另一个关键词——效率。

如果没有专业的团队，那么这个问题是无解的。即使强大如腾讯，马化腾也说遇到 SKU 就头大，还是交给专业的人去做吧。

可见，纯粹的内容电商“天花板”很低，如果转型为真正的电商，其流量优势又没有了。只有内容电商与平台电商合作，内容负责引流，平台负责精细化运作，才能实现双方的利益最大化。

2. 化零为整，苏宁的聚焦战略再下一城

苏宁董事长张近东在苏宁的内部会议上再次强调“用户聚焦”。这几年，苏宁“化零为整”的人群战略越发清晰，尤其是在文创、体育上的布局，极大提升了平台对年轻族群、体育人群的黏性。

这正是张近东提出“用户聚焦”的含义，即**不再简单地追求用户数量和平台流量，而是聚焦用户的价值满足、聚焦有价值用户的盈利变现**。

随着电商竞争的深入，粗放的引流会越来越低效；而深挖流量背后，以人群为划分的用户价值满足，将成为新的竞争焦点。这也是各平台纷纷采取行动，通过直播、精选导购等方式加强内容的原因。

与其他细分人群相比，母婴人群又有其特殊性：从用户价值来看，这是一个高净值人群，有数据表明，2017 年母婴行业市场规模高达 10 万亿元。对任何一个电商平台来说，都是必争市场。

从需求特点来看，这也是非常挑剔、不好满足的一群人。首先，母婴人群的购买决策受社区影响极大，她们在社区里形成口碑，分享体验。这是母婴社区永远无法被取代的价值。其次，她们对品质极度敏感，更相信实体店“看得见，摸得到”的承诺。这是线下母婴店相比线上的巨大优势。

苏宁红孩子深耕母婴领域多年，从供应链到品牌美誉度都是母婴电商中的领先者，在补上辣妈帮这个母婴人群策源地后，借助苏宁遍布全国的实体店与线上平台融合的 O2O 模式，将激发出巨大的竞争优势。

除了在电商层面的合作，苏宁与辣妈帮在捕获母婴人群上还有更大的合作空间和想象力。

辣妈帮拥有独有的医务渠道资源。2015 年，辣妈帮与全国妇联合作开展了"中国辣妈优生计划"，旗下的"孕期伴侣"App 被全国妇联、中国妇女发展基金会指定为唯一官方孕育互动宣教平台，覆盖全国 80%的妇幼保健院，合作妇幼保健院和综合医院超过 3000 家。

每位孕妇在医院建档后，都会在医院建议下扫码下载孕期伴侣 App。而抓住了孕妇群体，就抓住了母婴人群最关键的入口。

此外，文创方面，辣妈帮已成功打造了《宝贝的餐桌》等亲子综艺节目 IP，未来借助苏宁的文创资源，也将有更强的内容生产能力。在渠道上，辣妈帮拓展的幼儿园渠道、月子会所、创意亲子游等，都可以与苏宁易购 1600 多家城市互联网门店和近 2000 家直营店打通融合，强化其母婴板块，带动引流。

"天下事，合久必分，分久必合。"苏宁和辣妈帮在 2017 年开年给人们做了一个示范，我预言，将来平台电商与内容电商的融合将进一步加速。

10.3.4　#FFFFFFT：所有生产白 T 恤厂家的宣传平台

许多人第一次看到#FFFFFFT 时，可能会将其误认为是一个乱码。其实，只要对其有所了解的便会知道这是一个独特的品牌，作为"白 T 圣地"，它甚至可以说是所有生产白 T 恤厂家的宣传平台。

1. 任性的品牌

毫无疑问，#FFFFFFT 是一个非常任性的品牌。首先，不说其他，光是看这如同乱码一般的名称，便已经足够任性了。其实，是 RGB 中白色的代码。其次，#FFFFFFT 在销售上也非常任性。这是一个白 T 专卖店，而且其营业时间仅限于每周六下午。

可能看到这里许多人都会不太理解，毕竟绝大多数人开店都是为了盈利，而一个店铺要想盈利，通常都会尽可能地增加货品的丰富度、增加店铺的营业时间，而#FFFFFFT 却正好相反。

就是这么一个任性的品牌，店铺设立在居民区，且店铺中也只有 30 款白T，却能凭借其独特的定位在许多人心中占据了独特的地位，甚至许多人都会慕名前去一探究竟。

2. 不简单的白 T

白 T 看上去就是一个再简单不过的概念，许多人甚至直接将其与白色的 T 恤之间画上等号。其实，白 T 远比人们想象的要复杂得多。首先，从颜色上看，白可以分为纯白、乳白、象牙白、灰白和米白等；其次，从领口的款式来看，也有圆领、V 领、U 领和小高领之分。

除此之外，袖口和下摆的裁剪、宽松度的差异，也会让每件白 T 的款式变得独特。而用于生产的棉花和布料也会让每件白 T 拥有不同的手感。例如，美国 LadyWhite 的棉花手感厚实，而英国 Sunspel 的布料则细腻柔软。

3. 白 T 宣传平台

随着知名度的提高，#FFFFFFT 逐渐成为许多白 T 生产厂家的一个理想合作对象。但是，#FFFFFFT 店中的每款衣服都是由作为创始人的夏目夫妇亲自进行挑选的。作为狂热的白 T 收集者，夏目夫妇在白 T 的挑选上有着自己的标准。

夏目拓也表示："这也是我希望的状态。我们不是某个品牌的卖场，我们更想成为所有生产白 T 恤厂家的宣传平台。"

4. 业务的扩展

毫无疑问，作为一个因为只卖白 T 而闻名的品牌，白 T 的销售是其主要的业务。其实，该品牌的销售情况整体来说还是比较可观的。即便每周只营业半天，却能在半天内售出 180 件白 T，消费者的购买率甚至已经超过了 80%。这一成绩对于许多服装店铺来说绝对是可望而不可即的。

夏目夫妇明白，简单的白 T 发展的潜力毕竟是有限的，于是开始了业务的拓展。首先将卖白 T 变成卖故事。在#FFFFFFT 的店铺中，店主会充当解说员，向消费者讲述每件白 T 的故事。

虽然通过讲故事的方式，能够提高商品在消费者心中的潜在价值。但是，#FFFFFFT 的价格却是维持在 1000～20000 日元，折合人民币为 60～1200 元。也就是说，无论是平价的白 T，还是堪称奢侈品的白 T，# FFFFFFT 都能提供。

除了卖故事，# FFFFFFT 还发展了周边产品。例如，2018 年 4 月在# FFFFFFT

开业一周年之际，夏目夫妇与木村石碱化工企业合作开发了一款白 T 专用清洁剂。与一般的清洁剂不同，该清洁剂全球仅限 500 个，而其售价则为 1200 日元，折合人民币为 75 元。

10.3.5　"江南布衣+"：塑造品牌生活方式生态圈

江南布衣是一个成立于 1997 年的国内设计师设计品牌。在国外集合店做得风生水起之际，以江南布衣为代表的国内服饰品牌也开始重视门店的体验功能，致力于品牌生活方式生态圈的塑造。

1999 年，江南布衣注册了"JNBY"商标。"JNBY"是由 4 个单词共同构成的，即 Just Naturally Be Yourself（译为自然地做你自己）。而在产品的设计上，江南布衣也将"自然"作为出发点，款式设计尽可能地与自然相融，强调产品的丰富和随意可搭配。

江南布衣虽然是一个国内品牌，但是对于国际市场的开拓也是十分重视的。从 2004 年开始，江南布衣便开始致力于国际市场的开拓。2005 年年初，江南布衣便在俄罗斯开设了第一家专卖店。随后，江南布衣开始在日本、新加坡和加拿大等国家相继开设专卖店。

江南布衣为什么能够成为国内的知名服饰品牌，甚至拥有进军国际市场的实力？其中，最主要的一点就是通过高端女装 LESS、CROQUIS 速写、女装 JNBY、悖论集、JNBY HOME、Pomme de terre、SAMO 和 REVERB 等多个品牌构建集合店，在塑造生活方式生态圈的同时，提高品牌知名度和影响力。

10.3.6　MJstyle：快时尚模式下的生活潮流馆

MJstyle 这个品牌创立于 2012 年，它是上海笕尚服饰有限公司主营大型时尚牛仔系列综合连锁店的一个品牌。经过 7 年的发展，目前，MJstyle 已在上海、北京、广州和香港等城市开设了超过 500 家线下实体零售店铺。

从该品牌的线下实体店铺来看，店铺经营面积大多为 1200～3000m^2，而店铺中的商品则是综合了上海笕尚服饰有限公司多个品牌的男女服饰、鞋帽和配饰等。

与大部分快时尚品牌相对单一的销售模式不同，MJstyle 根据自身定位，通过多品牌的组合强化自身竞争力，打造一个以服饰为主，涵盖服饰、家居和文创的跨界品牌。也正是因为这种错位经营和品牌组合经营，所以 MJstyle 才得以从众多快时尚品牌中脱颖而出。

MJstyle 侧重于将时尚、品质和价格三大元素完美结合，为消费者提供轻松、时尚的消费体验，通过轻松时尚的主张，让消费者可以根据自己的心意打造属于自己的时尚。因此，MJstyle 获得了快速的发展。就在该品牌成立 5 年之际，其在国内布局的线下实体零售店便超过了 500 家。

MJstyle 维持了较快的发展速度，其中，2017 年上半年新开业的门店便达到了 50 家。可即便是如此，MJstyle 的扩张步伐仍未停歇，许多一线城市的购物中心开始成为其入驻的重要对象，如北京欧美汇购物中心、上海日月光中心、深圳京基滨河时代广场和香港福德广场等。

10.3.7 SPARKO：满足各个家庭成员的体验需求

SPARKO 是 NOVO 创始人 Henry 打造的一个买手集合店，其定位的目标消费人群为年轻的家庭。店铺中通过品类繁多的体验，以及与家庭相关的内容，吸引各个家庭成员的体验需求，让各个家庭成员都能参与其中。

一个店铺要想发展起来，就少不了优质产品的支持。Henry 在为 SPARKO 选择合作品牌时主要侧重于两点：一是经营理念与 SPARKO 一致；二是与 SPARKO 已有的品牌具有组合性。对于品牌的知名度和盈利水平，Henry 却认为并不是影响合作达成的重点因素。

目前，店内进行跨界合作的品牌包括西西弗书店、Folk valley 民谣乐器行、海马体照相馆、D:FUSE 女鞋和纯妩手工坊等，而未来将会有更多业态加入其中，如家庭装饰和创意手工等。

Henry 认为之所以许多人在零售业的竞争中无法长期生存下去，主要就是因为产品太过单一，而且店铺中不能为消费者提供足够的互动和良好的体验。这样的单品集合店通常只能生存 3 年左右，而因为前期投入比较大，要想在这么短的时间内真正赚到钱显然并不是一件容易的事。

Henry 在做零售时有着自己的坚持，他认为做商业一定要有趣和好玩，而不能让店铺中的商品完全固化。因此，即便同样都是 SPARKO 的店铺，其中的商品也是不尽相同的。

一个品牌能否获得发展，对未来的规划也是至关重要的。在 Henry 看来，未来商业发展的关键性因素是跨界、多组合性、创新。这里的创新主要包括两个方面，即产品创新和商业形态创新。

SPARKO 崇尚的是探索精神，在店铺的经营过程中，它也致力于帮助消费者探索丰富多彩的生活。原本闪耀、多彩的是用英语单词"SPARKLE"来表示的，但是，Henry 为了让品牌名词不拘泥于形式，这才将单词中的"LE"变成了"O"。

店铺中商品的放置是许多零售经营者重点关注的一个问题，而 SPARKO 中在商品的放置上也有着自己的想法。只要消费者进入 SPARKO 的店铺，便会发现，相邻的商品之间通常都是相互关联的。

这样做的好处主要在于当消费者对某一商品具有较为强烈的需求时，必然就会看到与该商品相关的其他商品。而一般人在看到与急需购买的商品相关联的其他商品时，对这些有关联的其他商品的需求也会变得更加强烈。这样一来，店铺中产品的整体销量无形之中便可以得到一定程度上的提升。

第 11 章

行业实战：新零售如何转型升级落地

新零售到底如何转型升级落地呢？这是许多零售商心中的一大难题。

本章通过行业实战，即用 10 个典型案例，寻找解决这一难题的方法。

- 连锁商超：永辉超级物种
- 跨境电商：网易考拉
- 农村电商：乐淘村
- 生鲜连锁店：苏宁小店
- 母婴行业：小朵机器人
- 化妆品行业：欧舒丹咖啡店
- 区域化零售平台：E 装到家
- 地产商圈平台：岭南海淘
- 办公室新零售：零食 e 家
- 社交电商平台：蘑菇街

11.1　连锁商超：永辉超级物种

从“平民化”的民生超市，到引领精致生活的行业风向标，永辉借助独特的赛马制度，在 10 余年间不断地自我突破、孵化出新业态。而“超级物种”则是永辉在突破自身和顺应商业新趋势下的一种产物。

永辉云创于 2015 年 6 月创立，主要负责永辉的电商会员探索和创新业务，致力于新业态的孵化。2017 年 1 月永辉和今日资本一起增资永辉云创，“超级物种”在资金支持下顺势建设和发展。

其实在超级物种之前，永辉超市便开始了线下新业态的探索，诞生了“红标店”“绿标店”“精标店”和“会员店”这 4 种业态。

“红标店”以卖场的形式建设而成，期内商品种类丰富，并且价格比较实惠。但是，随着消费者对体验、服务及购物环境要求的提高，“红标店”已难以再适应消费者的需求，而在这种情况下，“绿标店”应运而生了。

目前，永辉新开的门店以“绿标店”为主；而原本的“红标店”则通过门店升级进行“红改绿”的改造。而在商超产品日益同质化的情况下，永辉开始寻求差异化，因此在“绿标店”的基础上再次进行升级，打造出“精标店”。

“精标店”在锁定中高端消费者的同时，进行孵化工坊系列的尝试，探索出“超市＋餐饮”和 OAO 模式（即线下和线上有机融合的“双店”经营模式，进行线上线下的资源互通、信息互联和相互增值）。

在 OAO 模式的探索过程中，永辉于 2015 年 11 月开设了第一家“会员店”。“会员店”主要设置于中高端的社区，通过将线下的会员引到线上消费，从而满足会员的到家服务需求。

增强消费者的黏性，一直以来都是永辉的努力方向，而“超级物种”则是增强消费者黏性的一种创造。因此，“超级物种”也被视为永辉对于增强消费者黏性给出的一个答案。

2017 年 1 月 1 日，首家“超级物种”在福州登陆，该店营业面积达 $500m^2$，单品数量超过 1000 种，汇集了包括鲑鱼工坊、波龙工坊、盒牛工坊、麦子工坊、咏悦汇、生活厨房、健康生活有机馆和静候花开花艺馆在内的八大“物种”，消费者在购物时可以选择多种方式进行支付。

1. “超级物种”的全新购物体验

“超级物种”是在“精标店”的基础上进行的升级和工坊系列组合，它在提供多样化优质商品的同时，打造现代化的舒适购物空间，从而满足消费者的多样化和互动性需求。“超级物种”通过前端科技的运用，为消费者带来了全新的购物体验。

（1）电子标签。店内商品使用的是与 Kindle 电子墨水技术相同的电子标签，而标签中的内容可以随时进行快速更改，这不仅能实现同步促销，还节省了更换标签造成的人力耗费。而且配合 ERP 系统，还可以随时查看库存变化。因此，电子标签的使用既十分环保，也有利于店面运营效率的提升。

（2）电子叫号。在“超级物种”的餐饮门店中使用电子叫号器。消费者选择商品并付款，便会获得一个电子叫号器。当食物做好之后，电子叫号器会发出提醒，消费者只需去门店取餐即可。这样一来，消费者在点完餐后，便可以去做其他事情，想走就走，省去了一味等待的麻烦。

（3）自动收银。“超级物种”中不仅有人工结账窗口，还设有自助收银机。消费者只需将商品的条形码对准自助收银机的扫码区，便可以完成扫码工作。扫码完成后，还可选择永辉卡、银行卡、微信和支付宝等支付方式。整个自助结账操作简单、方便快捷、流程清晰，可为消费者节省等候结账的时间。

从一些细节中可以看出，“超级物种”的运营管理的创新和人性化。例如，消费者在购买鲜活产品时，会觉得将宰杀后的商品随意丢弃会给水产带来一些损耗。而“超级物种”针对这一点，便在卖场外设置了宰杀间，让专门的人员进行鲜活产品的剖杀，且不再收取费用。这不仅满足了消费者的需求，也降低了商品的人为损耗。

2. “超级物种”在生鲜方面的亮点

“超级物种”在生鲜方面极为重视，其在生鲜方面的亮点主要体现在以下 3 个方面。

（1）专业的源头直采。永辉拥有一个 130 人左右的采购团队，它们通过专业分工且细致的采购，挑选不同的生鲜类别，为生鲜商品的价格优势提供了保障，这也是永辉生鲜模式中最为突出的一大亮点。

（2）全品类自营模式。永辉的自营不只是自采自销，对于有技术要求的类别，如熟食、面点等，它则会采取技术加盟的形式优化资源。通过专业的技术团队，以按销售扣点的方式来支付工资，弥补自身技术的不足，而原料采购、价格制定、库存管理则均通过自己完成。这在确保采购优势的前提下，灵活地实现了资源的整合，这成为永辉的生鲜模式的第二个亮点。

（3）完整的人员配备。通过严谨的现场管理，永辉的每个员工都在自己的岗位上充分发挥自身能力，通过优质服务，为卖场带来火热的售卖氛围，这也构成了永辉生鲜模式的第三个亮点。

“超级物种”之所以受到广泛的关注，主要就是因为它和“盒马鲜生”一样，都是新零售时代下，线上和线下融合的一种可行性探索。当然，除了新奇，高坪效也是“超级物种”吸睛的重要因素之一。

从海通证券 2017 年 9 月的一份报告来看，最早开业的两家“超级物种”日均销售额为 10 万～25 万元，而坪效则是达到了传统超市的 3～5 倍。而“超级物种”的负责人则表示“这个数据低了”，“超级物种”销售情况最好的店日均客流为 6000～7000 人，客单价为 90～150 元，高峰期一天的销售额可以超过 60 万元。

在线下成本日益提高的情况下，“超级物种”代表了传统超市的一个革新方向。至少从目前来看，永辉认为“超级物种”的模式将是未来零售业的一条出路。

11.2　跨境电商：网易考拉

跨境电商发展迅速，并逐渐走进大众的视野。与一般的电商相比，跨境电商要想获得发展通常要更困难一些。当然，这其中也有一些成功获得突破的品牌。本节要介绍的网易考拉便属于这一类。

1. 跨境电商的发展难题

做好跨境电商并不是一件容易的事，跨境电商的发展通常会遇到一些难题，其中主要包括以下 4 个方面。

（1）线下难以成规模。跨境电商作为电商的一种，影响力主要在线上，当其做线下实体店时，通常很难获得成功，而要想将线下实体店做出规模自然就更难了。

（2）供应不稳定。做进口生意的，最核心的问题是供应商的不稳定性，虽然这个行业大家都标榜自己有供应商资源，但能成为稳定核心供应商的，一般只是很少的比例。一方面是因为进口商品的国家比较多，品类差别很大；另一方面，一些国家的相关政策也不稳定。

（3）**物流影响用户体验**。对于跨境电商来说，物流是一个大问题，进出口物流往往不能把用户体验做到极致。

（4）消费需求相对有限。消费频次不够高，奢侈品客单价高，但频次太低，容易被取代。而且，奢侈品的消费者，也不喜欢电商购物，真正特别有钱的人，直接出国买了，不能经常出国的，也就是白领、金领，他们对奢侈品的消费不是很高。

这些都是死穴，那能怎么办呢？

我曾与一个朋友去另一个做奢侈品电商的公司拜访，对方做了十几年奢侈品贸易，老板是资深买手，对欧洲时尚市场非常熟悉，很多货基本上看一眼就知道好卖不好卖。

但他们的问题是：零售业务只能勉强维持，主要的还是 B2B，给其他家供货，占比高达 80%，整个公司可以实现盈亏平衡，略微盈利。

他们也有运作上市的打算，但这样的公司在资本市场上没有故事可以讲，纯 B2C 已经被资本市场打入“冷宫”了。

再回望一下整个跨境电商领域，如亚马逊中国、天猫国际和京东全球购，基本都是巨头的一个业务，不可能单独上市的，网易考拉也一直没有传出过独立融资的事情。

2. 资本谨慎对待跨境电商

这一拨跨境电商曾经非常火爆，但 2016 年的税改彻底改变了行业状态，虽然最后执行起来了，税改并未对行业产生太大的影响，但资本的胆子小了很多，对这个领域比较谨慎。其原因有以下几个。

（1）很难打造强势、稳定的供应链，很多商品你有我有他也有，很难做到深度备货；在货品账期方面，更是没有优势，优质供应商可能都不给你账期。所以，跨境电商拼的是零售能力，不是类金融能力。

（2）很难建立极致供应链。上头是多个国家的商品，下头是地大物博的中国消费者，物流整合难度可想而知，能做出来，但需要很多钱。

（3）利润率低，投资跨境电商难以获得可观的收益，大多数资本对此都不会有太大的兴趣。

这么复杂的跨境电商，资本能感兴趣吗？哪有 ICO 获利快啊？那跨境电商未来怎么上市呢？我想了想，这道命题虽然难，但不至于无解。跨境电商不是复杂吗？但我觉得，还不够复杂，还要更复杂一点，不要只做 B2C，不要只做线上，连锁店也可以开起来，哪怕加盟制，如考拉门店。开不起门店，就入股连锁零售企业，如果没有足够的资金可以入股，那就让人家入股。这不是卖身求荣，而是合纵连横。

如果不能让连锁零售企业入股，那么可以让流通巨头入股。多年来打下的供应体系，流通商应该知道你的价值，从而让你的商品进入流通巨头的血液里，那是一个更广阔的市场。这还不够，还要做 B2B，把这条线彻底打通才是走量的机会。

如果供应商关系好，再做 C2B，利用大数据反向定制一部分商品，凭什么跨境电商只能做搬运工，你有几千万用户，用户的意义在哪里？有用户就有需求，就可以反向定制。反向定制的商品，哪怕有一个获得成功，就能反哺 B2B。

甚至再往前走一步，如果资本较为充足，入股供应商也不是坏事，这样可以彻底稳定自己的供应链。

往上走完了，再往下走。

前面说的都是跨境电商的渠道价值，还有一点，跨境电商要做好零售品牌的定位，如买手服务平台，这样就不局限于电商范畴了。

总而言之，要围绕渠道价值和零售价值深度挣脱跨境电商的范畴，打破外界对你的狭隘定位。所以，未来跨境电商或者奢侈品电商的趋势只有一个，那就是挣脱用户的固有认知，千万不要做搬运工了！

3. 网易考拉跨境电商的崛起

网易考拉是网易旗下的跨境电商综合平台，秉承着“用更少的钱，过更好的生活”的原则，网易考拉致力于帮助消费者实现消费与生活的双重升级。2015 年 1 月“网易考拉海购”上线公测，而网易考拉也开始作为一个跨境电商平台走进了大众的视野。

对于消费者来说，跨境电商的魔力就在于可以买到国内难以买到的东西。而网易考拉不仅能为消费者购买海外的商品提供渠道，还承诺 100%正品、7 天无忧退货，再加上快捷的配送服务。这样一来，它自然更容易获得消费者的认同，从众多跨境电商平台中快速崛起。

网易考拉曾获得由中国认证中心颁布的“B2C 商品类电子商务交易服务认证证书”，认证级别达到四颗星。网易考拉也因为成为国内首家获得该认证的跨境电商平台，同时也是国内首家获得最高级别认证的跨境电商平台。

其实，跨境电商并不少见，那么网易考拉凭什么在短短几年内就能脱颖而出呢？我认为，这主要是因为网易考拉的六大优势。

优势1：自营直采。网易考拉拥有专业的采购团队，在采购产品时，该团队会深入原产地，对供应商进行严格的审核，从而从源头上杜绝假货，保证商品的质量。而在这种严格的审核之下，网易考拉已与全球上百个一线品牌达成合作，这便让网易考拉带来了大量优质商品。

优势2：自主定价。因为网易考拉的自营直采模式，让其具有了自主定价权。在运营过程中，网易考拉可以通过协调供应链、仓储、物流等环节，对定价策略进行调整。这不仅能够配合品牌方的价格策略，也能很好地兼顾消费者对价格的敏感情绪。

优势3：全球布点。目前，网易考拉已在旧金山、东京、首尔和悉尼等10余个城市设立了分公司和办事处。这不仅可以更好地深入原产地，精选全球“尖货”，而且也可与品牌方直接对接，省去了不必要的中间环节和费用，从而让商品的进价可以更低。

优势4：仓储物流。网易考拉已在杭州、郑州、宁波和重庆这4个保税区设置了超过150000m^2的保税仓储，其仓储面积名列行业第一。除此之外，网易考拉还将开通韩国、日本和澳大利亚等国家的国际仓储中心。

在物流方面，网易考拉并没有选择自建物流，而是将物流配送交给了合作伙伴，同时通过完善的派送标准，采用定制包装箱，这不仅打通了整条产业链，还让消费者享受到了标准化的物流服务。

优势5：资金充沛。借助于网易集团的雄厚实力，网易考拉的资金无疑是非常充沛的。充足的资金，不仅可以让网易考拉在供应链、物流链上进行更好的建设，还能让网易考拉的低价策略得以维持。

优势6：保姆服务。网易考拉为海外厂商提供了跨国物流仓储、跨境支付和供应链金融等一系列的保姆式服务。这不仅能够减少商品进入国内的障碍，也节约了成本，从而让消费者也能享受到更低价的商品。

11.3　农村电商：乐淘村

对于部分不太熟悉乐村淘和乐陶村的人来说，会有一个疑惑，那就是为什么有的人说乐村淘，也有人说乐陶村。其实，这两种叫法都没有错，只是不同的叫法代表的是不同的意义。

1. 乐村淘与乐陶村

乐村淘是一个聚焦农村电商，致力于为 8 亿农民服务、解决农村“买难卖难”问题的 B2B 电商平台。它通过在乡镇中建立线下实体店，让城市中的商品借助乐村淘的销售渠道走进农村，让村民们也能享受便捷、实惠和安全的电商消费体验，从而提升农民的生活品质。

乐村淘为农村带来的不仅是丰富的电商产品，还是大量的增收机会。一方面，乐村淘为农产品、手工艺品和民间艺术品提供了销售渠道；另一方面，乐村淘将国定贫困县和深度特困区作为扶贫的主要对象，为这些地区提供就业机会和教育扶贫培训等，给贫困的农村带来了发展的机会。

与其他农村电商平台相比，乐村淘的优势主要体现在两个方面：一是通过乐 6 集进行集中预售、集中下单和集中配送，解决农村电商物流成本高的问题；二是通过一县一品和一品多区域的联动，突破了地域限制和时间限制，让特色农产品实现了网货化和规模化。

乐陶村是乐村淘旗下的新零售 4.0 新物种，它是乐村淘模式升级、产品升级、服务升级和体验升级的产物，同时它也是乐村淘县、乡、村生活社区全覆盖的“互联网＋”便利店模式的尝试。

2. 乐陶村的“乐小六”

2018 年 1 月 6 日，一家名为“乐小六”的商店在山西清徐开业。这是乐陶村的第一家“互联网＋”便利店，而乐陶村也将该店作为 0001 号店。

和传统便利店不同，这家名为“乐小六”的店铺内是没有收银台的，而且也不支持现金支付。那么，这家便利店是如何结账的呢？

其实，消费者进入店铺后，只需扫码便可以自助购买商品，并进行电子支付。如果在店内没看到想要的商品也没有关系，因为消费者还可以借助手机微商城挑选商品。消费者在微商城下单后，消费者也能快速获得自己购买的商品。

虽然许多人都认为农村的购买力比较有限，但是，不可否认的一点是相比于相对饱和的城市市场，农村市场的消费潜力无疑要更大一些。而“乐小六”这种模式是否能够取得成功，现在谈论或许还为时过早，不过作为一种农村电商的积极尝试，它显然是能够给广大新零售从业者提供一些借鉴的。

目前，乐村淘已经将业务扩展至国内 25 个省、800 个县、8500 个村，年交易规模超过 40 亿元。而乐陶村对于未来也有着自己的规划，其中之一就是用 3 年时间铺设 1 万家“乐小六”便利店。

11.4 生鲜连锁店：苏宁小店

苏宁小店是苏宁入局生鲜市场的一柄利刃，它以线上线下双中心的运营模式，将社区生鲜新市场作为重点，并将新一代消费者作为主要的消费群体，这也让苏宁小店获得了大量的精准消费者。

和传统便利店不同的是，苏宁小店会根据消费者的核心需求提供丰富的选择，它将国内的各个社区作为主市场，通过社区“共享冰箱”的打造，让消费者快速享受到新鲜的食材和食物。

1. 快速发展的小店

2018 年 1 月 9 日，第一家苏宁小店在上海正式开业。而且在短短的一年多时间里，已经在国内布局了数千家苏宁小店，甚至像北京和上海等大城市的苏宁小店数量已经超过了 500 家。

通常来说，一家社区苏宁小店包括 50 多个水果 SKU 和 60 多个蔬菜 SKU，其为消费者提供的生鲜产品可谓是品类丰富，而且消费者除了到店购物，还可以通过 App 下单，坐在家中享受美味。

为什么苏宁小店能够快速发展，在短短一年多的时间内走到国内生鲜连锁店的前列呢？我认为，这与苏宁的物流能力和冷链能力有着极大的关系。截至 2019 年 2 月，苏宁的仓储面积已达 680 多万平方米，物流更是覆盖国内 350 多个地级市，快递网点超过 2 万个。

借助如此强大的仓储和物流能力，苏宁小店在物流配送和服务体验方面远超同类店铺的平均水平。也正是因为如此，苏宁小店已在国内 300 多个城市推出了“半日达”和“次日达”服务，更有部分城市正在计划推出“准时达”服务。

而在冷链方面，仅 2018 年这一年时间，苏宁便新建了 8 个冷链仓，这也让苏宁小店的生鲜配送能力进一步增强。由此，许多消费者通过苏宁小店 App 在家中完成下单之后，半小时便可以获得新鲜的生鲜食品。

快速发展的苏宁小店在不断扩张的同时，也开始寻求与更多品牌的合作，从而为消费者提供更多的选择。例如，为了让消费者早上上班能够享受热腾腾的煎饼，北京和南京的苏宁小店与煎饼品牌京五爷达成了战略合作。又如，为了让消费者享受到更加新鲜的蔬菜，上海苏宁小店与崇明蔬菜和海航冷链达成了合作。

2. 不太一般的小店

为什么说苏宁小店是不太一般的便利店呢？就在 2019 年春节期间，其他同类店铺相继关门之际，苏宁小店却不走寻常路，直接对外界宣传自己在春节假期不打烊、快递不停运。

再加上苏宁小店的业务现已覆盖 70 余个国内城市、250 余个 CBD 商圈、2 万多个社区，拥有了为近 6000 万余名消费者提供服务的能力。也就是说，无论消费者是在加班，还是在春运的途中，抑或是坐在家中，都能够享受到来自苏宁小店的贴心服务。

通过与数百家一线品牌合作，苏宁小店中为消费者提供了大量的年货，甚至能让消费者购齐年货。另外，苏宁小店还与多家供应商合作开发了特色的美食，除了常见的包子、关东煮和烤肠，还有全聚德烤鸭等。这也让消费者能够通过苏宁小店品尝到特色的地方味道。

美食只是苏宁小店中的一部分商品，除了吃的和喝的，苏宁小店还为消费者提供了许多特色的服务。例如，包括家电清洗、空气治理和地暖清洗在内的家政服务。如果消费者觉得麻烦，甚至可以将家里的清扫工作交给家政来做。

再加上苏宁小店配合春节推出的免费包装袋、免费打包、免费寄放等服务，苏宁小店在 2019 年期间不但获得了大量的消费订单，更是大大增强了自身在消费者心中的知名度和影响力。

11.5　母婴行业：小朵机器人

作为全球人口数量最多的国家，我国的人口基数无疑是非常巨大的，再加上全面二孩政策的推行，让许多原本只有一个孩子的家庭抓住机会，又生了一个孩子。因此，近年来新生婴儿数量不断增加，这也为母婴行业的发展带来了巨大的机遇。

1. 早教机器人迎来春天

新生婴儿的父母大多为 80 后和 90 后的年轻人，这些新生儿父母在孩子的教育方面与上一代有着明显的不同，他们更愿意接受新鲜事物，同时也比上一代更加注重孩子的早教问题。

对于新生儿父母来说，孩子的教育问题是一个让人头疼的问题。一方面，学前教育对于孩子的潜力挖掘至关重要，要想让孩子赢在起跑线，就必须做好学前教育；另一方面，学前教育的方法虽然有很多，但是像直接将孩子送到某些培训单位进行学习这一类的方法，不仅容易让孩子产生反感，而且还容易扼杀孩子的天性，让孩子失去本该美好的童年时光。

于是，在这种情况下，一些能够辅助孩子进行学习的工具受到了新生儿父母的青睐。例如，近年来比较火的故事机、学习机和点读机等便属于这一类。

其实，除了上述这些常见的辅助工具，随着人工智能技术的发展，在早教方面新生儿父母还有更多的选择。例如，更加智能、功能更加丰富的早教机器人便因此迎来了春天。

2. 小朵机器人成功突围

小朵机器人是朵唯小朵在 2017 年 12 月发布的一款早教智能机器人。从外观上来看，小朵机器人萌萌的设计和绚丽的面部表情，可以很好地吸引孩子注意力。从材质上来看，小朵机器人采用的都是安全的，甚至是可食用的材料，对孩子来说安全系数比较高。而从工作时间来看，小朵机器人借助 4020 毫安的电池，充满电可正常使用 1～2 天。

当然，作为早教机器人，内容才是王道。而小朵机器人中的教育资源是非常丰富的，无论是语文、数学和英语这些学科的内容，还是国学经典和百科知识都应有尽有。

另外，小朵机器人的功能也是非常丰富和强大的。就是这么一款体积并不算大的智能机器人却能拥有学习机、故事机、翻译机、点读机、儿童手表、智能音箱和电玩具等诸多功能。

小朵机器人可以为孩子提供大量的故事，并且还为用户提供了多种播放方式，用户既可以通过语音点播，也可以在手机 App 上进行操作，而且小朵机器人提供的故事也是非常丰富的，无论是睡前故事，还是动画故事，抑或是晚安故事都应有尽有。

作为一门国际语言，同时也是一门重要的学科，英语在新生儿父母心中有着非常重要的地位。但是，许多新生儿父母的英语水平本身就是比较有限的，这就让孩子的英语学习遇到了难题，而借助小朵机器人这个问题就能比较好地解决了。

通过小朵机器人的点读功能，可以获得大量英语内容的发音和听力；而通过小朵机器人的翻译功能，用户只需将单词或句子输入便可以获得翻译。这无疑可以起到增加孩子单词量的作用，再加上其中拥有大量英语童谣和双语故事，也能增加孩子对英语的学习兴趣。

小朵机器人内拥有远程对话功能，足以取代儿童手表。用户只需长按留言键便可将语音信息发送到手机上，手机收到语音信息后会有提醒，而用户只需短按手机上的留言键便可以收听语音信息了。

从查询天气到收听新闻，再到生活常识的解答，小朵机器人完全能够取代智能音箱。再加上手机 App 家长专区中有大量可供成人收听的内容，而小朵机器人又能够直接进行语音播放。因此，小朵机器人不仅孩子能用，家长也是可以用的。

另外，极具观赏性的外形、安全可靠的制作材料及智能化的设计，也让小朵机器人成了一个父母放心的智能学习玩伴。这也让小朵机器人成了许多父母赠送给孩子的珍贵礼物。

也正是因为小朵机器人的诸多优势和强大的功能，让其在上市之后便获得不错的销量。据相关数据显示，小朵机器人上线不过 9 个月便售出了 80 万台。这也让小朵成为国内知名的机器人品牌。

11.6　化妆品行业：欧舒丹咖啡店

对于化妆品行业有一定了解的人基本上都知道欧舒丹，其实，化妆品只是欧舒丹业务的其中一个部分而已。除了化妆品，欧舒丹在其他领域也进行了一些尝试，如开咖啡馆。

1. 知名的化妆品品牌

欧舒丹是对品牌 L′OCCITANE 的直译，其实它的全称为 L′OCCITANE EN PROVENCE（意思是普罗旺斯的欧舒丹）。它是一家以制造和售卖个人护肤品及家居产品的品牌，而外界对它的了解更多地来自它在化妆品行业的知名度。

欧舒丹成立于 1976 年，创始人奥利维埃·博桑希望它能成为一家保留和弘扬普罗旺斯传统的公司。而欧舒丹也希望自己能成为地中海式舒适安康感觉的提倡者和宣传者，为消费者提供舒适愉悦的购物体验，充分显示对消费者的关怀和尊重。

2010 年 5 月，成立了 30 多年的欧舒丹在香港联合交易所挂牌上市，而它也因此成为第一家在香港完成上市的法国企业。

作为一个国际知名的品牌，欧舒丹拥有着强大的实力。2018 年 12 月，世界品牌实验室发布了《2018 世界品牌 500 强》榜单，欧舒丹赫然在列，由此便不难看出其实力。

为什么欧舒丹能拥有如此强大的实力呢？其中很重要的一个原因就在于它作为一个化妆品知名品牌在国际市场上实现了快速扩张。截至 2018 年年底，欧舒丹已在全球拥有超过 2000 家店铺。而从我国来看，早在 2012 年 11 月欧舒丹便开设了 100 家专柜店。

2. 欧舒丹咖啡店

许多品牌发展到一定程度之后，便会试图从其他角度寻求更多可能性。这其中比较常见的一种策略就是做跨界。例如，知名化妆品品牌香奈儿便曾跨界做起了限时咖啡店——Coco Café。

或许正是因为同为知名化妆品品牌的香奈儿做了限时咖啡店，欧舒丹也萌生了跨界的想法。于是，欧舒丹咖啡店便顺势而生。

咖啡店显然并不是什么新鲜的事物，只是与一般的咖啡店不同的是欧舒丹咖啡店属于美妆跨界餐饮，这便让其具有了新鲜的元素，也让许多对该品牌有一定认知的消费者颇感新奇。

2017 年 6 月，全球第 6 家，同时也是中国首家欧舒丹咖啡店在南京德基广场开业。店铺中的布景让消费者进店之后宛如穿越任意门，来到了南法花园。整个店铺的氛围满是惬意和浪漫。

再加上借助鹿晗和林允等明星进行的宣传造势，欧舒丹咖啡店在开店之后便快速获得了许多消费者的青睐。

南京德基广场欧舒丹咖啡店的发展，让欧舒丹看到了中国跨界开咖啡店的前景。2018 年 4 月，在欧舒丹清泉水润系列护肤品全球同步上市之际，欧舒丹在杭州武林银泰开设了一家清泉咖啡快闪店。

虽然欧舒丹咖啡店只是欧舒丹跨界过程中的一种尝试，目前也还停留在初期阶段。但是，不可否认的一点是，这种美妆跨界餐饮的新奇做法确实是很吸睛的，也是比较值得一试的。

11.7　区域化零售平台：E 装到家

近年来，O2O 和新零售等概念快速进入大众的视野，它们也成为许多零售从业者争相探索的模式。而 E 装到家就是立足于打造全国性的 O2O 新零售区域化的电子商务平台。

E 装到家是合肥荣事达电子电器集团打造的一个电子商务平台，它致力于同城网购和本地化信息服务，通过线上线下店铺满足消费者快速获得正品的需求，让消费者在家中也能享受到优质低廉的商品。

作为立足于装饰建材行业的 O2O 新零售区域化电子商务平台，E 装到家顺应互联网大数据的趋势，率先打破零售行业的传统经营模式，打造了全国性的 O2O 新零售电子商务平台。

通过为消费者与商家、物流配送者及上门服务者构建一个连接平台，再加上线上线下资源的整合，E 装到家可以让消费者享受到快速便捷的购物体验。这不仅解决了网购“最后一公里”的问题，甚至让最后 500m，乃至最后 50m 也成为现实，更让网购 5 分钟送达得以实现。

1. E 装到家的优势

E 装到家为什么能够成为全国性的装饰建材 O2O 新零售区域化电子商务平台？我认为主要有以下 3 个原因。

（1）**综合性、多样化的推广**。消费者在选购商品时，会通过多种方式做出抉择。在此过程中，有的消费者会通过搜索掌握商品和服务的详细信息，有的消费者则更多的是听从导购员的介绍。而 E 装到家则是综合利用各种网络营销手段，先将商品和服务信息触达潜在消费者，让商品和服务对消费者产生一定的吸引力。这样一来，便很好地达到了引流的作用，再加上线下实体店的宣传和导购员专业素质的提高，E 装到家自然便在宣传推广方面具有更强的竞争力。

（2）**跨界经营带来了更多机遇**。E 装到家通过对 CRM 客户关系管理系统的应用，极大地增强了消费者的黏度，这也让 E 装到家在其他领域的销售更容易获得成功。而通过大数据跨界经营，除了作为主要业务的装饰建材，E 装到家的其他商品和服务也更容易得到消费者的认同。

（3）**国家政策的支持和保障**。国务院进行大众创业、万众创新政策体系的全面部署，这不仅让大众创业、万众创新成为各重点区域的发展战略，也让运营商得到了更多政策上的支持和保障。

其实，在不同群体看来，E 装到家的优势和吸引力也是不尽相同的。在消费者看来，E 装到家的优势主要体现在便捷、高效的购物体验，以及便于查阅的商品和服务信息；而在实体商家看来，E 装到家打造的高效、专业化新零售平台，能够通过线上线下的结合，有效地扩展自身的业务。

2. E 装到家的财富蜕变

2018 年 12 月 28 日，合肥荣事达电子电器集团有限公司举行了项目签约仪式。在签约仪式上，E 装到家直接与 200 多个一流品牌达成了战略合作，这也让 E 装到家这个高效、便捷的新零售 O2O 电商平台具有了更多的可能性。

作为一个拥有 60 多年品牌资源和深厚积淀的企业，荣事达的价值潜能是毋庸置疑的。而 E 装到家作为中国唯一全国性的 O2O 新零售区域化电子商务平台，同时也是荣事达重点扶持的项目，自然也拥有着强大的财富蜕变能力。

关于 E 装到家这个名称，E 装到家新零售总经理唐晓明解释道：“‘E’代表电子商务；‘装’是因为我们从荣事达全国领先的全屋智能家居装饰起航，同时又有快速装运、配送的意思；‘到家’代表的是速度和将荣事达‘红地毯’服务细化到千家万户、每个家庭。”

可能未来单店单品经营的模式会被打破，而结合 O2O 新零售模式和区域化经营模式，将为传统店面的转型和蜕变提供契机，那些与 E 装到家新零售合作的运营商可能会感觉财富触手可及。

大众创业、万众创新强调的已不再是个人价值的实现，而更多是社会价值的实现。荣事达推出的 E 装到家新零售可谓是将大众创业、万众创新做到了完美的诠释。借助于 E 装到家打造的平台，许多发展遭遇瓶颈的传统店面找到了新的突破口，而这也让 E 装到家的未来变得更加可期。

11.8 地产商圈平台：岭南海淘

2018 年年初岭南电商产业园的开业，被视为是岭南海淘进军跨境电商、打造地产商圈平台的重要尝试。

岭南海淘不只是一个跨境电商平台，更是背靠华南地区规模最大的电商园。O2O 线下体验园的打造、电商 CBD 的配套支持，都为跨境电商的经营提供了良好的环境。而在这种情况下，岭南海淘率先提出了“O2O＋CBD”模式。

1. O2O 全渠道零售

岭南海淘通过“线上平台+ 线下体验”的 O2O 立体商业模式，让消费者在自己的“家门口”便可以获得跨境购物体验，而且岭南海淘还为消费者提供了种类丰富的海外优质产品。从岭南海淘第一期体验中心来看，经营面积便达到了 $10000m^2$，而其中的商品更是达到了上万种。

另外，这个面积庞大的体验中心还根据地域划分了美国馆、德国馆、韩国馆和日本馆等多个区域，并配以专门的美食区和儿童游乐区。岭南海淘要做的就是为消费者提供高效、便捷的购物渠道。

2018 年 1 月的“年货节”活动上，岭南海淘借助扫码注册，在短短 3 天时间内便获得了超过 5000 名线上用户，再加上与又一城合作搭建的零售平台系统，岭南海淘成功进行了 PC 端、移动端和门店端的全渠道布局，这也为岭南海淘的未来发展带来了更多机遇和可能性。

岭南海淘首席战略官刘小平表示：“我们希望成为所有超市的货源地，在这里进行 B 端的交易，用电商产业化打通传统流通领域里的信息冗余，在我们的线上系统里，有各种比价资源的推荐。中国改革开放 30 多年做的是‘信息对称’生意，但接下来将要做‘信用对称’的生意。”

2. 创业社区的打造

岭南电商园办公面积达 $250000m^2$，当之无愧地成为华南地区规模最大的现代化电商园区。岭南电商园不仅因为产业集群大大降低了运作成本，而且也为商家解决了一系列问题。就是这样一个形成了一条龙式产业链的电商园区，成了电子商务企业的综合性服务平台。

除了岭南海淘跨境商城，许多创业孵化器项目也开始逐步落成，如乐活贝塔咖啡、乐活青年公寓等。

岭南电商园要做的不只是一个电商产业聚集园，更是为创业人士提供交流、沟通平台的创业社区。在岭南电商园中，不仅有会议室等配套设施，更通过与高等院校合作，为运营商提供了优质的培训服务。

3. 岭南海淘的模式扩张

“O2O＋CBD”是岭南海淘首创的一种运营模式，而岭南海淘跨境商城 CEO

欧阳州勇也表示该运营模式未来会进一步进行扩张。

2018 年 3 月，江西南昌岭南电商园项目落成，这是岭南海淘将“O2O＋CBD”模式复制到广东省以外的地区，也被外界视为是岭南海淘将自身的模式向全国扩张的第一步和关键性的一步。

11.9　办公室新零售：零食 e 家

对于长期坐在办公室里的白领来说，有时候起身动一下都像是在浪费时间。但是，吃喝都是人的基本需求。于是，针对办公室白领的需求出现了一种新的零售形式，也就是下面要介绍的办公室新零售。

与传统的零售模式相比，办公室新零售的优势就在于：可以为核心消费群体提供更加便利的服务，而且因为一些商品甚至比大多数便利店还要便宜，所以，它对消费者来说也是具有吸引力的。

正是因为办公室新零售的巨大潜力，许多零售企业开始入局，其中便包括零食 e 家。值得一提的是，虽然办公室新零售被许多人看好，但是也有人认为这种模式走不远。那么，办公室新零售到底有没有前景，该不该入局呢？下面我就谈一谈自己的一些看法。

1. 办公室新零售的可行度

人们在做每一件事之前，都应该对其可行度进行评估，从而在此基础上做出抉择，避免让自己面临不必要的风险。

对于零售企业来说尤其如此，这不仅是因为做零售都需要一定的成本，如果没有做好评估，轻易地就去做零售，那么，结果很可能就是不仅赚不到钱，反而可能会亏钱。更是因为零售市场本就相对饱和、竞争激烈，如果不能做出特色，则很难获得成功。

从相关数据来看，我国国内门店数量超过 10 万家，未来 10 年，国内便利店数量将达到 40 万家，而国内现存中小企业为 5000 万家，并且正以每年 500 万家的速度增长。也就是说，未来零售企业的发展将变得越来越难。因此，在评估办公室新零售可行度时，要考虑以下几个方面。

首先，要考虑的就是市场竞争。

其次，办公室新零售的便捷度也是其可行度评估需要重点考虑的因素。和传统便利店相比，办公室新零售在办公室便可以买到，而且在支付时又支持手机支付。这样就让办公室新零售变得非常便利了。

最后，对消费者的吸引力也是办公室新零售可行度的一个重点。办公室新零售相对较低的价格无疑是对消费者比较有吸引力的。但是，办公室新零售也有一些不足。例如，可供购买的商品品类比较有限、在上班时间许多人没有心思，也不好意思去买东西。

2. 对待办公室新零售的态度

对待同一事物，不同的人往往会有不同的态度。目前，市场上对待办公室新零售的态度主要可以分为以下 3 类。

第一类：赞同。在许多人看来，办公室新零售作为一种新鲜的零售形式，市场潜力巨大，而且这种零售形式对办公室白领来说算得上是一个福音，许多办公室白领对于办公室新零售也是充满期待的。所以，办公室新零售比较容易获得核心消费者的支持，它的前景是可期的。

第二类：反对。一些人对办公室新零售的未来是不太乐观的。他们认为在零售市场日渐饱和、竞争日益激烈的当下，新的零售形式要想获得发展本来就是一件比较困难的事，再加上办公室新零售的可实施区域比较有限，也难以获得办公室管理者的支持，这便让它更加难以获得成功了。

第三类：中立。在一些人看来，办公室新零售目前尚处于初级阶段，此时还不能对这种模式的前景做出准确的评估。毕竟，办公室新零售有获得成功的诸多优势，但是，也存在一些明显不足之处。

3. 零食 e 家给出的示范

零食 e 家是以办公室休闲零食销售为主的企业，它通过在办公室中放置无人自助货架的方式提供商品，让有需求的办公室白领在自己的办公室中也能购买到自己想要的商品。

与传统零售商不同的是：零食 e 家拥有固定的采购渠道，可以从供应商手中直接获得产品，并通过无人自助货架进行出售。这种做法省去了中间销售环节，也让消费者可以获得价格更加低廉的商品。

在购买商品方面，零食 e 家也为消费者提供了便捷的服务。零食 e 家的货架共分为 4 层，并且货架是开放的，而在每种商品上面都标明了价格。消费者如果想要购买某种商品，只需要通过微信进行扫码，便可进入商城进行付费，付费完成后直接将产品取走即可。

许多人觉得无人自助货架这种零售方式，很容易出现货品被偷的情况。其实，大部分办公室白领都是比较好面子的，而且也不会吝惜这些小钱。从零食 e 家的数据来看，无人自助货架的丢失率基本都控制在了 6%以内。

融资能力向来都被视为是评价一个企业未来前景的重要因素。而零食 e 家早在种子期便获得了来自千帆资本的数百万投资，之后又成功获得了 A 轮和 A+轮融资。由此便不难看出，资本市场对零食 e 家的重视。

获得融资之后的零食 e 家实力大为增强，也让它在开拓市场和开发产品方面变得更有心力。零食 e 家的客户主要以国内知名企业为主，已形成一套完整的管理和配送体系。其中，北京地区达成合作的企业便超过了 1000 家，而月销售流水更是超过了 100 万元。

11.10 社交电商平台：蘑菇街

在你的印象中，蘑菇街是什么？导购平台？电商平台？

的确，蘑菇街曾经做过导购平台，后来也做起电商平台，但它越来越不像两者了，而更像是一个社交电商平台。

1. 蘑菇街发生的变化

从 2018 年 8 月以来，蘑菇街发生了许多变化。2018 年 8 月蘑菇街上线了 11.0 的新版 App，彻底颠覆了一般电商 App 的设计模式，“电商”模块被放在了第三屏。

而首屏则变成了一个时尚社区，内容占据了整个版面的绝对强势地位。除首页上方的电商类目导航之外，其余的是直播入口和穿搭社区。

第二屏则是主播个人品牌，是专属于 1.8 万个直播网红的地盘。新版的“奇怪”之处，除了电商被分在第三屏，还不像淘宝那样禁止跳转链接第三方，蘑菇街并不想限制用户在哪里买。

无论是形式，还是本质上，蘑菇街都不再是一个类似淘宝、京东的电商平台，而更像是一个时尚社交媒体，却又比时尚社交媒体更丰富。这样的改变已经不是在优化，而是在进化，并且是跃迁式进化。

那么，蘑菇街到底想做什么呢？按蘑菇街 CEO 陈琪的说法，他们希望做

“时尚目的地”，听起来好像不容易理解，举个例子，如果用户想去日本的代官山购物，去之前上一下蘑菇街了解当前的时尚趋势，就不容易错买或乱逛，这就是一个理想的用户消费场景。

蘑菇街改版核心的初衷是：希望用户经常来逛逛，了解每季的时尚趋势，更重要的是了解什么风格适合自己，至于买不买、在哪里买，都是逛的结果，蘑菇街更注重“逛”的体验，追求穿搭的灵感，享受发现时尚的乐趣。这就是“时尚目的地”的意义。

只是，怎么才能做好“逛”的体验呢？更注重“逛”，万一转化率太低怎么办呢？很多电商平台都想让用户“逛”起来，但是，一旦内容化之后，往往发现转化率降低了，不得不退回到原版，蘑菇街这次的“时尚目的地” 能否如愿到达？

实际上，蘑菇街向“时尚目的地”的大升级，就是基于转化率和复购率考虑做出来的新方向。这事还要从当前比较火热的一种社交形式——直播说起。

2015 年，直播开始火起来，直播平台有几千家，大家都觉得，直播会成为电商的下一个风口，所以，2016 年 3 月，蘑菇街正式上线直播功能。最初的主播们并不知道应该做什么，有的甚至直接在镜头前放一个 iPad 向用户播韩剧。

不过陈琪很快就发现，一些尝试用直播卖衣服的小商家销量获得明显的提升，转化率也不错，这意味着有了直播“加持”的销售方式，相较于其他传统电商的零售方式更加精准、有效。

事实证明，陈琪的预感是正确的，蘑菇街随后从用户体验的角度出发开放了直播间直接下单功能，让用户能更方便地购买喜欢的商品，令平台商家销售额迅速获得翻倍增长。几个月后，淘宝也跟着做了直播。直到现在，娱乐直播大幅度遇冷，而购物直播却愈加火热。

不过，直播电商与货架电商的方式完全不一样，如直播电商的下单时间更集中，如果一个主播的观众有 10 万人，平均 15 分钟就能卖掉 1000 件产品，速度远超传统零售渠道及普通电商。

所以，传统的供应链其实还无法充分发挥直播电商的优势，做直播电商必须要快，一个网红拿着一件样衣就可以做直播，然后根据订单量安排工厂，最快的时候，接单后 5 分钟就可以开启生产，过去那种设计、生产、放样、市场试水及门店铺货等时尚传统传播轨迹中的繁冗步骤都显得太累赘了。

快的好处就是：做直播电商，很少有库存，蘑菇街几个做到上亿规模的网红品牌，没有一个有库存困扰的，这至少为品牌省去了 40%左右的商品成本。

但是，用户为什么听了主播的话，就愿意下单呢？不是所有做直播的都有带货能力，但能带货的主播，一般都很会介绍商品。怎么表达质感，如何强调流行趋势，如何抓住用户心理制造紧迫感，都有自己的一套方法；同时，她们也善于与用户互动，这要比货架电商找客服咨询，用户体验好很多。

所以，直播电商的用户，复购率出奇高，达到 84.3%。而蘑菇街也借此抓住了新的电商风口，聚集了超过 4.8 万的网红达人，同期还活跃着超过 1.8 万名主播（以上数据截至 2018 年 9 月，来源于公开资料）。

2. 电商价值链的重构

这与“时尚目的地”又有什么关系呢？蘑菇街挖掘了网红卖货的价值后，发现传统的电商价值链需要重新构建了。

传统电商是品牌（商家）—用户，如今，蘑菇街重新构筑了一个新的三边关系：品牌（商家）—网红—用户，因为他们发现，网红现在成了吸引流量的主力，以前商家为了带来用户，不断投放搜索广告或者品牌广告，但现在，网红做一场直播，货就卖出去了，不需要投放广告。

新一代的 90 后、95 后消费者，面临的购物环境是：商品很丰富，但是不知道什么商品适合自己，在购物时，他们需要有人给他们讲解时尚趋势、品牌内涵，以及什么产品更适合自己，在哪儿买更靠谱。

尤其时尚领域，流行稍纵即逝，而且无法预见，所以蘑菇街的穿搭社区内，时尚专家、认证达人、入驻明星等 KOL（Key Opinion Leader，关键意见领袖），会从流行元素、品牌服饰、选购意见等不同维度发起时尚话题，引导用户找到属于自己的美和时尚。这就是网红达人的一大价值。

但是，网红达人缺少供应链能力，怎么办呢？蘑菇街作为平台，有着丰富的品牌和供应链，他们可以帮助网红达人来对接供应链。有的做得很大的网红，早就自己做品牌了；但对于更广大的中小网红来说，平台可以给他们提供全套的赋能，他们只需要做好直播就行了。

这样，品牌—网红达人—用户的三边生态关系便被重构，网红作为纽带，一方面满足用户的不同口味；另一方面帮助品牌方出货，在这种价值链中，蘑菇街作为平台，就不适合再简单粗暴地把货架摆在用户面前了，这不仅会影响网红（品牌）的价值呈现，同时也会降低用户的体验。

而传统电商的搜索引擎模式也被“发现”引擎给替代，现在的问题是：蘑菇街要如何呈现直播或时尚内容，才能更长时间地留住用户，让用户“逛”下去呢？因为只有用户愿意“逛”下去，蘑菇街的“时尚目的地”定位才能立得住。

蘑菇街的首屏内容基本都是时尚内容，包括直播、图片、短视频、文章等各种形式的内容，他们希望用户在这里可以发现时尚。

陈琪说，从商业的视角来看，时尚有两个特征：一个特征是“趋势”，它在快速变化，是群体性的；另一个特征是“风格”，它是个性化的。由于每个用户不仅在看趋势，也在看风格，因此时尚行业的价值现在变得非常丰富。一个消费者并不会只穿同样的牌子，肯定是把几个牌子搭到一块，这就是蘑菇街“发现”频道的价值。

所以，蘑菇街目前在做两件事：一个是如何帮助用户最快地追上最新趋势；另一个是如何帮助消费者找到适合自己的风格。满足用户对群体趋势的把握，也满足用户如何让自己变时尚的需求，这就是“时尚目的地”的目标。

需要特别提到的是，在这种三边关系的价值链中，网红是可以为品牌带来溢价的，一方面用户愿意为适合自己的商品付出溢价；另一方面直播电商比货架电商的体验感说服力更强。一个人找到适合自己的东西，对价格就没那么敏感了。所以，蘑菇街也正在朝着“零库存”的目标努力。

但是，如何才能让个人更快、更准、更好地找到适合自己的时尚呢？蘑菇街除了有时尚电商、时尚内容，还有时尚科技。

时尚科技是蘑菇街打造的大数据能力，在用户层面，为了让用户找到适合自己的时尚风格，大数据会记录用户的身材情况，然后根据每个人的身材推荐相应的时尚内容，从而提高用户的体验。在网红达人方面，大数据可以让他们更快、更准确地获得时尚趋势。例如，T 恤上的一个印花，从在秀场频繁出现到在微博等社交媒体上广泛传播并形成一个潮流趋势的过程中，会有一个时间差，这就是商业机会。

在蘑菇街的数据驱动下，这个落差机会会被尽可能地呈现出来，至于是跟随这一趋势，还是避开进而转向小众市场，这个选择权在网红和品牌方自己手中。

除了线上的技术赋能，还有线下的门店赋能。2018 年 8 月，蘑菇街在自己的杭州总部顶楼，设立了国内首个“互联网+时尚”的超级试衣间 MOGU STUDIO，超过 $1000m^2$，复制了潮流达人生活中的各种穿搭情景，也为众多小众和原创品牌进行了集合展示，让年轻人认知到这些时尚的新兴力量。

MOGU STUDIO 集合了当季最流行的潮流新款，同时配备专业的时尚造型团队、摄影摄像团队，硬件配置和软性服务相结合的运营模式，同步打通线上海量内容，构成蘑菇街专属的时尚内容生态链。

蘑菇街这一次的大升级，可以说是根植于 7 年多的时尚领域耕耘，并直接从直播出发，构筑了全媒介的时尚社区，重构了品牌、网红达人、用户的生态体系，在竞争激烈的时尚零售领域，开创了自己的独特价值，既不会被大平台吞噬，也不会只局限于做一个小平台。

如果蘑菇街的模式不断延伸到全球时尚产品的各个链条，成为用户“时尚目的地”的首选，那么，它将会成为一个非常独特的新角色，成就一个有别于传统时尚服装零售行业的新业态。

第 12 章

经典案例：大零售思维品牌引爆法则

企业为什么要做新零售、做大零售，就是希望可以为企业的发展找到一条更合适的道路，促进企业的良性发展。

那么如何用大零售思维引爆品牌呢？本章将用 10 个案例进行说明。

- 垂衣：“痛点”在的地方，需求应运而生
- Lativ 诚衣：定位让你看清你的消费者是谁
- 花生兄弟：从快破产到成为“地推之王”
- 盒马鲜生：争夺“便利”至上的消费者
- SinglesSwag：标新立异的“单身盒子”
- Trader Joe's：在冰与火之间找到最平衡温度
- Gentle Monster：门店景点化，眼镜店也是艺术馆
- 九悦 Malltel：融合酒店和百货的情境式卖场
- 小米之家：超级物种，创造高频消费场景
- 银泰商业：围绕人、货、场重构新零售业态

12.1 垂衣："痛点"在的地方，需求应运而生

"痛点"在的地方，需求也会应运而生。想买衣服但又不想逛街，想网购但又不懂如何搭配。只是需要一套出席宴会的正装而已，但是领结、领带、袖扣这些东西完全不懂。处于迷茫之中的消费者需要帮助。

传统零售的卖货方式侧重"货架式"呈现商品，无论是线下的百货店，还是线上检索式购物平台天猫淘宝，目的都是尽可能地给消费者呈现丰富的商品信息。这就导致消费者逛街逛到"腿断"，淘宝淘到"眼瞎"。

想要买到自己心仪的产品需要货比三家，浏览数不尽的商品页，查看数不尽的参数，甚至在买一件商品之前，自己先要成为这个行业的专家，不禁感叹花钱也这么累，要是有人提供现成的就好了。

基于这样的需求，一些个性化推荐的 App 应运而生。大都是利用自己在某个垂直领域的专业度来帮助用户筛选产品做出决策，从而为用户节省时间、提高效率。

垂衣就是这么一个例子，它所做的事情是要解决事业上升期的中产阶级男性在购衣时的"痛点"，这些痛点来自各个细分场景中的搭配"蒙圈"，要去商务谈判，选什么颜色的领带和西服比较搭？要出席宴会，用领带还是领结？

1. 垂衣 CEO 和他的"新玩法"

垂衣 CEO 陈曦把这个"痛点"归结于"效率"问题。他认为，"女性爱花时间逛，注重过程；而男性较'懒'，更看重结果。尤其是事业正在急速上升期的男性，更加注重效率。就如买衣服，他们只想让商家提供一个具体场景的穿衣解决方案，只需要拿到这套衣服，符合自己的要求就好了。具体过程如何，是什么价格、什么牌子、什么渠道都不会太介意。"

垂衣的玩法就是，先吸引顾客成为会员，然后收集会员的身材数据、形象气质、预算、场合需求等信息，并安排造型师一对一沟通，最后为其寄送一个"盒子"。盒子里包含 6 件单件，以及每件衣服的搭配指南，用户可以在收到盒子后的 7 天里进行试穿，再决定购买，来回运费全部由商家承担。用户可以自行选择收到盒子的频次。

目前，其会员用户规模已经破万，集中在北上广深等一二线城市，用户年龄

集中在 27～30 岁，客单价为 800～1600 元，平均每盒衣服被留下两三件。

有人会问，除了部分单身人士，这个年龄段的事业上升期男性也算得上优质男了，身边还能少了挑衣服的女性伴侣？

对此，垂衣 CEO 说："恰恰是发现了男性购衣的场景多是由老婆、女朋友帮着挑的，而这些角色在男性服装搭配上缺乏专业性，所以我们的'新玩法'是想凭借着专业度去替代这些场景。目前会员用户基本上都把垂衣当作是购衣的辅助型工具，可与女主人和谐共存。"

2. 千人千面，个性化需求面前如何保持专业度

个性化推荐的过程是怎样运作的呢？通过"科技、数据化的需求分析＋理型师一对一沟通"来提高推荐效率。换言之，即"人机协同"。

垂衣 CEO 说，目前团队有 10 名专业理型师——从事服装设计、奢侈品管理等；每人平均覆盖 375 个用户（活跃用户数）。那么，这么高的比例如何保证专业度呢？

这就是人机协同的效果。他说，理型师服务用户的过程可以被拆解成"碎片"，如收集信息、一对一沟通、挑选标签、进行选品搭配，而这些"碎片"中的很多动作可以由机器来代替。机器可以提高效率减小理型师的失误，而理型师可以弥补机器筛选的不足。

具体的推荐环节可归纳为 3 点：一是基于商品的推荐，基于商品标签建立关联；二是基于用户行为去关联，数学上称为协同过滤，目的是让用户有机会接触合理的随机性；三是用理型师的专业性来替代机器的不足。前两者靠机器来实现，后者靠人来把关。

但依然有人对此表示怀疑，认为穿衣搭配如同吃饭，口味会变的。设计师即使给出了几个决策，但是风格、品位、尺寸等不一定完全适合，而且穿衣有时候也会受到心情、环境影响。这种随机性的变化，算法技术再精密恐怕也难以琢磨透彻，这也是目前国内外个性化推荐企业共同面对的难题。

对此，垂衣 CEO 认为提供来往包邮可以一定程度上"弥补"这个"短板"——"盒子"在寄出时就已经附上了一张退货的物流单，用户只需要填一下信息退回就好。"不喜欢就退回来，这个过程用户也不会产生损失，损失的是我们而已。所以我们用户的 LTV（生命周期总价值）还是非常高的。"目前 6 件衣服平均能被留下两三件。那么"盒子"里的衣服来自哪里呢？被退回的衣服流向哪里呢？折旧成本高不高？

他说：“买手团队直接选款，货品从品牌商流入到我们这里，再由理型师挑选、搭配，最后寄到用户手中。”

对于一些推荐率比较高的产品会由专门的仓来备货。但更多的推荐品直接来自品牌商和经销商，目前已与 100 多个品牌建立了合作关系。其中包括一些设计师品牌、国内外男装品牌，如 Tommy Hilfiger、J Crew 等，并以“合作分成”的方式进行月结。

在选品能力上，有专业的买手团队负责对接品牌，他们大多是传统服装品牌从业者，基于自己的审美能力和数据研究分析的结果来进行选品，选择更好的货品和供应商，并有专人进行渠道管理。重要的一点是买手直接向市场反馈结果负责，这也是买手能力的考核方式——用户的留存率。

就像实体店试衣服的过程，每件衣服都有一定寿命，陈曦说，“我们一件商品的流通次数不会超过 3 次，意味着被退回超过 3 次的及检验不过关的商品会被直接淘汰——退回到品牌商那里”。

品牌商们为什么能够接受呢？“我们其实是在帮助品牌商提高零售效率，我们的商业模式帮助品牌商们建立了线下灵活的‘试衣间’，把试衣间搬进用户家里，用户不仅可以试新衣，还可以与已有的衣服进行搭配，搭配得好就更愿意留下。这个优势即使是在线下门店也是不具备的。这恰恰弥补了品牌线上销售的不足，对品牌商来说是能够提高零售效率的。”

“总而言之，**品牌商愿意与我们合作，是因为我们一方面是一个零售渠道，可以帮助他们销售；另一方面也是品牌渠道，可以帮助他们触达更多的潜在用户**。当然，如果不能帮助品牌商实现更多销售，它们也会放弃与我们合作。目前来看，我们也给品牌商带来了不少价值。”

那么，虽然目前会员用户数量过万，但每个用户又都是个性化推荐的方案，那产品在量上怎么达到规模，怎么实现一个品牌的高销售呢？

陈曦解释说：“一方面是因为用户在单品上的需求存在一些相似性；另一方面也要靠我们自己去整合需求，靠大数据去了解需求的相似性。当前，基础款肯定占‘大头’，非基础款其实差异并不是很大，主要还是对品质的要求。”

3. 成本怎么控制？主要靠效率提升

陈曦将成本归纳为两方面：业务成本和固定成本。**前者包括物流、物料等，但随着规模变大，各方面的“稳定”（包括推荐率稳定、客单价稳定、复购频次稳定），这个成本会降低；而后者主要是基于提高效率和技术而投入的，这个成**

本随着规模壮大和效率提高，分摊在每一笔业务上的成本也会降低。陈曦表示目前垂衣已经盈亏平衡，成本问题只是一个逐渐“优化”的过程。

有人表示，这种玩法可行，但营销推广一定要做好。而陈曦则表示，目前用户的季度复购率可以达到 70%，用户年增长率达到 200%。其实还没有花太多精力在推广上，当下的营销推广成本可以说是零。

第一批种子用户都是身边朋友帮忙传播的，后来公司融资被很多媒体报道，又带来了一批流量；并且每个会员用户都拥有一个邀请码，新用户再注册时填写邀请码，老用户就可以得到 100 元现金券。就这样靠着自传播在拉新客户。

当下的重点依然是把产品定义清楚，把业务产品化，垂衣的定位很清晰——就是给不愿逛街的人提供一个解决方案。所以重点是把产品化形态表达清楚，目前还在做模型阶段，当然未来也会尝试各种“花样”营销。

有人觉得这不就是“私人衣橱”吗？陈曦认为：“大有不同。无论是私人衣橱还是个性化定制，都是高端且服务小众的事情。然而我们不想把服务停留在小众范围，消费升级不是让有钱人消费升级，而是如何**通过技术上的革新、体验上的革新使得过去只有很小一部分的顶尖人群能够享受到的东西能够下沉下来，让更多的中产阶级去享受**。从非常小众的一个选品师或私人买手，到更多人去购买，但不会降低品质。”

4. 怎么定义垂衣 CEO 的“新玩法”

我认为，**它既不是实体经济，也不是传统电商，而是用户解决方案的提供商**。其实这就是大零售的业态融合的玩法——把原来那种僵硬的门店模式，变成了给用户提供解决方案的模式；以前个性化都是针对某一个商品，但真正的个性化是针对一个用户提供一个解决方案。

仍有几个问题需要人们思考，如这个市场究竟能有多大？消费者的新消费习惯要用多久来养成？未来能否形成产业化？

目前在国外，不少类似企业已经初具规模，如 Stitch Fix、Trunk Club 等。其中 Stitch Fix 甚至做成了上市公司，拥有海量用户，3000 多名造型师和 80 名数据科学家，做的是面向大众女性的推荐搭配，难度更大。

而对于陈曦来说，虽然画的圈相对小了一些，但 35 人的团队面对 200%的用户增长，是否有能力服务好更多的人？或许要更加仰赖于技术，但如果技术进步跟不上持续增长的用户量，将是“致命”的问题，而且目前能够合作的品牌有限，一旦做大了，供应链管理也会比较复杂。垂衣的未来发展还有很长的路要走，或许在不久的将来，陈曦能给出答案。

12.2 Lativ 诚衣：定位让你看清你的消费者是谁

调皮电商的一位会员分享了一个案例：一家名为 Lativ 诚衣的服装品牌，曾经是优衣库的代工厂，但却在短短几年的时间内，依靠电商模式，成为我国台湾地区的知名品牌，每年的营业额高达 10 多亿元。这家企业究竟有什么魔力呢？

1. 怎样的成绩惊到了我们

Lativ 是一家成立于 2007 年的服装电商企业。当年的营业额仅 1000 万新台币（约 213 万元），次年营业额增幅达 1000%，第三年营业额达到了 3.7 亿新台币（约 7900 万元）。到了 2011 年，其销量高达 1400 万件，营业额超 40 亿新台币（约 10 亿元）。每年以近 10 倍的速度发展。

Lativ 诚衣于 2015 年进入内地市场。没有线下店，没有入驻阿里巴巴、京东这样的平台渠道，就仅凭着自己的微信服务号和官网进行卖货，也没做过知名的广告宣传，却也打出了一片天——在知乎上被热议，并吸引了一大批热衷于“优衣库”的黏性“粉丝”。

2. Lativ 是如何做成这件事的

或许谈战略显得很浮夸，它不如战术实用。但一切有效的战术都离不开一套正确的战略。

定位让你看清你的消费者是谁，有怎样的共性。Lativ 的定位是满足我国台湾最主流的 25～45 岁的城市工薪消费人群。这个人群虽然年龄层次跨度大，但是在审美和消费习惯上的一致性非常高，更代表着我国台湾的主流消费人群的习惯。

定位指导着这家企业要跟随怎样的消费需求而变，它一切的产品卖点和营销打法都是围绕着这一群人的生活方式和消费习惯而定。

3. 清楚这群人有怎样的需求，才能有对的“战术”去满足

我国台湾地区消费者普遍有着“本土情怀”，认为“本土制造”是“质量可靠”的代名词。所以，Lativ 承诺所有的产品都是在我国台湾地区生产的，一方面满足消费者对质量的潜在追求，另一方面制造“情怀”卖点——隐含了我国台

湾地区消费者对乡土的热爱情绪，这种情绪给品牌加分不少。

另外，在打造“亲民”品牌形象上，Lativ 的做法是其产品图片全部用的是我国台湾模特，而非“明星”，长相也并不出众——是走在大街上都能看到的那种面庞，这也一定程度上让用户产生了亲切感。

我国台湾地区主流的中产阶级社群习惯混搭的生活方式。所以，Lativ 不追逐时尚，而是销售常年畅销款。浏览 Lativ 诚衣的商品，会发现风格像极了“优衣库”——没有任何 LOGO，没有任何花哨的设计，基本上都是 Classic 款式。

例如，Lativ 的男士长袖 POLO 衫有 28 个 SKU，所有 SKU 的基础设计完全相同，只是颜色和花纹不同。这些款式每年都不会做太大的调整，而是在现有款式上做微调。

这种类似于优衣库的产品线策略也得到了市场的验证。这就使得 Lativ 不必花心思在每年如何追赶潮流上，而是可以让心思专注于产品的质量控制，更重要的是这些“国民款式”让 Lativ 整个产业链的运作处于相对稳定的状态，减少了因为新成员、新环节的加入造成的磨合成本。

经济不景气的大环境下，让我国台湾地区消费者更加追求“低价”和“性价比”。所以 Lativ 用亲民的价格打动了消费者。

Lativ 的产品酷似优衣库，但定价却只有优衣库的一半，即便全部在我国台湾地区生产，其价格仍旧较低。一件女士羽绒外套价格在 266 元人民币左右，而相比凡客，其类似产品为 299～509 元人民币；一件长 T 恤约 30 元人民币。

或许有人要质疑它的质量了，但是看用户的口碑似乎评价挺好的。那它是怎么做到如此“低价”的呢？

Lativ 产品线宽度控制得当，使得产品的采购数量稳定、经验曲线达到了较低点。结合上述不追求时尚，也让它节约了很大的设计成本。但更为重要的是，Lativ 没有投放大量的广告，也没有在物流上投入大成本，没有了建店、宣传、物流 3 个方面的巨大成本费用，价格上自然更从容。

说到广告费，让我联想到 OPPO 一年花 20 亿元广告费的事情，大家会觉得，20 亿元承担得起吗？其实“羊毛出在羊身上”这话没有错，据说这笔巨款平均摊在每个用户身上大概是 25 元，发扬了“我投广告，让消费者来买单”的一贯作风。

在我国台湾地区有特色的东西很快便被传开。所以，Lativ 在营销推广上不投广告，靠口碑——Lativ 采用的就是依靠低成本口碑传播来造就品牌的宣传模式。我国台湾地区市场信息传播非常快；市场比较成熟，广告更多的是起到提示的作用而不是引导的作用，口碑的作用明显更高。

Lativ 借助这种特性，着力于口碑建设，将宣传寄于产品和网站细节打造上，既节约又有效。有相关报道称其网站重复购买率为 80%，直接说明了其效果。

目前在国内，Lativ 也没有顺应营销大环境去做广告，而是低调地运营微信用户，卡尔说："有段时间，我暗中观察 Lativ 的内容，发现篇篇 10W＋。"听罢，我忍不住去研究了一下，虽然没有实现篇篇 10W＋，但是的确有很多文章的阅读量实现了 10 W＋。

2015 年 5 月 Lativ 刚进入大陆市场，其公众号文章也经历了几百、几千的阅读量，直到 2015 年 11 月 5 日推送的一篇《双 11 疯抢！1 元起》，Lativ 迎来了自己的第一篇 10W＋，此文之后，Lativ 似乎找到了文章爆红的点——"超低价诱惑"带来的转发传播。

于是，接下来的大多数文章都走了这个套路——标题简单明了，直击低价卖点。文章内容走简约风格，基本上没有文字，都是产品图片直接放进去，每一张图片链接到购买页上。没有一句多余的话，就是"低价+产品"！

其实，Lativ 也有很多阅读量很少的文章，大多都是宣传品牌的，有一种"情怀"植入的感觉。这一类文章的阅读量比较低，但是点赞的人很多（其 10W＋的文章也不过 100 的点赞数）。大家认可品牌的态度，但是却不愿意转发。

由此也可以看出，网民的转发积极性在于这件事情中自己究竟能获得什么价值。转发时的心态也是"有价值，大家共享"。而不是你的情怀有多感人。

对于一个要赚钱的品牌来说，传播量和转化量要比"情怀"重要得多。所以，关注你的用户究竟想要什么，然后推送给他！

网购的一个"痛点"是消费者浪费了太多时间。所以，Lativ 试图让消费者的网购体验变得更轻松。

我偶尔也会打开电商网页"淘至深夜"，最后眼疼、头疼，发现什么都没买成。因为网站东西实在太多、信息太杂乱，推送的东西也让人眼花缭乱。当下很多电商都喊着要优化购物页面，简化购物环节，打造更好的用户购物体验，但真正做到的不多。

打开 Lativ 的官网，是轻快明了的交互界面。其官网和微信商场都是这种简约风，导购栏也轻快明了：Lativ 的网站架构上完全围绕消费者的购物习惯。

二级页面只有女装、男装、童装、婴幼儿、运动、穿搭 6 个，让消费者进入网站后很快就能找到自己想要的商品。所有的商品页面全部用图片代替文字说明，用大的细节图代替产品描述（最多有几个字的描述）。

新出的“穿搭”里全部是搭配好的成套的服饰，直接点击图片选择购买，非常符合当代宅男宅女的网络购物习惯，也成为不会穿搭人士的“福利”。

在物流上，Lativ 全部采用物流外包。借助第三方物流系统和遍布我国台湾地区的便利商超系统做物流，速度保证我国台湾地区第二天就能送货到家，也不必自建 DC 仓，大大减少了物流投入。

或许有人觉得 Lativ 做的这些事情没有什么特别之处，因为很多电商也都这么做，但最后都不如它做得成功，所以把问题归结为这家企业的生存环境比较“舒适”（我国台湾地区电商竞争不充分，商业环境相对舒适，而大陆却是一片红海）。真的如此吗？

4. “这不就是‘台湾版凡客’吗？”可别这样说

有人听到这个案例立刻想到了“凡客”。我觉得这一对比莫名其妙——“凡客是失败在质量上的。Lativ 是一个强调质量的品牌”。“凡客最初靠着 T-shirt 品类起家，在 2009 年、2010 年一度是电商行业佼佼者，甚至当时提起电商就让人想到陈年、刘强东”。但现在很少有与凡客相关的信息了。

其原因是“在 2011 年电商快速发展阶段，为了冲刺 GMV 增速，凡客扩张为全品类，‘甚至连拖把都出现了’，而其品类管理能力又没有跟上，整个发展节奏都乱了。凡客狂冲 GMV 的方式是‘低价’，制造商的成本被疯狂打压，最终导致质量打折扣。而 Lativ 看起来是一个本分企业，SKU 不多，在产品质量上也用心”。

那为什么凡客要冲 GMV 呢？我认为，是大环境推动的，大家都在狂增 GMV，陈年没掌控住，急着想把规模先做大。好看的 GMV 能吸引投资，有钱了更容易把企业的规模做大。这一点，Lativ 创始人张伟强与陈年有着很大的不同——他不依赖外部投资，全凭自有资金，想要自主经营。

其实，并非是环境使谁覆灭了，同样的环境为什么阿里巴巴、京东就能做好呢？**关键还是环境中的人，能否掌控好自己企业发展的节奏，能否掌控好企业经营的重心，能否不忘初心地往前走。**

一个企业一味地冲规模、冲高增长的时候，势必会丢掉服务消费者的初心。过程中不可避免地要牺牲一部分人的利益，利益链终端的消费者必然成为最后的“受伤者”；而消费者恰恰又是能掌握一个企业命脉的角色——“口碑”能成就一个企业，也能覆灭一个企业。

我不禁感叹：做品牌的，就应该具有 Lativ 创始人的这种态度——靠时间和匠心来一点点打磨品牌，让消费者得益就是受益于己。

12.3 花生兄弟：从快破产到成为“地推之王”

2014 年，通车 CPS 3～5 元，到了 2018 年上涨至 30～50 元——电商流量价格涨了 10 倍。数据营销行业的公司华谊嘉信的卡尔觉得，相比之下，地推反而变得便宜了。

但是要怎么做地推才能收到比较好的效果呢？地推能像数据营销一样覆盖广泛而且相对精准的人群，达到很好的营销效果吗？对于地推，卡尔很想做，但又有很多疑惑。

不过，我想更多人像自己以前一样，对地推形成了刻板印象，觉得地推没有什么大的作用。作为最传统的营销方法，大家刚开始做，想打开销路的时候，都能想到地推，但做起来难度不小。

地推一般要到达客户所在的物理位置，很耗时；如果要迅速覆盖，人力成本就会快速增加；很大程度上销售员个人的能力决定了地推的效果，地推对销售人员的敬业精神和心理素质要求都比较高，从公司的角度来看，地推效果的可控性很低。

下面我要讲的这个案例，可能会彻底改变大家对地推的看法，同时解开卡尔的疑惑。

1. 迫不得已才做的地推，成就了四川同品类销量第二

这个案例是我在调皮电商开展线下沙龙的时候发掘的。花生兄弟的解总自我介绍说，前后做过好几种生意，线上线下都做过。2009—2011 年，他做了龙泉水蜜桃网、川味特产，2011 年才开始做花生兄弟，主要产品是花生糖，在四川称为花生酥。

花生兄弟有两个特别的地方：一是靠地推做起来的，而且做成了四川同品类第二，在成都家喻户晓；二是只做一个 SKU。

当时参加沙龙的人一听就来劲了，觉得这背后的故事一定很精彩，不停地催促解总讲得详细些。

原来，花生兄弟不是一开始就选了地推这种方式，说起来，也是在“被迫”

和“偶然”的情况下转向了地推。花生兄弟最开始在农业商城线下店自营 4 家店铺，店铺规模在 $90m^2$ 左右，做了上千个 SKU，花生糖只是店里的一个单品。后来因为物流、压货和店铺等成本过高，不得已在店铺附近的社区进行展销活动来做促销。

通过展销活动卖货，花生兄弟发现花生糖销量很突出，一天最高单点销售 21 箱，一箱 20 袋，每件 500 元，一箱净利润在 120 元以上，地推成本加兼职工资、物流等控制在 500 元左右，整体利润比店铺高得多。同时，他们发现 SKU 太多导致每天盘点、理货都很麻烦。于是就决定关了店铺，用“以展代销”的形式专门卖花生糖。

从 2011 年专门做花生糖到现在，花生兄弟已经凭借产品开发、“以展代销”的模式等成为四川地区同品类销量排名第二的品牌，成为成都家喻户晓的牌子。在这个过程中，花生兄弟形成了一整套地推的方法论。

例如，在旺季的时候，他们会选择在小区门口摆展位推销花生糖。不是每个小区都可以做，花生兄弟挑选小区有严格的标准：600 户左右，住家的多，不能是进门就开车进地下车库的那种小区。不过，最好能在临近的几个小区都设点，这样能很快把品牌影响力营造起来。

花生兄弟每天会同时在 12 个小区设展销点，展销点设在每个小区人流最多的入口附近，12 个展销点会用统一设计的帐篷、服装，以及统一的堆头、话术。每个展销点分配两个销售人员。

我觉得花生兄弟的话术非常有意思。例如，有消费者回小区，就微笑着说：老师，您回家了，来尝下我们的花生糖吧。这个时候，销售人员不是直接把糖递给消费者，而是把包装纸撕开，再递给消费者。因为有的消费者会嫌撕开麻烦，销售人员都撕开了，消费者就不好意思拒绝。

然后消费者在尝的时候，销售人员会去引导消费者对花生糖给出好的评价。例如，问消费者“我们的花生糖是不是很酥、很香？是不是不粘牙？”花生兄弟的产品口感的确不错，消费者一般都会回答“是的”。

然后销售人员再问“那您是要黑芝麻口味的，还是原味的呢？”消费者一般都会选择一个。看起来很简单吧？其实细节非常关键，替消费者撕开口，引导口感，顺手快速拿一包让顾客选择，从头到尾，不让顾客有思考的时间。

销售人员的招聘也很重要，花生兄弟做了这么久，发现大妈是最适合这种小区地推的，而且最好是住在这个小区的大妈。特别热情，跟消费者没有隔阂感，还在小区里面有熟人、有影响力，推销起来容易，大妈也愿意做这个工作。

还要掌握好销售的时间点。一般花生兄弟的一台车会分别在 8:20、8:40、9:00 到他负责的 3 个小区，大部分成交的时间是在上午 10～11 点和晚上，分别对应的是上午去买菜的人、出去上班的人，以及晚上闲逛的人。

除了设展销点，花生兄弟还会走水果店这个渠道，一个做花生糖的，怎么还能在水果店里卖呢？岂止能卖，水果店已经成为他们最主要的销售渠道了。

2. 做好地推的核心：研究人性

花生糖为什么能在水果店卖呢？水果店为什么愿意卖呢？水果一般都是讲究保质期的，但花生糖基本上没有这个问题，保质期很长，拿一箱花生糖放在店里，拿出一部分做试吃，结果，每个试吃的人都会买一包。

整个过程，关键是试吃，在便利店、在超市这种整包装的东西，很少有试吃的，即使有，用户也不去尝试。但在水果店，大家就愿意试吃。

而水果店也会把花生糖作为引流赠品，因为花生兄弟给有社群的水果店配送一定数量的花生糖，供水果店免费送给社群成员。通过水果店售卖的销量很不错，现在花生兄弟已经发展了 2000 多家水果店合作伙伴。

解总在分享的时候，反复提到一句话：我觉得，**做生意就是在研究人性**。做地推更是如此。

例如，上面讲到了花生兄弟的话术，发现没有？花生兄弟的话术里面隐藏了很强的引导性，让消费者不知不觉通过自己一次又一次的选择，最终走到掏钱购买这一步。

从把包装纸撕开再递给消费者，到问消费者“我们的花生糖是不是很酥、很香”，再到问消费者“那您是要黑芝麻口味的，还是原味的呢”，所有的行为和问题都是封闭式和引导性的，不让消费者有机会朝着放弃购买的方向去。

还有很多细节体现了这一点。例如，选择小区的时候，不要选择进门就把车开进地下车库的那种小区，最好能在临近的几个小区都设点，小区大妈作为该小区的展销点的销售员等，都是解总在充分解读小区居民的心理之后所做出的选择。

解总还举了一个例子，他一个做净水机的朋友 A 的地推方法更独特。也是在小区门口推销，免费上门安装，试用一个月，送花生兄弟的花生糖或者其他东西。一个月到了，朋友的员工会上门，问用户使用情况，如果觉得好，用户就买下来；觉得不好，员工就拆了净水机带走，成交率为 90%。

这位做净水机的老板很清楚，对消费者来说，牌子不大的净水机，没有信任基础，只有用起来才知道效果，需要切身体验，但消费者又不愿意为了体验就把净水机买回家，所以朋友 A 选择了免费上门安装，试用一个月。但试用其实也麻烦，所以还送东西。迈过了这两个门槛之后，只要朋友 A 的净水机质量过硬，成交率是可以保证的。

12.4　盒马鲜生：争夺“便利”至上的消费者

2017 年 6 月 9 日，一直在上海、宁波摸索的盒马鲜生的北京十里堡店开业了，一时成为业内大量关注的热点。我当天也去探了店，对这种“四不像”的新模式感触颇多，正准备大发感慨的时候，竟然听到盒马鲜生创始人侯毅说，盒马要靠“价格更低、服务更好、送货更快”击败便利店。

原本，我以为盒马会是美食界宜家——Eataly 在国内的第一个模仿者。没想到，它竟然选择了便利店作为对手。

1. 盒马为什么挑便利店当对手

便利店毫无疑问是这几年的线下零售的风口。近年来，便利店成了白领、90 后和 00 后最常光顾的业态之一，消费者对便利性的需求持续上升，他们的消费从大型商店和电商转移到相对较小的便利店渠道，便利店的生意好起来了。

在超市和大卖场销量连年下滑的情况下，便利店行业成为过去几年唯一能连续保持两位数以上增长的线下零售业态。尼尔森《2016 年度中国卖场超市购物者趋势报告》显示，便利店的渗透率从 2015 年的 32%上升为 2016 年的 38%，比网络购物还高 3 个百分点。

马云的淘宝便利店、刘强东的百万便利店、便利蜂、闪电购、爱鲜蜂等都是为了抢占风口，盒马自然也想蹭这个热闹，争夺“便利”至上的消费者。

2. 盒马，也许你挑错了对手

2016 年，全北京的 7-11 的净利润也只有 100 多万元，单日平均营业额 3 万元左右。但即使是这个水平在便利店业内已经算高的了，要知道全国的便宜店、社区店、夫妻老婆店单日平均营业额更是只有 3000～5000 元。

即使把全国连锁化的便利店企业的销售额加在一起，也只不过和连锁百强的老大一家的销售额差不多。盒马在十里堡费了很大工夫，开了一个一万多平方米、比普通超市和便利店人力多出几倍的店，难道只是志在这点儿营业额和利润吗？

以盒马鲜生的北京十里堡店的情况来看，不管是从选址还是选品、定价、经营成本来看，盒马鲜生实体店与便利店都不在一个竞争区间。用自己的坪效和人效明显比普通便利店低几倍的实体店与便利店去竞争，我绝对认定盒马糊涂了。

如果盒马非要与便利店竞争，就是单独为线上选品，靠送货上门抢便利店社区店的生意。也就是盒马鲜生所说的，会做一个“SOS 频道”，专门做送货上门，基本上电池、灯泡、充电器、香烟等便利店有的品类都会送货，包括餐饮。

盒马“价格更低、送货更快、服务更好”的送货上门真的能击败便利店吗？服务更好，这条也许是有用的，而另外两条“价格更低、送货更快”可能并不能起到太大的作用。

（1）盒马说要用价格更低把便利店比下去，可是便利店拼的从来就不是便宜。7-11 的商品，基本上都不比外面便宜。你的确会看到小部分商品好像比较便宜，如部分沙拉、盒饭，但那是为了引流。

7-11 不靠这些盈利，而是靠经营性收入和顾客顺手买走的其他商品盈利，那些商品可是比超市、商场、电商等其他渠道都贵。7-11 的场景营销的作用是很明显的。上班族一大早经过 7-11，买早饭的时间，顺便把防晒霜买了，一天想吃的零食也买了。

盒马以比 7-11 更低的价格卖出的盒饭再多，也挣不到钱，但如果盒马想靠盒饭引流，没有 7-11 的场景，想让顾客顺手买走其他商品，难度就增大了，而且盒马目前可能会为了抢占市场，短时间内做到在“价格更低”的前提下，保持“送货更快、服务更好”，但我并不认为，它能一直坚持做到“价格更低”。

（2）送货更快，盒马就能抢到便利店的生意吗？我有一个疑问：目前的消费者真的需要类似盒马的三公里范围内、半小时到货的便利店商品送货上门吗？这个需求真的足够大吗？

更近或更快，都代表着更高的成本。其实在 20 世纪 90 年代便利店就进入中国市场了，为什么到近几年生意才好起来呢？

因为之前的经济水平决定了相对于便利性，消费者更看重便宜，他们宁愿花更多的时间去超市以更低的价格买回一周要用的商品。而 GDP 充分上涨之后，现在消费者已经有能力为“便利”买单，用金钱换“便利”成了他们的首要需求。

但是，现在消费者更愿意为去便利店购物所产生的多余的加价买单，并不代表他们会愿意为便利店商品送货上门所产生的物流费用买单。便利店社区店的位置离消费者已经足够近了，送货上门到底还有没有价值？什么场景下才需要便利店的商品送货上门？

计划性的常规购买会在平时靠网购或超市解决；随机性的购买一般是有了场景之后被激发出来的。例如，前面提及的去 7-11 买早餐，顺手买防晒霜；应急购买，如炒菜时发现盐没有了，既然急，怎么可能还等半小时送货上门？自己下楼到便利店、社区店可能只需要 5～10 分钟就解决了，更何况，小区楼下的社区店基本都会免费送货。

按照上面讲的以金钱换“便利”的理论，值得怀疑的是：现在消费者的消费能力有没有进化到愿意为便利店的商品送货上门付费的阶段？也就是愿意为下楼到便利店、社区店所需要的 5～10 分钟付费的阶段呢？这是值得怀疑的。至少现在，很多人都会因为发现另外还要 10 元运费而最终放弃在生鲜 App 上下单，选择出门时顺便在社区水果店购买。

罗森、全时不是也做了送货上门吗？卖得最好的北京门店一个月也只有 400 多单，以人均 40 元的客单价算，一个月只有 1.8 万元左右的销售额，比不上北京 7-11 平均一天的流水。

但是为了做这 1.8 万元左右的线上单子，罗森、全时需要安排专门的人与百度外卖实时对接库存数据、更新页面信息等，这样也是浪费了至少半个人力，而且效果并不好。有的顾客下单之后，会被罗森、全时告知已经没货了，这就说明库存数据对接还是不能做到实时。

这也是为什么 7-11 不做送货上门的原因之一，量太少，而且按照 7-11 现在线下的流水，就人效来讲，可能已经腾不出人来处理线上了。有人可能会说，是不是因为是第三方物流的关系？那么看一个靠自有物流来送货上门的案例：便利蜂。业内现在已经评价这种业态为“没什么生存空间”。

12.5　SinglesSwag：标新立异的“单身盒子”

这个模式会更新人们的商业思考，能生存多久，其实不重要。这是一个典型的情境创造的例子，只不过太单薄、太极端了。

1. 单身经济 + 互联网订阅，听起来有点新意

2017 年情人节，我将笔杆子瞄准了单身人士，认为单身经济在国内其实是个“伪需求”，绝大多数单身人士的内心深处其实是厌恶这种状态的。但我同时强调“单身消费只能说是一种消费场景的细分，并不能按着消费群体去划分他们”。

国外的一家创业公司勇敢地触碰了“单身经济”，动的是那批单身女性，他们认为单身女性独立自主，不用担心养家养娃，钱比较充裕，所以更有闲钱购买商品；再加上她们孤身一人生活，为了不显得凄凉，更要对自己好一点，才更有魄力购买商品。

所以，这家名为 SinglesSwag 的美国创业公司要把“单身盒子”卖给单身女性，并且盒子里的东西五花八门。

2. 标新立异，但却难度不小

用户可以自主选择一个盒子，里面有 5～7 个单品，或者三四个单品，可以选择每个月收到一次盒子，也可以选择 3 个月或 6 个月支付套餐，一个盒子在 40 美元左右。

盒子里有什么呢？零食、化妆品、书籍、沐浴露、便携香水、可爱袜子、眼罩，甚至红酒，永远都不会提前料到下一个盒子里装着什么东西。因为 SinglesSwag 为的就是给你“惊喜”。

那么，往常订阅商们做的事情是尽可能找到消费者的习惯品位等一系列的大数据，然后投其所好。但 SinglesSwag 想要创造的“惊喜”，似乎与用户的行为习惯有些不同。

要知道，找到固定的规律或许不是件难事，但是要找到不规律的变化似乎不是一件容易的事情。基于这个前提去保持命中率和用户满意度，就更难了。

3. 重视营销，传扬的价值观能让它长命百岁吗

但是这些似乎没“唬”到这家企业，因为它正用大把的精力打“情怀”牌：盒子包装上写着“loveyourself”（爱自己）；另外，品牌频繁活跃在 Instagram 上，经常发布一些“喂”给单身女性的“鸡汤文”。例如，“我这辈子可能只能嫁给自己了。但我不在乎，因为老娘超级棒”“穿过我的发是自己的手，不需要别人来做”……这些文案套路并不新奇，但依然吸引了很多单身女性。

原因很简单：你能找到这家企业想要传达的——“单身没有什么不好的、越

是单身越要对自己好，甚至我单身我骄傲……”能引起单身女性的共鸣，就能让她们认同品牌倡导的价值观。

对此，垂衣 CEO 也表示认可：“我觉得从营销角度来说，这家企业的人群很精准，而且‘让女性对自己好一点’的招数的确屡试不爽，是很容易让一些女生产生共鸣的。”

当然也有不少人对这样的营销表示出了反感——这种看似坚强的文案恰恰迎合的是缺少这些“品质”的单身女性，真正独立的单身女性并不需要依靠消费某个商品来证明自己过得好，也不用到处宣扬自己的单身价值观，因为她们不会跟“脑残”和那些“同情的眼神”做出任何多余的解释。

4. 任何产品都适合跟订阅制进行“杂交”吗

垂衣 CEO 在肯定了他们的营销套路后，也对这个“玩法”存有疑问：“对于 SinglesSwag 来说，他们究竟是希望女生保持单身还是希望女生脱离单身呢？这个模式莫非是认为将来保持稳定情侣关系的人会越来越少？”

第一个问题其实很有趣，它将直接影响两件事情：一个是其商业模式；另一个是产品结构。前者决定怎么卖，后者决定卖什么。

他说：“其实我有点不理解这家公司为什么选择订阅制。订阅制的关键是要抓住人性中最长久、最本质的东西，但单身是一个状态，这是一个隐患。”

订阅制看重的是用户的生命周期价值，就是在单位获客成本下，不断地去挖掘一个用户的长期价值，强调用户的留存能力，这也是订阅模式最大的优势。订阅制的目的其实是品牌想要通过一次次的互动更加了解用户，这是一个长期的过程，想要无限挖掘用户的价值就要保证这个用户的稳定性——起码保证这个用户不会走。

但是，SinglesSwag 选择的用户并不是一个稳定的用户群，而是女性用户的一个单身状态，而这个状态其实是极其不稳定的。

究竟怎样的用户、怎样的“需求”才需要用订阅制模式来解决？在国外，比较常见的“订阅制”多是“服装订阅”，包括女装订阅、童装订阅等类别；在国内，人们最为熟悉的是“鲜花订阅”。

不难发现，这些企业有一个共同点，多是基于同一品类的产品进行订阅分发，并且都是针对固定的用户群体去营销自己的产品，像互联网鲜花订阅，其实是把非标品的鲜花做成标品，让那些喜欢花但不懂花，又想用鲜花提高生活品质的白领收到一束搭配好的花；而服装订阅往往是要帮助穿搭小白解决搭配问题，并且为品牌商提供一个灵活的“试衣间”。

所以，这些订阅制企业面对的都是固定的群体，并且这群人有稳定的需求。这样看来，SinglesSwag 似乎不太适合这个玩法。

从选品上，实在看不出它提供的产品究竟是为了解决单身女性的哪个长期“痛点”，产品组合里也看不到能让用户形成依赖的产品。如果说单纯为了新鲜好玩的新购物体验，但这种“盒子”体验也并不新鲜（在美国流行了 10 余年）；这样说来，它唯一剩下的卖点就是它所倡导的单身价值观了，但是价值观并不是“空喊”出来的，而是在推荐的商品中体现出来的。

对此，垂衣 CEO 也有话说：“商品除了使用维度，还有一个价值观上的东西——我为什么要用这个东西，我用这个东西能够让我变成怎样的自己？就是说商品背后要传递出价值来，单纯卖商品，品牌竞争力不会强，就目前市场来看，所有好的品牌和好的渠道基本上都有自己的价值观，只有用户认可你的价值观才会成为你的用户或长期成为你的用户。”

但 SinglesSwag 这个单身价值观似乎与自己的选品是脱离式的（我看不出脱毛膏与单身贵族有什么特殊关联）。更有趣的是，它倡导的价值观其实与它的商业模式有冲突。这一点很好理解：假设 SinglesSwag 希望通过某种方式让用户脱离单身，那么它所提供的东西一定是让单身女性变得更好、更有魅力的。但是这样的话，企业与用户之间的互动就会成为短期的，因为用户脱单后，势必会放弃这个品牌。但如果说它希望让用户保持单身，可能就会给用户提供一些更注重个人享受的东西，如零食之类的，让用户吃得高兴就够了，胖一点也无所谓。因为用户变得更好就会让脱单的风险更大。但是又不得不面对一点——单身女性都想变得更好，但变好的她们脱单的概率很大。这个“矛盾”品牌怎么解决呢？

这一矛盾也会在一定程度上让企业的营销场景变得“尴尬”：就以鲜花订阅来说，由于女生选择鲜花订阅除悦己外，也是一个很好的宣扬价值观的机会。办公室其实是鲜花订阅的一个很重要的场景，这个场景让传播变得更容易，因为你的同事说不定也会（对鲜花订阅）感兴趣。

但如果 SinglesSwag 的“盒子”应用到这个场景里那就有趣多了，在办公室收到这个东西，背后隐藏的意思就是在暗示别人——“我是单身，你赶紧跟我约会。”所以，这么玩肯定又可以帮助用户“脱单”了。

最后我想说的是，其实市面上有很多听起来“不明就里”的组合打法，因为罕见，所以觉得“高大上”，让人称赞不已。但仔细想想，新创意虽然好，但背后的逻辑根本说不通。

12.6　Trader Joe’s：在冰与火之间找到最平衡温度

一方面是美国实体店的大规模关店潮；另一方面是中国零售增速乏力，但这家美国零售商却被评为最受欢迎的。但是，你知道吗？他们的抠门（降低成本）程度，也令人咂舌。

Trader Joe’s 是一家非常值得分析的公司。在 2017 年 3 月 Market Force（美国市场调研公司）公布的一份基于 12774 名美国消费者的大型调查中，在美国已经有 462 个门店的 Trader Joe’s 被评为“最受消费者喜爱的实体连锁零售商”第二名。

实际上它与第一名 Publix 和 Wegmans 的分数差距只有一分，几乎可以忽略不计。但在“低价程度”这个维度的得分上，Trader Joe’s 位列第 4，领先 Wegmans 30 分，而 Publix 在这个维度根本没能挤进前 15 名。

也就是说，Trader Joe’s 是美国“最受消费者喜爱的实体连锁零售商”中价格最低的。翻开 Market Force 多年来的同类调查结果，就知道要同时做到这两点其实不容易。

“特别服务多且有价值”“商品丰富”等对 Publix 和 Wegmans 拿到第一名起到了很大的作用，而这几项和低价几乎是死敌。下面就来说一说 Trader Joe’s 是如何在冰与火之间找到最平衡温度的。

1. Trader Joe’s 有多便宜

在全食超市美国纽约的店里每磅卖 9.99 美元的牛肉，在 Trader Joe’s 的美国纽约店里只需要 4.99 美元。全食一公升特级初榨橄榄油的最低价格是 9.99 美元，而 Trader Joe’s 只卖 6.99 美元，类似的价差普遍存在。当然对比的前提是，这些商品都是同等质量、符合全食超市有机标准的。

消费者普遍认同 Trader Joe’s 是在以低廉的价格向他们供应高品质的商品，这也是他们喜欢 Trader Joe’s 的主要原因之一。毫无疑问，这么做的确为它吸引了很多顾客，但问题是 Trader Joe’s 怎么承受得起这么低的价格呢？

Trader Joe’s 最大的秘诀是销售自有品牌产品，而不是满大街都买得到的知名品牌。其店内 80%的商品都是自有品牌产品。做零售渠道的都知道，要论利润，当然是自有品牌产品利润最高，砍掉中间商成本，从研发到生产和运输等成本都是可管控的。

很多零售行业人士不喜欢做自有品牌，觉得太烦琐，要操心的事太多。不过，美国做得好的零售商（如 Publix、Wegmans、H-E-B、ALDI 等）无一例外都做了自有品牌，因为降低成本的刚需在那儿。换个角度来看，与其说他们是零售商，不如说他们是自建渠道的品牌商。

做好自有品牌不容易，但 Trader Joe's 做到了。怎么做呢？例如，食品，除了满足普通消费者“好吃”的标准外，Trader Joe's 的自有品牌产品还非常有创意。Trader Joe's 卖得最好的食品，就是它自己产的辣椒莱姆鸡肉汉堡、饼干口味的黄油、玉米辣椒沙拉。这些口味听起来就新鲜！优秀的原创设计在自有品牌的树立过程中能起到非常重要的作用。

另外，即使是有机食品，Trader Joe's 也没有放弃“好吃”的标准。但全食超市显然没有找到这个技巧，它认为有机是最重要的。很多零售业内人士认为，除了售价高，“不好吃”也是全食超市销售额下降的主要原因。

Trader Joe's 的店内设计偏向无装饰的风格，甚至连店内商品的陈列直接用出厂时的纸箱，连展示货架都省了。全食也正在学这招。Trader Joe's 的这一点与来自欧洲、在这次 Market Force 评选中“低价程度”维度得分第一的 ALDI 如出一辙。

也是因此，我发现了一件有趣的事情：1979—2010 年，Trader Joe's 的所有者正是 ALDI 当时的老板 Theo Albrecht。所以，Trader Joe's 的降价能力中是否有 ALDI 这个“全球价格屠夫”的基因在发挥重要作用呢？

2. 一个完整的 Trader Joe's 降本案例

Trader Joe's 的葡萄酒非常便宜，便宜到什么程度呢？Trader Joe's 最受欢迎的自有葡萄酒品牌 Charles Shaw 一瓶的售价不到 3 美元，也就是 21 元人民币。

这样价位的葡萄酒在美国是罕见的。大家不相信 Trader Joe's 能把正常的葡萄酒做到这么便宜。于是，有人说它是勾兑出来的糖水，一个酒水零售商曾公开说 Charles Shaw 的酒不卫生，在酿造的时候混进了死鸟、树叶、昆虫等脏东西。

但即使如此，Charles Shaw 还是卖得很好。从 2002 年亮相到现在，Charles Shaw 已经卖出去了 8 亿瓶。大家都非常好奇：Trader Joe's 到底是怎么把 Charles Shaw 的成本降到如此之低的。其原因有以下几个。

（1）把土地成本降到尽量低。Trader Joe's 大部分的葡萄园位于加利福尼亚州的圣华金河谷，那里的土地成本比更著名的索诺玛或纳帕谷的便宜得多，原因在于圣华金河谷的平均温度更高，过多的热量可能会导致葡萄的质量并不是很好。

但好处是圣华金河谷的葡萄产量很高，而且 Trader Joe’s 做的就是低端的葡萄酒，并不需要质量那么高的葡萄。

（2）降低发酵成本。优质的红葡萄酒大多数都是用橡木桶陈酿的，橡木桶具有多种芳香物质，经过大约一年的橡木桶熟化，能够让葡萄酒口感更好，那些含有较高单宁的葡萄品种，一般都需要橡木桶陈酿。

不过，橡木桶陈酿需要更高的时间成本、设备成本，Trader Joe’s 采用了接近橡木桶陈酿的功效操作方法：使用橡木片代替橡木桶，也就是在发酵过程中，加入橡木或橡木片。Trader Joe’s 选用的是比法国橡木片便宜的美国木片。

（3）连软木塞都不放过。有什么更便宜的材料可以替代葡萄酒的软木塞呢？答案是以塑料材质为主、底部黏合软木贴面的瓶塞。Trader Joe’s 在它的 10 美元以下的葡萄酒上基本都用了这种瓶塞。

（4）“规模经济”和自动化。如果不考虑品牌、包装等因素，那么同等质量和分量的酒，小酒厂卖得比大酒厂贵。除了原料成本采购价差、产线效能差别等原因，还有一个原因是，氧气是酿酒的敌人。一次性产 70 万加仑出来的酒质量会比 700 加仑的酒好，因为在空气中暴露的少。Trader Joe’s 一年约 9000 万加仑的葡萄酒就是大规模生产出来的。

每到葡萄的收获季节，葡萄园需要支付成百上千的采摘工人的工资，这是一笔大开支。Trader Joe’s 降低成本的方法是用机器来收获葡萄。当然，这在一定程度上也提高了葡萄的不合格率。但总体来讲，这招的确让成本降下去了。

（5）削减运输成本。先从酒瓶开始。Trader Joe’s 换了更轻的酒瓶。除了酒瓶本身更便宜，还可以把一箱葡萄酒的重量减少几磅，这样一次就可以运更多箱。运输的纸箱也可以做文章，Trader Joe’s 把之前的白色纸箱换成了成本更低的棕色纸箱。而这些纸箱被运到 Trader Joe’s 店里之后，被直接用于陈列葡萄酒，把展示货架的钱也省下来了。

12.7　Gentle Monster：门店景点化，眼镜店也是艺术馆

2017 年是实体零售大变革的元年，变革的方式多种多样，但总结起来无非是 3 派：第一派是线上线下结合；第二派是添加技术元素；第三派是添加一些跟

主业不相干的元素进来。第一派和第二派大家听得太多，下面就聊聊第三派。

1. “不务正业”的实体店

韩国的眼镜品牌 Gentle Monster 是名副其实的潮牌，从《江南 Style》的鸟叔到高圆圆、李易峰、吴亦凡，这几年很多明星都戴过这个牌子的眼镜，全智贤在《来自星星的你》剧中戴的也是 Gentle Monster。现在 Gentle Monster 已经进入世界十大墨镜榜单，在追星族中吃得很开，明星宣传显然是这个品牌走红的一个主要原因。

不过，Gentle Monster 还采用了一个很奇特的营销思路：把门店装修得像艺术展览一样，而且平均 21 天全面更新一次。它的店长这样说，Gentle Monster 和不同的艺术家合作更换门店的主题和装饰设计，它在首尔弘大地区的旗舰店已经推出了 36 期不同的主题。

2. 它们想干什么

Gentle Monster 为什么要使劲折腾店面呢？Gentle Monster 的品牌创始人兼 CEO Hankook Kim 认为在消费者日益成熟、竞争日益激烈的市场中，如何维持品牌持久的吸引力是一个重大课题。消费者天生喜欢新鲜感，不断变化的门店空间形态能满足消费者对新鲜感的诉求，从而增加品牌对他们的吸引力。

而且，消费者一般都很愿意在社交媒体上分享像 Gentle Monster 门店这种博眼球的照片，会为品牌带来很好的传播效果。

实际效果怎么样呢？市场反应很好。现在 Gentle Monster 的销量每年成 3 倍甚至 7 倍增长，去年的销售额高达 2.5 亿美元，有 70%的销售来自直销。

3. “门店景点化”是实体店引流的新手段

其实这两个案例反映的是实体店的功能正在进一步拓展。我一直认为，在电商的竞争压力下，实体店应该重新找到自己对消费者的价值点，体验是一大价值。以往讲的体验基本上都把关注点放在产品上。

其实延伸开来，体验的对象也可以是通过门店所表现出来的品牌调性甚至品牌价值观。实体店的奇异空间或景色所制造的关于品牌的记忆和传播远比文字、广告等效果要好。

Gentle Monster 这种门店的另一个功能是：消费者渐渐地会把这种门店当作城市中的一个“景点”，时不时去门店逛一逛。我把这种现象称为“门店景点化”，这是大零售的一种做法，给顾客创造情境。

大城市虽然是一个以满足人们的各种需求为存在意义的集合体。但是，在各种供给中，景点的供给量大概是少的，景点一般常年没有变化，大部分人去过一次就不会再去。

而人总是想要体验新鲜事物，去新的景点玩耍。中国一线城市的人们，特别是年轻人，永远都在寻找新的、好玩的地方，哪怕是门店，只要好玩、有意思，他们也会蜂拥而至。

但“门店景点化”所产生的价值主要是在引流和品牌传播上，有可能短期之内不能给门店的运营效率带来很大的提升，而成本是“门店景点化”要重点考虑的一个点，毕竟在寸土寸金的门店内做这样的艺术展示或观景点是非常耗费成本的。运营资金是否充裕是能否采用 “门店景点化”的一大衡量标准。

12.8　九悦 Malltel：融合酒店和百货的情境式卖场

很多人认为“大零售”的理念很好，但自己不知道怎么运用，因此比较关注的问题是是否有案例可以借鉴？

下面就讲一个用“业态融合”践行大零售的案例：“杂交”酒店和百货，得到一家入住率 500%的超级酒店，同时也是一家极致体验的情境式卖场。

九悦 Malltel 是一家会员制酒店，消费者可以像入住普通酒店一样，预约、入住、享受优质的客房服务。唯一不同的是：顾客离开时不用结房费，而是带走与房费等值的商品。

这不是捆绑消费吗，消费者为什么要在酒店买东西？原来，消费者入住九悦 Malltel 的每一分钟，也在不知不觉间“逛商场”。没有人在退房时硬塞给消费者一堆不想要的商品，是他们在愉快的体验中开出了自己的“购物清单”。

他们是怎么做到的呢？

1. 大家常常买超了

九悦 Malltel 的 400 多间客房就是 400 多个不同风格的“家”，面积远超普通酒店客房（最小的 $100m^2$，最大的 $280m^2$），每个房间都包括客厅、餐厅、卧室、书房、步入式衣帽间、洗手间六大功能区。其中，陈列着九悦 Malltel 180 个战略供应商的 4000 多种商品。每个房间都是一个沉浸式体验的卖场。

走进餐厅，你可以品尝酒柜里的各式美酒；坐在客厅舒适的沙发上看电视；临睡前，先生在书房看中了一支钢笔，太太在洗手间爱上了一款护手霜。

“从我们实际运营的状况来看，没有‘强制消费’的担心，大家常常会买超了。超出房费的部分，可以累积到下次抵扣。所以不少人会一次大额购买，把额度攒着用于招待亲朋好友住宿。”九悦 Malltel 创始人陈珉瑛告诉调皮电商记者。

2. 业态融合的时间、地点、人物、故事

把酒店业态和百货业态合二为一，这是典型的“大零售”所说的业态融合。融合的根据是什么呢？就是情境，是消费的时间、地点、人物、故事。

最早想到酒店融合百货这个点子是在 2013 年，陈珉瑛接手了一个商业地产项目，在他纠结是否要做成传统家居卖场时（当时家居卖场的日子已经不好过了），对面的酒店启发了他。“卖场的消费场景是白天，酒店的消费场景是晚上，恰好互补，为什么不能做一个可以睡的家居卖场呢？”

继续深入思考酒店和百货针对的消费需求，陈珉瑛发现，消费者的需求都是系统的，而传统业态的解决方案却是碎片化的。

例如，你到上海出差，需要住宿，除了考虑离拜访客户、火车站、飞机场的距离，可能还要考虑离商业区近一点，因为晚上你还有空闲时间，想要买点礼物带回去给家人。你的需求是系统的、完整的，但传统业态只有碎片化解决方案；在一趟上海之行中，你既要找酒店，又要查找周边是否有商场。

既然消费者同时有住宿和购物的需求，那么，在酒店的客房内打造一个场景式的微型卖场，就是完全可行的。尤其是家居类产品，需求是在家的情境中产生的，最理想的销售环境也应该是像“家”一样让人能放松体验的地方——还有比酒店客房这个旅途中的“家”更合适的地方吗？

“零售必须以用户为原点，倒推整个流程。用户需要什么，在什么地方购买合适，我就要把这个东西生产出来，放到大家想要的地方来售卖。”陈珉瑛认为，这是新零售的核心逻辑。

3. 要么是做公益，要么是神经病

大零售的“业态融合”，前景很美，但也有操作上的门槛。酒店和百货融合创造了更好的消费场景，同时增加了成本。

在“酒店免费住”（购物额度抵扣房费，相当于酒店免费住，这是他们提

炼的传播卖点）的模式下，九悦 Malltel 必须以百货收入支撑酒店和百货两个模块的运营。用陈珉瑛的话说，是“一样营收，两样成本”。所以，能否消化成本是九悦 Malltel 模式是否成立的关键。

某次论坛，主办方介绍九悦 Malltel，邀请冯仑评价。冯仑听完就说，“这种模式，有两种可能：要么是做公益，要么是神经病。”气不过的陈珉瑛跑去跟冯仑理论，最终让他当面道了歉。

冯仑不是唯一的质疑者，大多数人听到九悦的第一反应都是“这怎么可能赚钱？”但陈珉瑛说他还真的赚钱了，目前九悦 Malltel 在全国运营的几家 Malltel 均实现了盈利。其中两家，在他接手前都是千万元亏损，甚至建好后就空置无法开业。

4. 入住率 500%的超级酒店

先说营收。名义上，九悦 Malltel 放弃了酒店收入，但把其营收放到传统酒店口径中对比，就会发现，九悦 Malltel 实际是一家盈利能力超强的酒店。

第一，500%入住率。传统酒店的入住率 100%就顶天了，何况目前行业平均是 40%的空置率，部分地区五星级酒店空置甚至高达 70%。

九悦 Malltel 500%入住率是什么意思呢？例如，客户入住九悦 Malltel 一晚，买了一套 1 万元的沙发，可以抵扣 20 晚的住宿费，按照酒店的收入口径，这间房今天的入住率是不是 2000%？

第二，挂牌价不打折。传统酒店的实际房价一般是挂牌价的八折，为了提高入住率，还经常会推出更低折扣的促销活动。但九悦 Malltel 因为“酒店免费住”的模式，实际是将酒店和百货捆绑消费，显著提高了客单价，房费挂牌 500 元，就是 500 元，没有打折。

另外，九悦 Malltel 所售商品的 40%为独家开发的高毛利商品（未来这个比例会提高到 90%），这既保证了九悦 Malltel 的毛利，又能最大限度让利消费者。

5. 不良资产改造者

赠一堆东西，酒店营收当然看着红火了。计算成本的时候很多人都会傻眼的。这就是陈珉瑛精明的地方了。深创投董事长曾对陈珉瑛说，“你们这个模式很新，我看不透，但确实把成本控制到了极低。”

从公司性质来看，九悦 Malltel 是一家新型的酒店管理公司。传统的酒店管理公司与业主是雇佣关系，无论酒店经营是否盈利，收取5%的服务费。

九悦 Malltel 新在哪儿呢？因为加入了零售收入，九悦 Malltel 提出了一个与商业地产“风险共担，价值共创，利益共享”的新合作方式。双方协议，九悦 Malltel 免费使用物业 10～15 年，酒店所有用品由九悦 Malltel 承担，经营亏损也由九悦 Malltel 承担。5 年后，九悦 Malltel 与物业分享酒店盈利，且物业份额递增（如从 1∶9 逐年递增到 5∶5）。

协议到期后，物业有 3 个选择：一是继续和九悦 Malltel 按原模式合作；二是收回酒店按原模式自营，但需向九悦 Malltel 交 5%～10%的模式加盟费；三是改换品牌，不得使用九悦 Malltel 的模式和品牌。

九悦 Malltel 在合作关系中较为强势的地位，源于它主要对接 3 类资产：存量资产（招不到商，空置的商业地产）、困境资产（租户三天两头退租，半死不活的商业地产）和不良资产（经营不善，关店状态的商业地产）。目前已有 503 万 m^2 的商业地产以上述方式与九悦 Malltel 签约，在谈项目有近 1000 万 m^2。

在行业不景气和同质化竞争的大背景下，商业地产为引进“主力店”都不惜血本。此前，甚至有北京某商业地产为引进 LV 开出 8 年免租金条件。大量三四线城市的问题资产，更渴望通过九悦 Malltel 的创新商业模式带活自己的商圈。这样，传统酒店模式中 30%的租赁成本就省下来了。与九悦 Malltel 百货模式的商品成本相当。

一增一减，九悦 Malltel 的“两样成本”，实际并不比传统酒店的单一成本高，但营收却提升了一大截。只要做到精细化管理，实现盈利并非不可能。

九悦 Malltel 的出现，再次证明了调皮电商在“大零售”中预测的：传统的业态界限越来越模糊，商业竞争由竞品争夺走向情境争夺。传统酒店根本预料不到，会被九悦 Malltel 这样的新物种抢走客源。

无论你是什么行业，必须从消费需求出发，混搭业态、打破界限，在所有能拦截到顾客的地方展开情境争夺，才能在大零售的环境下找到出路。

12.9 小米之家：超级物种，创造高频消费场景

在许多人眼中，小米可以称得上是一个奇迹了。这个创立不过几年的公司，能够成功上市，成为国内乃至国际知名的手机品牌，本身就有其为人称道之处。

1. 小米的“旗舰之作”

2018 年 7 月 9 日，创业 8 年的小米在香港交易所上市。小米的成功来自智

能手机的换代潮，雷军正是借此创建了小米。腾讯科技在《中国手机往事》一文中，对雷军创办小米前后的故事进行了详细的讲述。小米无疑是开启了一种成功的模式，带来了引爆整个国产手机行业的一场革命。

随着小米的成功 IPO，外界关注的重点不再是小米的估值和融资，而是产品、市场份额和股价。小米宣传重点也不再是互联网思维，而是利润率、研发投入和小米之家的数量了。

2018 年 6 月 16 日全球最大的“小米之家”旗舰店在南京开业，地址在江宁区景枫 KINGMO。这家店堪称小米新零售的“旗舰之作”，占地 700 多 m^2，全无梁柱、通透明亮，颜值非常高。

店内产品品类为标准“小米之家”的两倍，店中不仅设置了儿童积木体验区、卧室和厨房间等场景化体验的空间，还通过“小米有品”专区的设立，为用户提供了多样的生活类科技产品。

而在 2018 年 5 月 25 日，小米旗下精品生活购物平台就在南京市的河西区落户，开设了第一家线下实体门店。小米也借此在“小米之家”后，开辟出自己的第二条线下实体店业态。

该门店中不仅有小米和米家商城的产品，更为一些第三方品牌提供了售卖展位。其陈列的商品包含 3000 个小米有品线上销售产品，涉及出行、家居、智能和家电等 15 种商品品类。

除了丰富的产品，小米有品在店内设计上也很用心。例如，场景化的设计，将店内按照生活功能进行划分，在拉近与用户之间的距离，增强用户体验感的同时，还用 VR 显示屏等“黑科技”，为用户带来了许多惊喜。

其实，小米很早便开始了线上线下结合的零售模式，小米不仅拥有自己的官网，线下也通过“小米之家”为消费者的购物提供了便利。而标准化、可复制的门店管理模式，也曾帮助小米在两年内迅速铺开 300 家门店。

雷军曾表示，将用 3 年时间在国内开设 1000 家线下门店。届时，销售额预计将超过 100 亿美元。小米之所以大力进行线下布局，主要有以下 4 个客观原因。

（1）线上渠道饱和。线上的饱和，让小米的发展遇到了阻力，加上竞争对手的线下布局获得了不俗的效果，让小米认识到要想突破发展瓶颈，还得将线上和线下进行结合。而要做结合，小米必须加快线下实体店的铺设。

（2）产品体验增强。评价产品好与否的重要依据之一就是体验。特别是同质化严重的手机行业，只有通过创新增强体验，才能让用户发现它的与众不同。

（3）品牌认知加强。小米是一个具有较高知名度和影响力的品牌，但是却有许多人没有见过小米的实体店；而且实体店作为一种广告载体，还能增强用户的黏性，提高品牌认知度。

（4）带来一个“家”。小米的实体店都是直营的模式，它通过氛围的营造可以让到店的用户拥有良好的体验，借助品牌理念与用户的共鸣，让用户拥有“家”的感觉。

2. 小米之家的成功因素

雷军认为“小米之家”的成功主要来自3个方面：一是爆品，没有爆品不能制造流量；二是产品组合，没有产品组合，吸引不了逛店的人；三是小米品牌和服务理念。

他还认为，“小米之家”的优势在于通过互联网将市场、营销、渠道、店面成本进行了重构。

（1）市场成本重构。在创业的前3年，小米通过在线上销售将市场费用全部拿掉，可以说是没有市场费用的。

（2）营销成本重构。借助互联网的口碑营销和新媒体营销，让用户喜欢自己的产品，并让用户充当小米产品的宣传员，将小米的产品分享给周围的人，这让小米的营销成本几乎为零。

（3）渠道成本重构。传统商业中渠道成本和零售业成本将达到总成本的30%～40%。而小米借助前店后厂的销售模式，将做出来的产品直接进行销售，库存基本为零，甚至还经常出现供不应求的情况，这也让小米的渠道成本接近于零。

（4）店面成本重构。店面成本方面，小米初期都是在线上进行产品销售的，所以一款产品做出来的成本是 2000 元，那么便可以任性地将产品定价为 2000 元，而不用考虑店面成本。

雷军认为除了企业成本，中国社会现在需要解决的急切的问题是如何提高效率。而在整个效率改善的过程中，互联网就是一种非常有效的工具，小米就是其中的一个受益品牌。

仔细留意过“小米之家”的人会发现一个非常有趣的现象：“小米之家”基本上不会开设在华为、OPPO和vivo等竞争对手的门店旁边，也不会像苹果一样布局在商圈的核心店面中。

小米联合创始人林斌在阐述“小米之家”的选址策略时表示：“小米的用户和优衣库、星巴克、无印良品的用户高度重合。所以，小米确定了和优衣库、星巴克、无印良品对标开店的选址策略。”

这种选址策略，一方面是因为小米想摆脱“低端机”的标签，通过在这些位置选址开店提升品牌的调性；另一方面是因为优衣库、星巴克和无印良品所在的位置，通常都是商圈中人流比较密集的地方，这为小米坪效（即每坪产出的营业额）提供了有效的支撑。

雷军认为，新零售就是爆款转化，也就是说，“口碑＋销售额＝效率”，他希望通过线下布局和线上服务，让用户在“小米之家”中可以像在平价超市中那样快速完成产品的销售。

12.10　银泰商业：围绕人、货、场重构新零售业态

“新零售”的概念被提出来之后，大部分零售企业都在进行新零售的尝试。而对于银泰商业来说，围绕人、货、场重构新零售业态就是新零售探索的关键。

“人货场”的关系是随着时间在不断变化的，在物质缺乏的年代，“货”的重要性凸显，因为供不应求，所以什么商品都卖得出去。

传统零售时代，物质变得丰富起来，人口聚集的地区形成较高的购买力，所以，“场”的地位突出，零售商为了提高销量，会将店址选在商圈中的核心区域。

互联网时代，大多数商品都处于供过于求的状况，且借助互联网在线上即可销售，“场”的重要性开始削弱。而此时作为消费者的“人”，开始成为零售的关键。零售企业要想发展，就需要生产目标消费群体需求强烈的商品。

1. 线上线下逐步靠近

在 2017 年银泰商业三位一体新零售大会上，当时的阿里 CEO 和银泰商业董事长张勇表示：“银泰已经在新零售的人、货、场重构中，初步完成了对人的重构，正在进行货和场的重构。”

而银泰商业 CEO 陈晓东则认为：“在新零售从 0 到 1 的过程，银泰已经到了 0.618 的阶段。”

关于新零售许多人可能会想到盒马鲜生，之所以如此，就是因为盒马鲜生通过平地起高楼的方式完成了人、货、场的重构。而在银泰商业的新零售探索中，人、货、场的重构也是关键。

张勇认为：“零售和科技之间的化学反应才能催生新零售，这意味着所有零

售商要与科技公司结合，才能拥抱这个快速变化的数字创新时代。所有的指向都是合作与融合。”

以前银泰商业的零售更多的是通过线上和线下同步发展的方式，进行数字化建设。而现在银泰商业则是通过线上线下逐步靠近的策略，将人、货、场的重构作为重点。

银泰商业通过对“人”的重构，积累了大量数字化会员。通过货品的数字化管理，进行人、货的匹配。而对于人和货的数字化重构，则为其最终的目标——商业场景的数字化重构准备了有利的条件。

2. 银泰商业的三位一体

陈晓东用 5 个字对三位一体做出了解释——“突破性优化”。他在银泰商业三位一体新零售大会上表示：“银泰是不是可以不收在座各位的租金，不从在座各位身上赚钱，请在座各位大幅惠及我们共同面对的顾客，银泰从顾客那儿要点赏钱。这就是突破性。最终不收租金不是一个终点，而是一个手段。我们最终希望能够共同去实现客户价值，超越客户价值，超越顾客的期望值。”

陈晓东认为，传统的零售模式下，品牌商、零售商与顾客是单向的关系，但是在新零售时代，需要与顾客建立起双向的关系。他表示：“这是社群的关系，互相之间是有评价的，是人以群分的。除了新关系，更要有新的内容。新的内容就是突破性的优化供应链，给顾客提供好的内容。”

在陈晓东看来，新零售需要做好“三化”：一是数字化；二是网络化；三是智慧化。他表示：“在数字化方面，会员通、商品通、服务通的新零售‘三通’成为重中之重；网络化是基于数字化做的人与人、物与物的连接；而智慧化中，智是知道，慧是减法，减去无效、低效的。”

而银泰商业对于人、货、场的数字化重构，就是在将数字化作为重点的同时，谋求一种网络化和智慧化的零售发展模式。